**Algumas pessoas vivem,
outras se conformam em sobreviver**

JAIME FERNÁNDEZ GARRIDO

Coração indestrutível
Copyright © 2013 por Jaime Fernández Garrido
Editado e publicado por Publicações RBC sob acordo especial
com Jaime Fernández Garrido.

Tradução: Rosiany da Silva Lisboa
Edição e coodernação editorial: Rita Rosário
Revisão: Eduardo Cordeiro, Thaís Soler
Projeto gráfico: Audrey Novac Ribeiro
Imagem da capa: Shutterstock

Dados internacionais de Catalogação na Publicação (CIP)

Fernández Garrido, Jaime
Coração indestrutível — Curitiba/PR Publicações RBC
Título original: *Corazón Indestructible*
1. Devocional   2. Fé   3. Caráter   4. Vida cristã

Proibida a reprodução total ou parcial, sem prévia autorização, por escrito, da editora.

Todos os direitos reservados e protegidos pela Lei 9.610, de 19/02/1998.

Exceto quando indicado no texto, os trechos bíblicos são da edição Revista e Atualizada de João F. de Almeida © 1993 Sociedade Bíblica do Brasil.

Publicações RBC
Rua Nicarágua 2128, Bacacheri, 82515-260
Email: vendas_brasil@rbc.org
Internet: www.publicacoesrbc.com.br • www.ministeriosrbc.org
Telefone: (41) 3257-4028

Código: TX103
ISBN: 978-1-60485-797-9

Impresso no Brasil • Printed in Brazil
1.ª edição 2013 • 1.ª impressão 2013

dedicatória

A MEU PAI QUE ESTÁ no céu: jamais saberei por que me amou (e continua a me amar) a ponto de me dar um novo coração. Todos os meus sonhos se realizarão se o meu coração for semelhante ao Teu. O versículo de Jeremias 24:7 é a promessa que me traz esperança.

À minha esposa Míriam e às nossas filhas, Iami, Kenia e Mel: não existe um só canto do meu coração em que vocês não brilhem. Não passa um só momento sem que os meus pensamentos as abracem. Vocês encheram minha vida de amor de tal maneira que me sinto um garoto imensamente agradecido, surpreso e feliz.

Aos meus pais, Jaime e Carmiña, muito obrigado por alimentar meu coração com a Palavra de Deus e por me ensinar a viver sempre na dependência do Seu Espírito.

Aos nossos amigos, Fábio Aurélio e Elaine, a quem Deus deu o desejo de traduzir este livro para o inglês. Deus os recompensará muito mais abundantemente além do que pedimos, porque Ele é bom... e a sua amizade é mais valiosa para nós do que qualquer recompensa.

A todos meus amigos e irmãos no Senhor, a quem Deus tem usado inúmeras vezes para me ensinar como a Sua graça e o Seu amor são imensuráveis para mim.

A você que está lendo agora:

Seu coração é muito mais valioso do que você pensa;

O Senhor Jesus o ama mais do que você possa imaginar;

E o Seu amor vai além de todos os limites. Comprove!

Dr. Jaime Fernández Garrido

É casado com Mírian e tem três filhas: Iami, Kenia e Mel. Doutor em Pedagogia pela Universidade Complutense de Madri. Graduado em Teologia. Diretor do programa evangélico na Rádio e Televisão da Galícia *Nacer de Novo*.
- www.jaimefernandezgarrido.com
- www.nacerdenovo.org
- www.atreveteavivir.es

Trabalha com evangelização e educação em vários países desde 1977. Alguns de seus livros mais conhecidos são: *Jogada Perfeita, Cara a cara, Compasión* (Compaixão) e *Atrévete a vivir* (Atreva-se a viver). Os seus livros são traduzidos para o inglês, italiano, português, alemão, turco e chinês.

Sumário

Introdução

Dia 1 – A chave da vitória;
como libertar um coração escravo 13

Dia 2 – Onde está o seu coração? 21

Dia 3 – Coração indeciso, dividido 35

Dia 4 – Coração inconstante, imaturo 43

Dia 5 – Coração egoísta 53

Dia 6 – Coração inútil, amargurado 65

Dia 7 – Coração cheio de ódio, mau 75

Dia 8 – Coração ignorante 85

Dia 9 – Coração orgulhoso 97

Dia 10 – Coração enganoso, mentiroso 109

Dia 11 – Coração introvertido, pessimista 119

Dia 12 – Coração medroso 129

Dia 13 – Coração triste 137

Dia 14 – Coração errante, fugitivo 147

Dia 15 – Coração incrédulo, insensato 157

Dia 16 – Coração frio, insensível 167

Dia 17 – Coração infiel 177

Dia 18 – Coração ganancioso 187

Dia 19 – Coração solitário, órfão 199

Dia 20 – Coração sobrecarregado, estressado   213

Dia 21 – Coração frágil   225

Dia 22 – Coração teimoso   235

Dia 23 – Coração desaminado, cansado   245

Dia 24 – Coração ferido, partido   257

Dia 25 – Coração entediado, insatisfeito   269

Dia 26 – Coração ingrato   279

Dia 27 – Coração ansioso   289

Dia 28 – Coração invejoso   301

Dia 29 – Coração sofrido, maltratado   311

Dia 30 – Além dos limites, aprenda a voar   323

introdução

Quando eu era adolescente, tinha um pôster colado em meu quarto: "Se você precisa escolher entre dois caminhos, escolha o que tem coração. Quem escolhe o caminho do coração não erra nunca." Embora eu soubesse que não era totalmente verdade eu adorava esta frase. Nesses mesmos anos fui aprendendo o que Deus disse e comparando todas as coisas que lia à luz da Palavra de Deus. Então encontrei um versículo do livro de Provérbios: "Sobre tudo o que se deve guardar, guarda o coração, porque dele procedem as fontes da vida" (4:23), e comecei a compreender que o coração é a chave da vida em muitos sentidos. Este é o lugar onde acontece a maior batalha do Universo, pois em nosso coração cada um de nós decide o mais importante de cada dia.

À medida que os anos passaram e depois de conhecer muitas pessoas diferentes em quase todos os países e culturas do mundo, compreendi que muitos problemas que as pessoas têm, surgem, porque elas vivem com o seu coração escravizado, limitado. Às vezes, até mesmo depois de crermos em Deus, permitimos que muitas coisas limitem o nosso coração.

Muitas pessoas acreditam que estão curtindo a vida, mas apenas sobrevivem a ela, porque seu coração está preso a coisas materiais, limitado por circunstâncias ou por pessoas; estão escravizadas, quase sem saber, por diferentes situações ou até por si mesmas. E, infelizmente, os dias passam sem elas saberem o que significa realmente viver.

Uma das pessoas mais sábias da história da humanidade foi Salomão. A sua história é bem conhecida: um dia, Deus lhe deu a possibilidade de escolher um presente, o que quisesse, e o rei Salomão escolheu a sabedoria. Queria ser sábio para guiar e para viver de maneira responsável. Deus lhe concedeu o presente.

"Deu também Deus a Salomão sabedoria, grandíssimo entendimento e larga inteligência como a areia que está na praia do mar" (1 Reis 4:29).

Ser sábio e desfrutar do que Deus nos oferece na vida não é qualquer coisa. Se percebermos todos os detalhes, encontraremos o que Deus deu a Salomão...

Sabedoria é o conhecimento das coisas e razões. Esse conhecimento em si é bom, mas não é tudo. O próprio Salomão percebeu em muitos momentos de sua vida que apenas conhecer por conhecer de nada adianta, está longe de eliminar as frustrações da alma. Se tudo o que temos é o conhecimento teórico, nossa mente se enche quase na mesma proporção que a nossa alma se esvazia.

O discernimento é um segundo passo imprescindível: trata-se de praticar o conhecimento, saber tomar decisões sobre o que podemos ou não podemos fazer, o que é bom ou não, isto é, aplicar os princípios de sabedoria às nossas vidas. Se não temos discernimento, a nossa mente está cheia de conhecimento e conceitos, em sua maior parte, inúteis.

Em terceiro lugar, Deus prometeu a Salomão um coração sem limites. Pode parecer uma concessão à beleza do texto, ou uma maneira de falar que se aproxima ao Romantismo, mas não é. Quando examinamos tudo o que Deus nos disse em Sua Palavra, percebemos que é impossível ser sábio na vida se o nosso coração está limitado.

Um coração livre significa o fim de todas as outras coisas. Não somente saber e aplicar o que sabemos; mas acima de tudo, não permitir que o nosso coração seja escravizado ou limitado para que nada nem ninguém o destrua. O coração não deve se limitar ao conhecimento, às decisões, nem tampouco aos sentimentos.

Ter um coração indestrutível é viver de uma maneira diferente, é desfrutar da liberdade, sonhar, acreditar, ter uma vida que valha a pena. Para dizer de maneira simples, é ser como o nosso Criador e parecermos com Ele, pois Sua essência é ilimitada.

Um coração sem limites, indestrutível

A amplitude de coração literalmente significa um coração livre, sem os grilhões da escravidão. Se você me acompanhar nos próximos capítulos, veremos juntos algumas das coisas que limitam e prendem o nosso coração, fazendo-nos viver distantes da vontade e do caráter de Deus. Vamos pedir a Deus para quebrar todos esses limites, pois Ele nos fez com um coração amplo, indestrutível; para sonhar, quebrar barreiras e crescer em todas as direções. Um coração para conhecer e recebê-lo.

Deus nos deu um coração para viver em Sua vontade, para sermos como Ele. Um coração que deseja ser semelhante ao coração do seu Criador.

Todos nós gostamos de sonhar, imaginar situações e realizações que queremos alcançar. Acima de tudo, queremos ser nós mesmos porque os nossos sonhos são só nossos. Deus fala sobre esses desejos em Sua Palavra. Ele diz que deseja cumpri-los em nossas vidas, pois nos criou e conhece os nossos sonhos, até mesmo os secretos. Quando o nosso coração sonha, vai mais além, na tentativa de alcançar Deus, pois deseja ultrapassar todos os limites.

Deus nos fez de tal maneira que ninguém pode nos limitar, mas rejeitamos o Senhor ao nos rebelarmos contra Ele e acreditarmos que vivemos mais felizes com o nosso pecado e as nossas próprias decisões, em vez de entregar a nossa vida em Suas mãos. A única maneira de termos novamente um coração sem limites é nos voltarmos ao nosso Criador, abandonar o que nos prende e mergulhar completamente na Fonte da vida.

Deste modo, ninguém poderá nos fazer mal. Justino, um dos mártires das primeiras eras da igreja, gritou pouco antes de ser executado:

"Podem nos matar, mas não podem tirar-nos a vida eterna."

O coração do homem foi feito para adorar, receber a eternidade, sonhar e buscar sempre novos desafios...

Deus mesmo nos diz que pôs a eternidade em nossos corações (Eclesiastes 3:11): O desejo e o sentimento do infinito, do eterno, do que não pode ter fim e não está limitado. A nossa distância de Deus limita o nosso coração, um problema para muitos hoje: não compreendem ou não querem compreender o fato de que longe de Deus, o nosso coração estará sempre limitado. Separado de Deus, nosso coração jamais viverá a glória da eternidade.

Uma sociedade que escraviza o coração

Ao longo da nossa jornada, descobriremos muitas situações que limitam o nosso coração. Algumas delas são tão perigosas, que precisamos desmascará-las radicalmente, pois estão arraigadas em nós e na cultura que nos cerca:

- A cultura do egoísmo: o "eu" é o rei. A maioria das pessoas se preocupa somente consigo mesma e com o que possui.
- A cultura da sociedade: nos ensina o individualismo e a não nos preocuparmos com o que acontece com os outros.
- A cultura da aparência: gastamos o nosso tempo e nosso dinheiro em coisas e situações inúteis que só servem para maquiar a nossa vida, para aparentar felicidade.
- A cultura da frustração: sempre nos dizem que podemos realizar os nossos sonhos e obter o que desejamos, enchendo nossas vidas de mentiras.
- A cultura da falta de esperança em uma sociedade ansiosa e a falta de alguém em quem confiar.

- A cultura do espetáculo; hoje, a maioria das atividades que gostamos é chamada de "cultura do lazer", somos apenas espectadores: cinema, TV, internet, música, esportes. Deus nos criou para jogarmos, fazermos música, viajarmos, vivermos aventuras, lermos, ou seja, para sermos nós mesmos! A cultura dos países desenvolvidos tem conseguido nos enganar e domesticar, de tal forma, que apenas queremos ficar sentados vendo o que os outros fazem. Com isto, limitamos e escravizamos o nosso coração a cada dia.

A chave da vitória

A cada capítulo, vamos pedir sabedoria e poder a Deus para vencer cada uma das situações que nos limitam. Para isso, necessitamos ir todos os dias à Fonte. Nosso coração necessita beber da Palavra de Deus a cada momento. Davi compreendeu isto muito rápido em sua vida: "Percorrerei o caminho dos teus mandamentos, quando me alegrares o coração" (Salmo 119:32), essa foi uma das razões para Deus chamá-lo de homem segundo o Seu coração. A Palavra de Deus amplia a nossa vida, retira os limites do nosso coração e expande o nosso pensamento. As promessas de Deus trazem liberdade incondicional.

Cada vez que Deus fala conosco por Sua Palavra, nosso coração sente-se cheio, livre e feliz. Quando escutamos o nosso Criador, compreendemos como Ele se alegra conosco: "Trouxe-me para um lugar espaçoso; livrou-me, porque ele se agradou de mim" (Salmo 18:19). Quando pensamos em nossa liberdade, sempre queremos viver com o sentimento de que nada nos oprimirá. Essa é exatamente a definição que Deus nos dá em Sua Palavra, é o que Ele quer fazer em nossa vida. Às vezes, vivemos de maneira limitada porque parece que estamos presos dentro de quatro paredes que caem sobre nós.

Deus quer que vivamos num espaço amplo para ver o horizonte, e que os nossos olhos se percam na imensidão do infinito. Ele deseja que os nossos sonhos sejam como as estrelas que Ele criou, e brilhem a milhares de anos-luz de distância. Os limites não foram criados para Deus, nem para Seus filhos. Os limites que estragam o nosso coração resultam do mal.

Por isso, vamos concluir cada capítulo orando ao nosso Pai e nos comprometendo com Ele. Necessitamos pedir-lhe um coração como o Seu, pois esse é o Seu maior desejo. Não há dúvidas: "Alegrar-me-ei por causa deles e lhes farei bem; plantá-los-ei firmemente nesta terra, de todo o meu coração e de toda a minha alma" (Jeremias 32:41).

Deus deseja com todo Seu coração que o recebamos bem, que desfrutemos de Sua presença e de tudo o que Ele faz por nós. Não há ninguém com maior desejo de fazer o bem, de abençoar e de dar liberdade do que o próprio Deus!

Você está disposto? Vamos com o nosso Deus romper os limites dos nossos corações!

dia 1
A chave da vitória; como libertar um coração escravo

Alguém certa vez disse que se você deseja fazer uma criança feliz deve levá-la ao circo. Esta ideia parece ser verdade em todas as culturas e países ao redor do mundo. Eu e minha esposa, como não poderíamos ser diferentes, também tentamos levar as nossas filhas ao circo cada vez que ele está na cidade.

Em uma destas ocasiões, enquanto esperávamos o espetáculo começar, passeamos ao redor das instalações para que as meninas vissem os animais antes de entrarmos. Num extremo do circo, perto dos vagões onde os palhaços se trocavam, encontramos os elefantes. É impossível vê-los sem impressionar-se; grandes, muito, muito grandes, basta começarem a rugir para que todos se assustem.

O curioso é que esse animal, que mede vários metros de altura e é capaz de puxar um caminhão quase sem despentear-se, tinha uma de suas patas amarradas a uma corda numa estaca presa ao chão. Pareceu-me que até a nossa pequena Mel, de apenas dois anos, poderia libertar-se de algo como aquilo, mas o grandioso elefante simplesmente ficou ali sentado nos olhando, sem possibilidade alguma de buscar sua própria liberdade.

A poucos metros dali estava um dos encarregados de cuidar dos animais. Assim que as meninas me perguntaram o motivo que levava o elefante a ficar ali preso sem escapar, eu pensei que o melhor era repassar a pergunta a um especialista. Se não fosse assim, o que você teria respondido? O domador nos explicou:

"Quase sempre criamos os elefantes desde filhotes. Nós os prendemos a esta pequena estaca e eles sabem que não podem sair, embora tentem... à medida que o tempo passa, entendem que não podem libertar-se da corda, porque já tentaram muitas vezes quando pequenos, e simplesmente crescem acreditando verdadeiramente que esta pequena estaca é mais forte do que eles. Nunca mais tentam a liberdade. De certa forma, é como se tivessem sido vencidos em seu interior, passam a crer que é impossível tirar a estaca, e mesmo que o tempo passe e se tornem grandes e poderosos nunca mais voltarão a buscar a liberdade."

Quando nossa família voltou para casa, tínhamos muito que conversar. Uma tarde no circo rendeu muitos assuntos: os acrobatas, os palhaços, os tigres, a contorcionista capaz de entrar numa caixa. Mas o que mais nos chamou a atenção foi a maneira que se escraviza um elefante desde pequeno. A sensação de que quando você está preso por vários meses, e por fim decide não lutar mais e se deixa levar. Você termina crendo que é impossível ser livre, que não vale a pena gastar mais energia. Não importa se o elefante é grande, muito poderoso e está preso a uma pequena corda em uma simples estaca presa no chão. Ele nunca saberá. Nunca poderá se libertar. Em seu íntimo, já decidiu que é impossível, e se acredita assim, é impossível.

Apenas os elefantes pensam desta maneira?

Conheço centenas de pessoas que vivem escravizadas. As amarras que as prendem são quase incontáveis. Você pode me ajudar a recordar? Algumas tem a ver com substâncias ou atividades: álcool, drogas, jogo, prazer, dinheiro, poder, trabalho. Outras estão gravadas em nossa mente: o passado, amarguras, invejas, sonhos, frustrações. Muitas podem ser as amarras que nos prendem: palavras ou ações contra nós; alguém que nos ama ou não, também pode nos escravizar.

As circunstâncias que nos rodeiam também podem ser o motivo da nossa "escravidão", o lugar onde nascemos, o nosso trabalho, o nosso corpo e o nosso caráter. E a lista pode ser ainda maior. Cada um sabe o que pode dominá-lo. E é óbvio que enquanto vivemos sob esse domínio, nosso coração está preso e escravizado, mais limitado e fraco do que nunca.

Coração amarrado, limitado, escravizado. O que temos dentro do nosso coração é o que nos vence. As imagens que aparecem em nossa mente quando menos esperamos são as que nos dominam. Os pensamentos e desejos que não podemos controlar são os que nos escravizam. Nosso coração e mente vivem presos a vícios, pensamentos e imagens nos escravizam e nos impedem de ter uma vida tranquila.

Talvez, deixamo-nos levar pela força dos nossos sentidos. Deus nos fez assim, para apreciarmos tudo e desfrutar do que vemos, ouvimos e tocamos. Somos um reflexo de Sua imagem, porque Deus também desfruta de tudo o que criou. O problema começa quando nos deixamos dominar por nossos sentimentos. A busca desenfreada do prazer, em seus múltiplos aspectos, pode nos destruir.

> Muitas pessoas acabam crendo que é impossível se libertar, que não vale mais a pena lutar.

Esta busca nos escraviza porque quando o mais importante em nossa vida é chegar o mais longe possível, nunca estamos satisfeitos.

Nosso coração escraviza-se quando pensamos constantemente: "se tivesse tal coisa"; "se tivesse um relacionamento com tal pessoa, eu seria feliz" ou "se tal circunstância mudasse, se apenas eu conseguisse isto ou aquilo…". Uma das maiores fontes de infelicidade é nos fixarmos no que nos falta; sempre querermos algo mais. Sempre pensarmos em outro ou em outra. Somos os únicos seres que podemos viver escravizados não só pelo que temos, mas também pelo que não temos e queremos ter!

Quando nosso coração está preso a algo, não podemos desfrutar da vida. Somos infelizes, pois estamos subjugados e nada vemos ao nosso redor. Nenhum prisioneiro sente-se bem consigo mesmo, com os demais, com suas circunstâncias ou com Deus, nem sequer com o seu próprio mundo ou com sua vida. Tudo o que quer é mais do que pode dominar. É sempre assim. Nunca se satisfaz. Seu coração está preso e parece não haver solução.

Muitas pessoas têm consciência de sua culpa. Mesmo que não a reconheçam, sabem que estão longe de Deus e que vivem fugindo.

> Um coração que se sente culpado tende a reagir pensando que não há saída, ou negando sua culpa. As duas reações o destroem.

Podem ter machucado alguém ou a si mesmo com seu estilo de vida. Sabem que não deveriam continuar assim, mas só podem reagir de duas maneiras: a primeira, pensando que não há saída, e a segunda negando a culpa por viver "como lhes dá vontade".

As duas respostas destroem nosso coração, porque nos fazem cair entre a desesperança e a loucura. O que temos que fazer é reconhecer a nossa limitação e buscar a solução em Deus.

Você precisa escolher!

A Bíblia afirma que o fim para os culpados é a condenação eterna. Às vezes, gostaríamos que fosse de outra forma, mas nossa rejeição ao Deus eterno só pode ser "recompensada" com Seu afastamento eterno. Se quisermos viver como escravos, passaremos toda a eternidade assim. Muitos pensam que a escravidão não os acompanhará para a eternidade, porque vivem como querem e fazem o que querem, mas lembre-se de que Deus mesmo disse em Sua Palavra que "...aquele que é vencido fica escravo do vencedor" (2 Pedro 2:19). Se o nosso coração está preso, não adianta negar ou vivermos como se não fosse verdade. Cedo ou tarde, as nossas loucuras nos alcançarão. "...eu não me deixarei dominar por nenhuma delas" (1 Coríntios 6:12).

Deus quer libertar o nosso coração, e a única maneira de encontrar a liberdade é viver no infinito e no eterno; desfrutar da presença de Deus e entregar o nosso coração completamente a Ele.

Remover os limites do coração é saber dizer não. Aprender a viver em liberdade significa renunciar a tudo aquilo que nos limita, nos fere ou nos destrói. Para que o nosso coração seja indestrutível, não pode haver nada que o domine: não importa se é uma substância, um hábito, alguém, seu próprio caráter ou algo que pareça bom! Dizer não a algumas coisas, pessoas ou a nós mesmos muitas vezes, é a chave para que nosso coração não viva escravizado.

Em segundo lugar, romper as barreiras do nosso coração significa vir diante de Deus e confessar tudo o que há em nossa vida e que tem nos destruído. Não precisamos viver condenados para sempre. A culpabilidade tem solução, pois Deus nos limpa por inteiro. Muito além do que podemos pensar ou compreender, "Eu, eu mesmo, sou o que apago as tuas transgressões por amor de mim e dos teus pecados não me lembro", disse o Senhor (Isaías 43:25).

Disso se trata o perdão — ir além dos limites. Deus nos perdoa e nos limpa de tal maneira que Ele

> **aprender a viver em liberdade significa dizer não a tudo que nos limita, nos fere e nos destrói.**

esquece tudo que fizemos, ainda que soe como algo impossível, pois Deus é perfeito e Sua mente vê e conhece todas as coisas. O perdão de Deus é ilimitado. De uma maneira que não podemos compreender, Ele é capaz de esquecer tudo o que fizemos quando vimos diante dele e pedimos perdão. Por mais escravizado que esteja o nosso coração, Deus o restaura por completo.

Para nós, sim, é difícil perdoar. Não só aos outros, mas a nós mesmos. Podemos passar toda a nossa vida renunciando ao que somos e ao que Deus tem preparado para nós por nos sentirmos culpados; e esta culpa não resolvida limita e destrói o nosso coração.

"Não ensinará jamais cada um ao seu próximo, nem cada um ao seu irmão, dizendo: Conhece ao SENHOR, porque todos me conhecerão, desde o menor até ao maior deles, diz o SENHOR. Pois perdoarei as suas iniquidades e dos seus pecados jamais me lembrarei" (Jeremias 31:34). Já sabemos que precisamos deixar o que nos domina e vir à presença de Deus para libertar o nosso coração. Agora, estamos prontos para o passo definitivo: pedir ao Senhor Jesus que entre em nossa vida e a tome totalmente, que Ele faça novo o nosso coração e retire suas barreiras.

Este é o passo imprescindível, porque às vezes, se nos esquecermos de limpar o nosso coração e tentarmos viver uma vida diferente, será inútil se não a enchermos com a presença do Senhor. Lembra-se da história que Jesus contou sobre o espírito imundo que saiu da vida de uma pessoa, e como ela não preencheu sua vida, vieram sete espíritos mais fortes para fazer sua vida pior do que antes? (Lucas 11:24-26).

Voltar ao Senhor Jesus é o passo mais importante a dar para o nosso coração ser livre, não se trata apenas de limpar nossa vida ou nosso coração.

Nosso coração necessita de Jesus. Ele é a chave da liberdade. Não só o que Ele fez, faz ou fará, mas Ele mesmo; Sua presença e tudo o que Ele é. Há uma bela ilustração que narra a história das sereias, de como elas atraíam os marinheiros com seus cantos; quando eles se aproximavam com seus barcos para escutá-las, morriam, pois as embarcações batiam contra as rochas. No sul da Grécia, a navegação era difícil pela quantidade de ilhas e rochas que há, e muitos barcos encalhavam. Assim, alguém inventou a história para espiritualizar uma realidade física: a grande dificuldade de navegar sem encalhar.

> não adianta limparmos a nossa vida se o Senhor Jesus não a preencher.

Muitos marinheiros tentaram atravessar o lugar usando todos os estratagemas, mas não conseguiram; os cantos das sereias sempre lhes atraíam. Na lenda, conta-se que uns taparam os ouvidos com cera para não ouvir o canto ou foram amarrados ao mastro, pedindo que ninguém lhes desamarrasse apesar da beleza dos cantos. Por fim, alguém veio e teve a ideia de levar em seu barco Orfeu, um grande músico, que cantou e tocou tão maravilhosamente que as vozes sedutoras das sereias ficaram apagadas, e o barco chegou seguro ao porto.

Eles venceram porque escutaram uma canção melhor do que aquela que os levaria à destruição. Quando lutamos contra o mal que nos escraviza, todo tipo de mal, por maior ou menor que seja, apenas uma canção mais doce e mais bela do que a do maligno pode fazer-nos vencer: a canção do Senhor Jesus. Não há outra maneira de sermos livres. Não teremos sucesso com disciplina ou problemas espirituais. Somente a beleza do nosso Senhor pode nos fazer triunfar.

Apenas a beleza de Jesus liberta o nosso coração.

dia 2
Onde está o seu coração?

Toda noite vivemos momentos ímpares em nossa família. Mesmo que tenhamos pouco tempo, arrumamos algum para nos reunirmos (Míriam, nossas três filhas, Iami, Kenia, Mel e eu) para lermos a Bíblia, orar, e responder a todas as perguntas delas. Kenia tinha somente cinco anos quando nos perguntou:

—Quantos Jesus existem?

—Um só, dissemos. Por que a pergunta?

—Porque eu o tenho aqui, dentro do meu coração, você também, muitas outras pessoas também.

Explicar a uma criança que Deus pode estar em muitos lugares ao mesmo tempo não é complicado, parece que os pequenos compreendem melhor as coisas espirituais do que os adultos. O que acontece dentro de nós, depois que as crianças nos fazem suas perguntas, é outra história, porque essas perguntas são mais profundas do que pensamos. "Tenho aqui, dentro de meu coração…"

Quantas pessoas poderiam fazer a mesma afirmação de uma maneira tão simples? Onde está realmente o nosso coração? O que existe nele?

Ao lermos a Bíblia, percebemos que o coração é muito mais que um órgão físico que bombeia sangue a todo o corpo, ou o alvo perfeito de uma "flecha" quando nos apaixonamos. Deus nos disse que o nosso coração é o centro de tomada de decisões e do nosso comportamento, a fonte de vida de uma pessoa; e de certa forma, a base da nossa espiritualidade. Cremos com o coração, não só com a mente. A vida é vivida de acordo com o coração e o que importa realmente na vida é o que há dentro dele. O restante são palavras ou boas intenções. A Bíblia ensina claramente: "Sobre tudo o que se deve guardar, guarda o coração, porque dele procedem as fontes da vida" (Provérbios 4:23).

Com toda diligência, ou como outras versões da Bíblia dizem "acima de toda diligência". Ou seja, mais do que qualquer outra coisa, guarde o seu coração, olhe para dentro dele, invista tempo refletindo em como está a sua vida, o profundo de sua alma; porque do coração brota a vida.

Quando Deus fala do coração, Ele se refere a algo muito maior e complexo do que o órgão físico. A Bíblia define nosso interior como a fonte da espiritualidade e decisão, o mais profundo da alma. É algo que todos entendemos bem rápido. Quando amamos alguém, dizemos que amamos de todo o nosso coração. Quando algo nos encanta, é porque colocamos todo o nosso coração nisso. Quando estamos às portas da morte, dizemos que nosso coração está se apagando. E todos nós sabemos que estamos falando de algo muito mais profundo do que o simples órgão físico! Não estamos entendendo? Deus fala do coração como a fonte da vida física, emocional, moral e espiritual (Salmo 4:7). Como vamos ver nos próximos dias, algumas vezes definimos nossos pensamentos, outras, as emoções, às vezes as decisões, e em muitas outras a razão do nosso próprio comportamento.

De certa forma, podemos dizer que comprometer o coração é comprometer a vida inteira, não só a emoção e o entusiasmo (que são imprescindíveis), mas também os pensamentos, a consciência, as decisões e as ações. Agora podemos entender a transcendência da pergunta: "Onde está o nosso coração? O que temos dentro dele?"

Precisamos olhar para dentro de nós mesmos e responder de maneira sincera. Não estamos falando de religião, costumes, frequência à igreja ou tradições familiares. Não, o que realmente importa é o que há em nosso coração. Deus sempre nos lembra em Sua Palavra que não há nada mais importante na vida do que dar-lhe o nosso coração, pois isto significa que lhe entregamos tudo o que somos.

O evangelho não trata sobre as coisas de Deus, nem tampouco de tentar reformar nossa vida para não sermos tão "maus" como... O que Deus quer é um relacionamento pessoal. O que Deus oferece é não apenas acreditar, mas viver. A única resposta possível à oferta de Deus é a total entrega do nosso coração. Trata-se de viver uma vida completamente diferente: a vida que Deus oferece. Trata-se de crer e viver. De todo o coração.

> Para Deus o coração é a fonte da vida física, emocional, moral e espiritual.

A decisão mais importante da sua vida

Se você nunca tomou a decisão de entregar sua vida a Deus, este é o momento. Converse com Deus e aceite a morte e a ressurreição do Senhor Jesus em seu lugar. Peça-lhe que venha habitar em seu coração e que o encha de perdão para fazer de você uma nova pessoa. Lembre-se de que você nunca poderá ter um coração novo se Ele não restaurá-lo.

Deus prometeu exatamente isto, ou seja, transformar o nosso coração de pedra em um de carne, porque o que precisamos não são reformas ou 'maquiagens', antes, uma transformação genuína e absoluta.

"Dar-lhes-ei coração para que me conheçam que eu sou o Senhor; *eles serão o meu povo, e eu serei o seu Deus; porque se voltarão para mim de todo o seu coração" (Jeremias 24:7).*

Todos nós temos em nosso interior um vazio do tamanho de Deus e somente Ele pode preenchê-lo. Qualquer outra coisa que tentemos colocar nesse lugar não nos satisfará, ao contrário, nos frustrará ainda mais, daí a razão da insatisfação de muitas pessoas. Poder, dinheiro, sexo, prazer, conhecimento, posições, relacionamentos. Não importa o que você colocar em seu coração para preenchê-lo, precisará de mais. Quem busca o prazer sempre vai querer mais. Aquele que tem dinheiro, nunca estará satisfeito com o que tiver. Os que buscam o sentido de suas vidas nos relacionamentos, sempre se sentirão decepcionados com os outros. Aquele que nega a Deus, criará para si mesmo centenas de deuses para preencher seu vazio interior.

Somente o infinito pode preencher um coração como o nosso, que anseia pelo infinito. Alguns ficam satisfeitos porque mutilam a sede de seu coração e acreditam que com o que sentem ou o que fazem, a vida já valeu a pena. Mas quando o tempo passa, o coração segue pedindo o infinito, e somente Deus pode preencher esse espaço infinito feito sob medida para cada um.

Não reconhecer algo tão simples é um dos motivos porque tantas pessoas, nos países desenvolvidos, decidem dar fim às suas vidas. O suicídio é a segunda causa de morte juvenil com idades entre os 15 e 30 anos. Estamos falando de algo terrível para o qual muitos ainda

> Quando nos voltamos a Deus, o nosso coração sabe verdadeiramente o que significa viver.

dão as costas. Aqueles que desejam viver sob a dependência e o cuidado de Deus, precisam ser prudentes com suas ações e palavras, pois estas devem refletir a vontade do Seu coração, honrando sempre o Senhor.

Jesus prometeu: "...eu vim para que tenham vida e a tenham em abundância" (João 10:10). Precisamos nos lembrar de que muitas pessoas não podem desfrutar da vida porque os seus corações estão aprisionados, mesmo que elas não admitam.

Limitados ou aprisionados pelo que outros fizeram ou disseram: família, companheiros ou amigos, inimigos, meios de comunicação, colegas de trabalho... essas pessoas estão limitadas não apenas em seus pensamentos e ações, mas inclusive em sua negação espiritual.

Outros vivem em sua própria escravidão porque colocam limites em si mesmos por meio de seu caráter ou por diferentes situações vividas. A lista pode ser tão longa quanto você quiser, porque são muitas as pessoas, coisas ou circunstâncias que às vezes aprisionam e limitam o nosso coração, mas deixe-me dizer que depende de nós viver sem tais limites. A decisão de liberar o nosso coração está em nós.

Onde está o nosso coração? Esta pode ser uma das perguntas mais importantes da nossa vida.

Não estamos falando de uma vida perfeita, nem vitoriosa como alguns entendem: êxito, dinheiro, fama, poder. O que precisamos compreender é que Deus colocou ao nosso alcance uma vida nova, diferente, ilimitada, uma vida cheia de Sua presença, sejam quais forem as circunstâncias exteriores e nossas próprias condições. Uma vida que não se deixa aprisionar por outros ou pelas circunstâncias. Uma vida indestrutível, uma vida à imagem de Deus (Hebreus 7:16).

A decisão mais importante que você pode tomar (e que toma a cada momento, em milhares de pequenas decisões) é, se vai viver segundo o poder da vida que Deus oferece, ou se vai continuar vivendo por suas próprias forças. Se vai aceitar a liberdade ou seguir com suas limitações.

Quando Abraham Lincoln assumiu a presidência dos Estados Unidos, nos momentos mais difíceis da guerra Civil Americana (Guerra da Secessão), ele decretou a liberdade de todos os escravos no país. A partir desse momento, não somente foi proibido ter escravos, mas também que todos os que tinham sido escravos passassem a ser pessoas livres, e ninguém tinha qualquer direito sobre eles. Foi um passo importante não só para o país, mas também para todo o mundo; porém demorou muitos anos para a escravidão ser abolida por completo. Você sabe o que aconteceu? Alguns senhores que tinham seus escravos nunca permitiram que essas pessoas soubessem que a escravidão tinha acabado. Por outro lado, alguns escravos jamais acreditaram que eram pessoas livres, e assim seguiram com seus senhores, mesmo sabendo que a lei havia sido promulgada. Eles não acreditavam ser possível e pensavam que era bom demais para ser verdade.

Muitas pessoas não sabem que existe uma vida diferente. Talvez nunca tenham ouvido que tudo pode mudar, que o seu coração pode ser livre. Jamais ouviram que Deus pode fazer novas todas as coisas. Outros, talvez tenham ouvido muito a respeito de Deus, inclusive podem ter chegado a acreditar nele.

> Muitos não sabem que existe uma vida diferente. Não sabem que podem ser livres.

Muitos frequentam a igreja, trabalham ou acreditam viver segundo a Sua vontade, mas o que fazem, na realidade, é controlar e governar a sua própria vida. E, nessa vontade de controlar a vida, escravizaram e limitaram o seu próprio coração.

Quando Jesus ensinava, Ele ia sempre à raiz dos problemas. Não media palavras, sabia exatamente o que dizer ou perguntar para que ninguém ficasse impassível. Quando Ele começou a falar sobre o que estava dentro de cada um de nós, disse algo surpreendente:

"Porque, onde está o teu tesouro, aí estará o teu coração" (Mateus 6:21).

Pense sobre o que está em seu coração. Dedique uns momentos para lembrar o que você ama mais do que qualquer outra coisa. Deus nos fez de tal maneira que todos acabamos sendo transformados naquilo que amamos. Aquilo que consideramos um tesouro governa o nosso coração. Se o que amamos em primeiro lugar é algo material, nosso coração sempre terá limites materiais.

> Quanto mais amamos a Deus, mais nosso coração se dilata. Quanto mais lhe conhecemos mais descobrimos Sua grandeza.

Se amarmos uma pessoa, nossa vida estará limitada por ela. Se o que queremos é atingir um sonho, seremos escravizados por ele, e quando o atingirmos, nossa motivação pela vida acabará também. Se for Deus a quem amamos, descobrimos que nosso coração precisa perder seus limites para que Deus possa viver nele, porque o Criador não pode ser limitado.

Precisamos restaurar Sua beleza, nos animar com Ele, pois não há ninguém que possa preencher o nosso coração como o Senhor Jesus. Ao fazermos isso, todas as demais coisas tomam o seu devido lugar. Aprendemos a desfrutar muito mais de tudo o que nos cerca, porque quanto menos limites o nosso coração tiver, mais espaço teremos para pessoas, coisas e circunstâncias que valham a pena. Quanto mais permitirmos que Deus engrandeça o nosso coração, mais a nossa capacidade de desfrutar de tudo crescerá.

O que está em nosso coração é o que controla e domina a nossa vida. Podemos aparentar muitas coisas. Tentar viver de muitas maneiras diferentes. Podemos até chegar a construir uma forma de ser, de nos comportar diante dos outros; mas em último caso, o que realmente somos é o que está em nosso interior. O que temos em nosso coração é o que define a nossa maneira de ser.

Como podem falar coisas boas sendo maus? Esta é uma pergunta direta e difícil de responder. Jesus acrescentou a esta pergunta uma frase que não deixa lugar para dúvidas: "...Porque a boca fala do que está cheio o coração" (Mateus 12:34).

A única maneira de desfrutar de uma vida extraordinária é fazer perguntas extraordinárias. Deus não quer ficar na aparência das coisas, e não devemos fazer o mesmo. Realmente, o extraordinário é desejar conhecer o profundo das coisas, e nesse sentido, o que está em nosso coração é o que controla a nossa vida. Da abundância do coração fala a boca, pensa o cérebro, as mãos fazem e os pés andam. O que está em nosso coração define a nossa identidade. Do mais profundo da nossa alma sai o que governa a nossa vida.

> da abundância do coração fala a boca, pensa o cérebro, as mãos fazem e os pés andam.

A batalha para ganhar o nosso coração é disputada hoje pelas coisas que chegam até nós; publicidade, objetos, coisas que podemos comprar, negócios. Tudo isso pode ser bom, mas não satisfaz o coração porque são coisas materiais e somente o que é espiritual pode satisfazê-lo. Comprovamos isto quando estamos com um amigo, quando recebemos uma boa notícia, quando temos paz, quando adoramos, ou quando Deus nos fala de alguma maneira; é então que nos damos conta de que nosso coração se move e desfruta sobretudo do espiritual. Aprendemos somente durante uns poucos minutos, porque rapidamente voltamos à publicidade, aos meios de comunicação, ao poder, à avareza, às coisas que se veem.

Não podemos controlá-lo, é o coração que nos controla. Nosso coração se converte naquilo que ama. "Glorifica" o que tem dentro de si, aquilo que dá importância. Se você ama o dinheiro, seu coração irá querer se encher de dinheiro. Se os seus sonhos têm a ver com bens ou poder, seu coração estará cheio de coisas materiais ou de poder. Nosso coração acaba se convertendo naquilo que amamos. Se amarmos a Deus, nosso coração se voltará a Ele.

Deus conhece o nosso coração

"…ouve tu nos céus, lugar da tua habitação, perdoa, age e dá a cada um segundo todos os seus caminhos, já que lhe conheces o coração, porque tu, só tu, és conhecedor do coração de todos os filhos dos homens" (1 Reis 8:39).

Deus esquadrinha até o mais profundo do nosso ser. Aquilo que ninguém conhece de nós, Ele sabe. Até o que a nós mesmos custa descobrir: Deus sabe. A Bíblia diz que Ele conhece perfeitamente o nosso coração. É curioso que poucas vezes ela menciona que sabe o que está em nossa mente, mas uma vez ou outra nos lembra que nosso coração não tem segredos para Deus…"porventura, não o teria atinado Deus, ele, que conhece os segredos dos corações?" (Salmo 44:21).

Você pode tentar enganar a todos e ainda enganar-se a si mesmo, mas nunca poderá enganar a Deus. É melhor não se esconder. Se você está lendo este livro já é algo bom para você, não pelo que eu possa lhe dizer, mas porque você decidiu examinar o seu coração! Este passo é sempre um dos mais importantes na vida.

Os segredos do coração, do interior de cada um, descobertos diante de Deus. Sempre fico admirado ao saber que Deus conhece completamente nosso interior e quem mais nos ama. Se alguém soubesse o que há no fundo do nosso coração, não poderíamos sair à rua jamais. Estaríamos envergonhados para sempre. A pessoa que sabe tudo é quem mais nos ama.

O único que conhece tudo o que há em nosso coração é aquele que mais nos ama.

A melhor decisão que podemos tomar em nossa vida é deixar nosso coração em Suas mãos. É um passo imprescindível. Deixe de lutar contra você mesmo e descanse em Deus. Reconheça diante dele o que acontece em seu coração e estenda as suas mãos até Ele. Um dos meus professores, Francisco Lacueva, me disse quando eu ainda era um adolescente: "Você tem medo de Deus? Jogue-se em Seus braços!" É o melhor que podemos fazer. Querer esconder as coisas de nada adianta. Aparentar que somos melhores do que somos só nos leva ao fracasso. Viver como se não precisássemos de nada é a melhor maneira de perder a nossa vida completamente.

Às vezes, podemos ultrapassar etapas em nossa vida, nas quais o coração se sente preso por algum limite que descobrimos. Podem passar dias, semanas ou até meses, e mais tempo ainda e nos sentirmos derrotados. Peço a Deus que saibamos nos colocar em Suas mãos para que Ele sare o nosso coração o mais rápido possível. Muitas vezes, alguma notícia, algo que outras pessoas fazem, o cansaço ou as circunstâncias podem ferir o nosso coração. Precisamos nos voltar para o Senhor para Ele nos restaurar. Ele conhece o que existe no profundo do nosso ser e vai nos curar.

Superando limites
Buscando o Senhor de todo o coração

"Buscar-me-eis e me achareis quando me buscardes de todo o vosso coração" (Jeremias 29:13), é a promessa que Deus nos faz lembrar sempre. Buscar a Deus de todo coração é o passo imprescindível para viver sem limites, para desfrutar de uma vida abundante.

Buscar a Deus é a decisão mais importante da nossa vida, mas deve ser feita com todo o compromisso do nosso ser. É uma busca quase desesperada. É deixar todas as outras coisas e estar a sós com Ele para ouvi-lo; ler Sua Palavra, para que o Espírito de Deus nos fale sobre o que necessitamos e o que Ele quer de nós.

Para encontrar a Deus, você necessita buscá-lo incondicionalmente; sem calcular o custo, de certa forma às cegas, e não se importar com o que possa ocorrer. Com a mesma determinação e decisão que sentimos quando amamos alguém. Como quando nosso amor nos move a fazer tudo sem pensar, pois o que amamos tem o mesmo valor para nós.

Buscar ao Senhor com todo o coração é querer agradá-lo acima de tudo. "...visto que fomos aprovados por Deus, a ponto de nos confiar ele o evangelho, assim falamos, não para que agrademos a homens, e sim a Deus, que prova o nosso coração" (1 Tessalonicenses 2:4). Deus conhece as nossas motivações. Ele

às vezes Deus trabalha durante mais tempo dentro de nós. Não porque Ele necessite, mas porque nós precisamos.

examina o nosso interior e esta é a melhor avaliação a qual podemos nos submeter em nossa vida. Não podemos nem desejamos enganá-lo, desta forma. Para que o nosso coração seja indestrutível, precisamos ter o desejo de agradá-lo acima de todas as coisas.

Não importa há quanto tempo o seu coração tem estado limitado, Deus quer trabalhar nele hoje mesmo. Não importa se serão 30 dias ou num momento, Deus quer restaurar o seu coração. Ele é tão poderoso que deseja que você descanse completamente no que Ele quer fazer em sua vida. O importante é buscá-lo.

Às vezes Deus quer trabalhar mais tempo dentro de nós, não porque Ele necessite, mas sim porque nós precisamos. Restaurar o nosso coração não é qualquer coisa!

Por esta razão, Deus nos diz em Sua Palavra: "Dá-me, filho meu, o teu coração…" (Provérbios 23:26). Ele espera que coloquemos a nossa vida em Suas mãos para restaurá-la completamente. Essa é a decisão de um dia feliz em nossa vida, mas é também uma decisão constante, diária. Dia a dia colocar o nosso coração em Suas mãos, em todas as circunstâncias, em todos os momentos, em todas as dificuldades e nas alegrias; quando entendemos ou não o que está acontecendo. E também quando cremos e quando duvidamos.

Um detalhe a mais, pode ser que em algum dos capítulos você precise deter-se mais de um dia. Orar mais, falar mais com o Senhor, voltar a ler os textos bíblicos, por necessitar mais de Deus. Faça-o. Não limite o seu coração até que Deus o vença. Não faça a leitura só por fazer, não siga em frente se acreditar que Deus não tocou o seu coração. Fale com Ele e descanse.

Falando com Deus
Colocando o nosso coração em Suas mãos

Se escutar a Deus a cada dia, lendo Sua Palavra é importante para nós, falar-lhe é imprescindível para que Ele renove o nosso coração. Precisamos nos aproximar do nosso Criador em cada momento: Isso é muito mais que uma obrigação ou um costume. É muito mais até que o desejo; é um estilo de vida!

Depois de saber o que Deus diz sobre o nosso coração, temos que agir. Não adianta você tomar conhecimento sobre sua vida e não saber como aplicar. Imagine-se indo ao médico, e a partir do momento que fica sabendo o que lhe acontece, ele diz o que você deve fazer ou que remédios tomar, que hábitos mudar, que costumes deve adquirir. Você volta pra casa e não faz absolutamente nada. De pouco terá servido conhecer os males que o prejudicam.

Deus nos escuta mesmo quando não falamos nada. Nossa oração chega ao Pai mesmo sem pronunciarmos qualquer palavra, porque Ele conhece o nosso coração. Esta é a boa notícia. A grande notícia!

> **Mesmo quando estamos em silêncio, Deus nos escuta.**

O que não gostamos de ouvir é que não podemos enganá-lo, e é bom que não tentemos. Deus não pode ser enganado. Temos que ser transparentes, não querer "enganar" a Deus, primeiro porque é impossível. Segundo, porque o dano maior será a nós mesmos.

A cada momento que oramos é bom recordar que o Senhor nos ensinou a fazê-lo dirigindo-nos a Ele como nosso Pai. Nosso papai nos céus. Não são palavras aprendidas nem rezas, Deus quer ouvi-lo e quer que você abra o seu coração.

Temos muitas orações escritas na Bíblia. Elas nos ensinam o que outras mulheres e homens disseram, e como Deus os escutou. Como nos faz bem conhecer o que outros já disseram ao Senhor! Que bom saber que Ele nos escuta sempre! Mesmo assim, o mais importante é fazer da oração algo pessoal e íntimo. Se o que escrevo o ajuda a orar, perfeito! Se não, esqueça o que está escrito e diga ao Senhor o que você sente em seu coração. Lembre-se de que as palavras não são o mais importante. Da mesma forma que, podemos repetir as palavras escritas na Palavra de Deus, sem fazê-lo com o coração, e elas pouco ajudarem, de nada serve fazer o mesmo com as que estão escritas neste livro. Ao ler cada um dos capítulos, fale com o Senhor e diga-lhe o que está em seu coração. É o melhor que você pode fazer na vida.

Oração

Pai que estás nos céus, quero conhecer-te mais e entregar a minha vida em Tuas mãos a cada dia. Por favor, remove as barreiras do meu coração, para que eu possa te amar cada vez mais. Necessito desfrutar de Tua presença, do que Tu és, do Teu caráter, de cada momento que me presenteias na vida e de todas as coisas que fazes por mim. Que o Teu Espírito encha a minha vida de tal maneira que eu não me esqueça de ti nem um só momento! Em nome do Senhor Jesus. Amém.

Dia 3
Coração indeciso, dividido

Um homem pedala sua bicicleta pela rua sem tempo sequer para pensar na pressa que tem. Em poucos minutos deve pregar no púlpito de uma igreja e por uma combinação de circunstâncias tudo acontece para atrasá-lo, assim que, numa decisão quase desesperada percebe que pode cortar uns cinco minutos em seu trajeto e vai por uma rua na contramão. Com muito cuidado pedala rua acima e, aparentemente, sem problemas, pois em poucos minutos estará na igreja. Mas não imaginava que no final da rua um guarda de trânsito o esperava para lhe perguntar: "O senhor não viu que esta rua é de sentido único e você está indo na direção proibida? Tenho que multá-lo!"

Definitivamente, agora será impossível chegar a tempo! Ele pensou que pelo menos poderia se livrar da multa, explicando ao guarda algo que muitos poderiam entender perfeitamente:

"Olha senhor guarda, o problema é que eu tinha muita pressa para chegar, e quando vi o sinal, o novo homem que vive em mim disse: Você não pode ir em direção proibida porque é contra a lei. Mas o velho homem gritava: É só desta vez, você está com pressa, mesmo que infrinja a lei não faz mal! E claro, o novo homem com o velho homem discutiram e ao final o velho homem me convenceu a ir pela direção errada."

O guarda o escuta com atenção e olhar fixo. Como ele não é cristão, tudo que o homem está falando lhe parece "chinês". Mas percebe que é sincero. E o que é pior, realmente acredita no que está ouvindo! Desta forma, começa a escrever em seu livro e diz: "Eu vou retirar a multa por seguir em direção proibida, mas você terá que pagar uma multa maior por andar com mais duas pessoas na bicicleta."

As histórias que nos fazem rir nos ajudam a compreender a realidade. Esta é uma delas. Deixe-me dizer que poucas coisas causam tantos problemas em nosso interior como o nosso coração quando está dividido. Há muitas pessoas que são infelizes com Deus e ao mesmo tempo não são felizes com o "mundo". Elas têm uma vida dupla e são santas demais para estar em alguns lugares e mundanas demais para serem felizes na presença de Deus.

nosso coração infeliz nos impede de sermos felizes em qualquer lugar.

Enquanto tentam viver desta maneira, o coração dessas pessoas se divide cada vez mais e torna-se indeciso diante de muitas situações, porque não sabe tomar decisões. Um dos exemplos mais claros da Bíblia está no povo escolhido por Deus, Israel. Amados de maneira incondicional pelo Criador, não foram capazes de decidir-se por seguir a Deus ou ignorá-lo. O profeta foi bem claro em suas palavras:

"Até quando coxeareis entre dois pensamentos? Se o SENHOR é Deus, segui-o" (1 Reis 18:21).

Enquanto o nosso coração não se decide, perdemos de vista o que Deus quer de nós, e também somos incapazes de desfrutar da vida que Ele nos dá, porque não sabemos segui-lo.

Os que têm um coração dividido e indeciso não podem ser felizes. Estão sempre estão pensando no que poderia ter sido se tivessem tomado a outra decisão, o outro caminho. Às vezes, não tomaram decisões erradas, mas o coração indeciso diz vez ou outra que talvez estivessem errados.

Esse remorso por decisões erradas no passado nos influencia de tal maneira que somos incapazes de desfrutar das boas decisões que tomamos agora.

O coração indeciso ou dividido tem uma vida dupla

Para nós a maior tragédia é tentarmos viver com um coração dividido. A indecisão surge porque nosso coração está com o olhar fixo em duas coisas diferentes. O Senhor Jesus explicou perfeitamente quando disse: "se teu olho é mau..." (Mateus 5) e o interligou com o de servir a dois senhores. Quando tratamos de olhar em duas direções, nosso coração se divide, queremos andar por dois caminhos diferentes e tentamos servir a dois senhores diferentes. Em minha terra, Galícia, há um ditado que explica isso perfeitamente, pois expõe o que muitos pensam e a maneira como vivem: "Deus é bom e o diabo não é mau."

Um coração dividido gera indecisão, porque não sabe que caminho seguir nem qual das opções prefere.

Por mais voltas que dermos é impossível viver assim. O Senhor Jesus nos ensinou que tudo que vamos conseguir será quebrar o nosso coração. O coração dividido gera indecisão, e o coração indeciso se rompe gradativamente, até não saber o que realmente quer e nesse processo se autodestrói porque não pode ser feliz em nenhum lugar e de nenhuma maneira.

O problema não é novo. Infelizmente tem se estendido na vida de muitos cristãos, mas já existia desde a antiguidade, nós não o inventamos. O próprio Senhor Jesus afirmou sobre os religiosos responsáveis de Seu tempo. "Este povo honra-me com os lábios, mas o seu coração está longe de mim" (Marcos 7:6). Este era o maior pecado do povo de Israel e talvez de muitas pessoas hoje.

Podemos dizer algo com nossos lábios e negar com o nosso coração. Podemos, inclusive, viver de certa maneira alguns dias da semana, dependendo do lugar onde estivermos, e de outra muito diferente quando ninguém nos vê e nem nos conhece. Um menino definiu bem isto quando disse "um hipócrita é uma pessoa que aos domingos é diferente".

Rimos, mas desta hipocrisia nasce o maior perigo para uma pessoa: acreditar que está seguindo a Deus quando segue a si mesma. Lembra-se das palavras de Jesus? "Muitos, naquele dia, hão de dizer-me: Senhor, Senhor! Eu direi — Não os conheço" (Mateus 7:22). Não ser conhecido por Deus é o maior mal que uma pessoa pode ter; pois leva à condenação eterna!

Este é, sem dúvida alguma, o maior perigo: termos uma vida dupla, enganando-nos a nós mesmos e tratando de enganar aos demais. Se não deixamos que Deus nos examine e nos cure poderemos nos perder por inteiro, porque se Deus nunca esteve em nosso coração, é porque não o buscamos nem deixamos que Ele nos encontre. Se Ele não nos conhece, é porque nós nunca o conhecemos, mesmo que aparentemos o contrário.

Superando limites

Deus quer transformar o nosso coração. Não se trata de uma simples reforma, é uma transformação radical. Deus quer romper as barreiras do nosso coração e renová-lo completamente. Temos que nascer de novo, do alto, de Deus (João 3) para que o nosso coração viva em liberdade.

Não podemos olhar em duas direções. Se quisermos que o nosso coração deixe de estar dividido, temos que caminhar na verdade de Deus. Temos que tomar a decisão de amá-lo a cada dia, e pedir-lhe sabedoria em cada momento, para que o que fizermos seja a verdade.

Recordamos há pouco o que o Senhor Jesus disse: "Não podeis servir a dois senhores". Se o nosso coração estiver dividido, ninguém vai sofrer mais do que nós mesmos. Nunca saberemos qual direção seguir, nem qual decisão é a correta. Temos que deixar de olhar o que não é importante e aprender a confiar cem por cento em Deus. Se você quiser tomar alguma decisão e descansar noventa por cento em Deus e dez por cento em alguma outra pessoa, estará olhando em duas direções; nenhum coração pode ser livre olhando para dois lugares diferentes a cada vez. Se fizer assim, você sempre será confundido, sempre terá dúvida.

> Ensina-me, Senhor, o teu caminho, e andarei na tua verdade; dispõe-me o coração para só temer o teu nome (Salmo 86:11).

"Agora, pois, deitai fora os deuses estranhos que estão no meio de vocês, e inclinai o vosso coração ao Senhor, Deus de Israel" (Josué 24:23).

O que Deus nos pede é simples e claro: um, tirar o mal do meio de nós; dois, inclinar-lhe o nosso coração. As duas coisas são imprescindíveis, porque mesmo que inclinemos nosso coração ao Senhor, se não retirarmos o mal do meio, seguiremos com nosso coração dividido. E se tirarmos o mal e não olharmos para Deus ficaremos vazios, e, cedo ou tarde algo errado voltará a entrar em nossa vida. Esta decisão não é só para nós, mas também para a nossa família, porque quando vivemos com nosso olhar em Deus, Suas promessas são muito claras:

"O Senhor, teu Deus, circuncidará o teu coração e o coração de tua descendência, para amares o Senhor, teu Deus, de todo o coração e de toda a tua alma, para que vivas" (Deuteronômio 30:6).

Tiago, que sempre escreve de uma maneira clara e direta, não deixa escapar a ocasião para explicar exatamente como libertar um coração dividido: "...e vós que sois de ânimo dobre, limpai o coração" (Tiago 4:8).

Um coração apaixonado

Podemos olhar na direção certa, tomar as decisões de uma maneira correta, e mesmo assim ter limitado o nosso coração.

Para que Deus liberte o nosso coração, temos que estar cheios de amor por Ele.

Quando amamos alguém, nossa mente e nosso coração estão sempre com esta pessoa. Nós não podemos "tirá-la" nem um momento dos nossos pensamentos. A pessoa que ama profundamente não vive na indecisão, porque sempre "se lança" em direção àquele que ama.

Quando amamos alguém, vivemos pensando e sentindo de acordo com este amor. Não há olhar dividido; praticamente é possível dizer que não temos olhos para mais ninguém.

Quando amamos a Deus desta forma, o nosso coração se torna indestrutível. Quando amamos ao Senhor com toda a nossa mente, com todo o nosso coração, com todo o nosso corpo e com todas as nossas forças, sabemos o que significa viver uma vida sem barreiras, porque é a mesma vida que Deus vive em nós. Se quisermos libertar nosso coração, precisamos tomar a decisão de amar a Deus incondicionalmente.

Se não amamos a Deus, as demais coisas têm pouco valor. Mesmo que estejamos fazendo a coisa certa, lutando pelo que é certo, ainda que a nossa vida seja quase "perfeita". A medida do nosso coração será sempre o amor ao Senhor.

E mais. Uma das coisas mais curiosas na vida é o paradoxo. O coração toma a decisão de amar livremente, escolhe a quem ama, e quando o faz, prende-se a este amor. Já não quer nem pode amar tanto a nenhuma outra pessoa, submeteu-se à ditadura do amor. E quanto mais ama mais livre se sente mesmo que esteja mais preso do que nunca.

> Se não amamos a Deus, todas as coisas têm pouco valor, mesmo que façamos a coisa certa.

Nosso coração quebra todos os limites e passa a ser completamente livre quando vive dentro do Amor com letra maiúscula. Ele não quer outra coisa, quer estar frente a frente com quem ama. Quando amamos e sabemos que somos amados por Deus, as barreiras do nosso coração desaparecem porque aprendemos a viver um amor infinito e eterno.

Oração

Pai que estás nos céus, ilumina a minha vida. Que o Teu Espírito me faça ver os segredos do meu coração para viver de maneira íntegra. Não quero ter duas caras. Não quero viver preocupado pelo que os outros possam pensar. Quero somente te honrar e viver perto de ti.

Entrego-te o meu coração por inteiro. Que não haja nada nele que te desagrada. Entra até o mais profundo, examina meus pensamentos mais secretos e ensina-me a viver perto de ti. Quero abandonar tudo o que te desagrada.

Quero te amar mais e mais a cada dia. Ajuda-me a apaixonar-me por ti de tal forma que todos os dias sejas o mais importante em minha vida, ajuda-me a te querer tanto que te lembre a cada momento.

Não permitas que eu engane ninguém. Não deixes que eu me engane. Fala comigo e mostra o meu interior para que eu perceba que não posso ter um coração dividido.

Meu coração é somente Teu. Em nome do Senhor Jesus. Amém.

dia 4
Coração inconstante, imaturo

Há uns dois meses falava com um dos líderes de uma conhecida igreja e ele desabafava: "às vezes, sinto-me com forças para fazer meu trabalho, mas outras vezes, basta que algo muito simples saia do lugar, para que eu tenha a impressão de que não estou fazendo nada que valha a pena; é como se os dias escapassem pouco a pouco, e eu estivesse vivendo a vida de todos e não a minha própria; todos têm direito a me dizer o que tenho que fazer, onde tenho que ir, as decisões que tenho que tomar. É como se estivesse em uma montanha-russa; uns dias no céu e outros no chão; há dias em que eu poderia fazer qualquer coisa, e parece que tenho forças para vencer o mundo. Outros, não quero nem me levantar da cama pela manhã."

Alguns admitem isso e este é o primeiro passo para "consertar" um coração inconstante. Outros vivem assim, mas pensam que isto é absolutamente normal. É curioso, mas cada dia que passa mais pessoas nos pedem ajuda, muitos inclusive da liderança da igreja, de um ministério e até de uma empresa de caráter secular. A grande maioria deles é jovem e são suficientemente sinceros e reconhecem que suas vidas sofrem contínuos altos e baixos. Sem nenhuma razão aparente, um dia tudo está bem e de repente tudo se desmorona.

Muitas pessoas vivem com esta sensação de "não saber o que ocorre", mas, de certa maneira, têm a impressão de que as circunstâncias e as outras pessoas determinam as suas vidas. É como se não fôssemos donos nem sequer dos nossos pensamentos ou sentimentos. Não só as outras pessoas decidem por nós, mas às vezes as circunstâncias também nos obrigam a sentir de uma maneira ou outra. É como se não fôssemos donos de nós mesmos. Os altos e baixos da vida escravizam o nosso coração. Um dia, estamos no céu, no seguinte, no inferno; nosso coração se deixa levar e se torna cada vez mais instável.

Esse chega a ser um dos maiores problemas para muitos: não saber dominar os seus sentimentos, suas reações e, portanto, suas decisões. Não sabem o que fazer diante das circunstâncias ou diante do que as pessoas fazem ou dizem. Um dia, tudo é incrível, no seguinte, o tédio governa. Às vezes, tudo acontece no mesmo dia!

Um coração volúvel é descoberto imediatamente: você pode encontrá-lo em pessoas que um dia o cumprimentam, falam e não deixam de lhe falar; no dia seguinte, simplesmente o ignoram. Se as coisas vão bem, são as pessoas mais notáveis do mundo; quando algo dá errado, não querem ver ninguém. Seu relacionamento com Deus segue na mesma direção: quando você se sente bem, Deus é bom. Quando as coisas vão mal não quer vê-lo "nem pintado".

Coração inconstante, imaturo. Coração que não é capaz de viver acima das circunstâncias da vida. Coração que todos dominam, porque se deixa levar por quase tudo e todos. Coração inconstante em seus sentimentos, porque começa a se irritar por qualquer coisa. Pode entristecer-se por qualquer situação. Qualquer problema aparente, qualquer pequeno detalhe, qualquer frase dita é capaz de arruinar o seu dia.

Com o tempo, o coração imaturo se torna inseguro também. As pessoas que não são capazes de vencer esta imaturidade vivem sempre como crianças, sempre aprendendo, sempre dependendo das decisões do outros. Às vezes, dependem de outras pessoas, em outras situações: de circunstâncias, do que ocorre; inclusive o dia (dependendo como esteja, ou como tenha acordado), pode ter mais importância em uma decisão do que eles mesmos tenham pensado! Quando qualquer coisa o influencia para tomar uma decisão, o mais comum é que seja uma má decisão.

> Em vez de controlarmos a vida, ela é que nos controla.

Esta insegurança acaba "matando" o coração. Qualquer frase lhe faz mal, qualquer olhar, qualquer circunstância. Quando nosso coração vive inseguro, é capaz de ver inimigos por toda parte. O que escutamos de alguém, logo pensamos que é nossa culpa, e acreditamos que os outros planejam nos fazer o mal. O mundo se volta contra nós e nos tornamos vítimas de uma conspiração universal. Todos querem nos prejudicar, inclusive os que nos conhecem!

Ao vivermos muito tempo sob as ordens de um coração inconstante, a instabilidade passa a ser a nossa companheira permanente. O coração imaturo é controlado pela vida, em lugar dele mesmo a controlar. Quando tudo vai bem, sorri, vive, desfruta; basta algo dar errado, para que ninguém possa cruzar seu caminho. O coração volúvel poucas vezes termina o que começa. É inconstante nas relações, sempre espera que os outros deem o primeiro passo (e às vezes o segundo e o terceiro e...). Inconstante nas decisões: um dia diz que sim, no dia seguinte que não, na mesma situação; em outro, nem sabe o que dizer.

A imaturidade é vista também em nossa reação diante das circunstâncias. Somos capazes de tomar decisões sem pensar, e também as tomamos quando algo nos emociona, ou pior ainda, quando estamos irritados. Depois nos arrependemos das decisões que tomamos, mas o nosso coração segue de um lugar para outro sem saber o que fazer por ter-se deixado levar mais uma vez.

Um coração imaturo perde, inclusive, seus melhores amigos. Num dia não existe ninguém como nós e no outro dia nos ignoram. O coração volúvel não é capaz de se sobrepor às circunstâncias e valorizar a amizade. Vive sempre daquilo que aconteceu no momento anterior, sempre tem que decidir rapidamente, porque tudo vai além dele. É incapaz de decidir por si mesmo o que quer ou o que não quer fazer. Com quem quer ou não quer estar.

O coração imaturo, além do mais, trata cada pessoa de maneiras diferentes. E considera que são pessoas "importantes", as que têm dinheiro, uma determinada posição ou poder. Dedica-lhes todo o tempo do mundo. Se forem pessoas que ninguém conhece, ou aparentemente não têm nada, quase as despreza. Quando encontramos alguém que faz acepção de pessoas desta maneira, é sinal de imaturidade do seu coração, porque isso é completamente contrário ao caráter de Deus.

Isto sempre nos limita, porque um coração imaturo poucas vezes compreende o que Deus quer dele. Vive terrivelmente infeliz ao não conhecer o caráter de Deus, ao não se dar conta de que Deus é fiel, paciente, constante, decisivo,

O coração imaturo quase nunca toma suas próprias decisões.

maduro. Se o coração não está perto de seu Criador, jamais termina o que começa, sempre fica no meio do caminho. O coração instável sempre encontra algo que o faz desistir. Não importa se é um relacionamento, um trabalho, um projeto, um sonho. Sempre aparece algo que o atrapalha e o faz desistir. Algo que o abate e desanima para não querer tentar outra vez. Às vezes, não se trata apenas de imaturidade, mas também de certa negligência, falta de vontade de se esforçar e lutar, de não seguir adiante quando as circunstâncias ou as pessoas se opõem ao que é certo.

O coração imaturo vive continuamente como um "morto-vivo". Ninguém se sente mais infeliz do que ele, porque no final do dia se sente frustrado por ter-se deixado arrastar mais uma vez, e muitas vezes sua própria inconstância lhe impede de tomar decisões que valham a pena.

Superando limites

Um coração imaturo se assusta quando tem que tomar decisões. Prefere deixar as coisas passarem, sente-se seguro com a indecisão e relutância, mesmo que não compreenda exatamente a razão porque vive assim. Se numa família, os que lideram são pessoas com este coração, sempre escondem muitas coisas "debaixo do tapete". Na igreja, se os líderes são imaturos, reagem a cada problema deixando o tempo passar "porque o tempo cura tudo", pensam; sem se darem conta que a única coisa que o tempo faz, ao deixarmos passar, é agravar mais o problema a cada dia.

O coração imaturo é dominado por sua própria inconstância. Por essa razão, muitos ouvem os chamados do Senhor, vão à igreja por anos, ou leem a Palavra de Deus, sem que isto afete suas vidas. Acostumaram-se a deixar passar todas as responsabilidades. Assim como crianças, pensam que em sua imaturidade está a felicidade. Não querem crescer. Não importa o tempo que tenham passado ouvindo a voz do Senhor ou que conheçam as palavras e os rituais do cristianismo, pessoas volúveis são incapazes de decidir por si mesmas.

de todo meu coração eu te busquei...
(Salmo 119:10).

O primeiro passo para libertar o nosso coração é nos comprometermos. É um passo imprescindível, porque temos que buscar a Deus e escutar o que Ele diz, e também termos compromisso com Ele. Tomar decisões sensatas. Uma após a outra, de forma que Deus nos ajude a vencer nossa própria inconstância. Algo tão simples (e também tão importante) como fazer um pacto com Deus, um pacto que seja constante a cada dia da nossa vida. Ao falar conosco, pela Sua Palavra, Deus nos mostra que quer compromisso da nossa parte, não serve de nada escutá-lo e esquecer tudo.

"Entraram em aliança de buscarem ao S<small>ENHOR</small>, Deus de seus pais, de todo o coração e de toda a alma; e de que todo aquele que não buscasse ao S<small>ENHOR</small>, Deus de Israel, morresse, tanto o menor como o maior, tanto homem como mulher. Juraram ao S<small>ENHOR</small>, em alta voz, com júbilo, e com clarins, e com trombetas. Todo o Judá se alegrou por motivo deste juramento, porque, de todo o coração, eles juraram e, de toda a boa vontade, buscaram ao S<small>ENHOR</small>, e por eles foi achado" (2 Crônicas 15:12-15).

Para quebrar os limites da imaturidade e inconstância não podemos tomar decisões "pela metade". Ou buscamos a Deus com todo o coração, ou perdemos nosso caminho pouco a pouco. O povo jurou com todo o seu coração e buscou sinceramente ao Senhor, tinham comprometido sua vida em fazê-lo. As consequências? Deus se deixou encontrar, porque esse era o maior desejo do coração do Criador. Imagine se hoje fizéssemos o mesmo: se todo aquele que não buscasse ao Senhor tivesse que morrer! É, sem dúvida, a lealdade levada ao extremo, mas de alguma forma

> **O primeiro passo para libertar o nosso coração volúvel é nos comprometermos.**

temos que aprender com o povo de Israel que, ou buscamos a Deus deste jeito, ou somente estamos "brincando" de ser religiosos.

Deus quer libertar o nosso coração, porque sabe que quando somos imaturos e inconstantes, vivemos quase sempre duvidando dele. Não só somos incapazes de confiar completamente em Suas palavras ou em Suas promessas, como também chegamos a duvidar de Seu cuidado. Em nossa inconstância e imaturidade, chegamos a acreditar que Deus se comporta da mesma maneira, que nos esquece, que se afasta de nós. Chegamos a duvidar de sua fidelidade. Esquecemos que Deus entra em nossa vida e não sai nunca mais, mesmo que nós, às vezes, "o percamos" de vista com nossas dúvidas e delírios.

Precisamos buscar ao Senhor como uma atitude de vida. Quando agimos assim, Ele "se permite" encontrar. Este é o desejo mais profundo de Sua alma. Todo o plano da redenção foi idealizado pelo coração de Deus com o fim de estabelecer uma relação eterna com cada um de nós. Não porque Ele necessitasse, antes porque nós necessitamos.

A necessidade de viver com Deus não morre jamais dentro de nós. Não importa se você acredita ou não, a necessidade de ter a Deus cresce a cada dia. Esta é a maior desgraça dos que o rejeitam, pois viverão com esta rejeição por toda a eternidade. Com a frustração de não se ver satisfeito com a presença de Deus porque já não terão remédio! Nosso coração somente tem satisfação no processo de buscar e encontrar o Criador. Nossa alma só descansa quando está face a face com o Mestre. Nosso espírito só pode ser renovado quando é moldado pelo Espírito de Deus.

O coração firme

"Firme está meu coração, oh Deus, meu coração está firma; cantarei e entoarei louvores!" (Salmo 57:7).

Deus quebra as barreiras de um coração imaturo e inconstante fazendo-o viver de maneira firme. Em hebraico, a palavra usada para "firme" refere-se não somente a um coração que sabe onde está e não é levado de um lugar para outro, mas também tem a ideia de estar sempre disposto e pronto para fazer as coisas. Um coração decidido. Quando o nosso coração está firme, respondemos sempre a Deus com louvores. É impressionante a transcendência e o poder que vêm do louvor a Deus nos dias difíceis e inconstantes!

> não podemos fazer nada tão bom para que Deus nos ame mais ou tão mau para que Ele nos ame menos.

Quando vivemos de maneira firme, constante e louvando a Deus, as sensações, os sentimentos, as circunstâncias ou o que outros possam pensar ou fazer não nos influenciam da mesma maneira. Precisamos servir a Deus de uma maneira firme, sem deixar nada para trás, sem irmos atrás de nada... sem ter dupla motivação ou dúvidas sobre o que fazemos.

Se o nosso coração está firme, não pensa tanto no que pode perder ou ganhar, a não ser fazer o certo e viver segundo a vontade de Deus. O coração disposto não sofre tanto os altos e baixos da vida, mas aprende a desfrutar do Senhor. As circunstâncias podem ser muito difíceis, mas ao nos darmos conta de que a relação com Deus é uma festa, nosso coração se "une" a Ele, e desta maneira aprendemos a não nos deixar levar para cima e para baixo por qualquer coisa. Um coração firme louva a Deus porque se dá conta que o importante é Ele, não tanto Suas bênçãos. Entusiasma-se com Deus e não somente com o que Ele faz por nós.

Às vezes, deixamo-nos levar porque não compreendemos que Deus nos ama independentemente das nossas ações. O que Ele quer é estar conosco. Não podemos fazer nada tão bom para que Ele nos ame mais ou tão mau para que Ele nos ame menos. Deus nos ama em primeiro lugar pelo que somos; muito mais do que pelo que fazemos. Ao compreendermos isto, o nosso coração vive pelo que Deus é e sabe que é importante pelo que Ele é. Não necessita de mais. Não necessita que outros o lisonjeiem ou bajulem. Não pensa que o seu valor está no que os outros pensam. Não é inconstante porque as circunstâncias são.

Quando o nosso coração está firme no Senhor é porque aprendeu a desfrutar da presença de Deus, aconteça o que acontecer ao nosso redor. Ao sermos constantes em nossa relação com Deus e desfrutarmos com Ele, estaremos aprendendo a não perder nenhuma festa em Sua presença.

Oração

Pai, olha para minha vida. Não posso seguir vivendo assim, um dia na glória e no seguinte, quase no inferno. Ensina-me a desfrutar de Tua presença, que eu saiba estar feliz contigo, sejam quais forem as circunstâncias. Venho diante de ti para falar-te sempre. Preciso recordar que sempre estás comigo, mesmo que às vezes não sinta a Tua presença ou me pareça quase impossível que me ouças.

Preciso que o meu coração se firme em ti. Põe em mim um coração apaixonado ao te ver, ao te ouvir, que eu saiba desfrutar de cada frase que escuto de Tua Palavra. Não sei se as coisas ao meu redor vão melhorar ou piorar, mas quero entrar na festa de Tua presença. Não quero que nada externo me influencie para estar mais feliz ou mais triste. Põe Tua mão sobre o meu coração para que eu esteja firme em ti. Não posso nem sequer imaginar minha vida sem a Tua presença.

Não quero viver um só dia sem ti.

dia 5
Coração egoísta

Foi durante os últimos anos do século 19 num povoado da Galícia que a desgraça caiu sobre uma família simples com três filhos pequenos. Depois do falecimento repentino do pai, a mãe teve que trabalhar muito duro para seguir adiante com seus três filhos em uma época em que tudo era dificuldade. Sem meios materiais nem qualquer ajuda, esta mulher de apenas 25 anos, passou toda sua vida sem maior aspiração do que trabalhar duramente, ensinando seus pequenos a confiar em Deus de maneira absolutamente simples e, às vezes, quase desesperada. Deus os ajudou a seguir adiante e ela continuou trabalhando até que o Senhor a levou com 104 anos.

Nunca teve a possibilidade de estudar nem de pregar, mas confiou em Deus e ensinou aos seus a descansar nele. Nunca pôde ter um veículo para levar sua família, mas não faltava um só dia na igreja. Nunca foi considerada uma pessoa especial, porém deu sua vida a todos, ajudou a todos; cuidava de todos e foi um exemplo de entrega e amor. Deus lhe deu uma vida longa, para que visse não só os seus netos e bisnetos, mas também seus tataranetos; e chegou a ver a grande maioria deles (centenas de pessoas) seguindo fielmente ao Senhor. Hoje, entre seus descendentes há muitos missionários, responsáveis por diferentes igrejas em todo o mundo, pastores pregadores, trabalhadores de diferentes empresas, professores; centenas de homens e mulheres, a maioria gente de bem que tenta servir e honrar ao Senhor.

Tudo porque uma simples mulher pensou nos demais, mais do que em si mesma. Preocupou-se em ajudar mais do que exigir. "Deu-se" literalmente a sua família quando não havia quase nenhuma possibilidade de ir em frente. Uma mulher de Deus, desconhecida para alguns, entretanto amada por muitos. Uma mulher que refletiu em sua vida o caráter de Seu Criador. Esta mulher era minha bisavó, chamava-se Peregrina; e durante os anos, em que a conhecemos, vimos que Deus lhe havia dado um coração íntegro e cheio de amor, e ela o devolveu a Ele… e a cada um de nós.

> Infelizmente, muitos corações de hoje seguem a máxima "primeiro eu, depois eu, e se sobrar algo… é para mim."

Quando conhecemos uma vida como a dela nos enchemos de admiração, talvez porque nos damos conta de que não é uma vida normal. Infelizmente, o que mais aparece em nossa sociedade são os casos de pessoas que só se preocupam consigo mesmas. As que seguem aquele tão conhecido "primeiro eu, depois eu, e se sobrar algo… é para mim." A grande maioria vive pensando só em seus planos, suas conquistas, seus sonhos. Os corações egoístas são os que parecem estar na moda.

O problema é que quando o nosso coração vê as coisas desta maneira e só pensa em si mesmo, está mais longe de Deus, porque não há nada que seja tão contrário ao Seu caráter como o egoísmo. Deus é um Deus que dá, busca o bem de cada pessoa e se revela ao dar o melhor para todos. Um Deus que nos ensina a viver de maneira completamente desprendida. Deus abençoa os justos e os injustos, dá sem esperar em troca. Oferece a si mesmo de maneira incompreensível a nós, e é capaz de oferecer tudo a todos porque o amor é Sua própria essência.

"Quando entre ti houver algum pobre de teus irmãos, em alguma das tuas cidades, na tua terra que o Senhor, *teu Deus, te dá, não endurecerás o teu coração, nem fecharás as mãos a teu irmão pobre" (Deuteronômio 15:7).*

Um coração egoísta é um coração duro, frio, sem escrúpulos. É capaz de fechar os olhos diante do sofrimento dos demais, e viver como se nada tivesse acontecido. O coração egoísta vive despreocupado com as necessidades dos outros. Não lhe importa que os outros sofram, que morram de fome ou que estejam sós. A única coisa que realmente importa é cuidar de si mesmo. Como se os outros não existissem.

Deus disse que um coração egoísta é um coração duro. Endurecer o coração é não sentir nada quando vemos o sofrimento dos outros, e também inventar todo tipo de desculpas para não ajudá-los. Se formos egoístas, só pensamos em nossos problemas, nossa autoestima ou a cura das nossas doenças. Não existe ninguém em nosso mundo a não ser nós mesmos.

Um coração egoísta não sabe ser feliz, porque pensa que somente ele merece o que tem, por isso não compartilha com ninguém. O egoísta é solitário por natureza, e nessa solidão se autodestrói, gradativamente. No máximo, gosta de estar com os outros quando pode tirar proveito deles, mas sempre que possível, como diz o ditado "Cada um por si e Deus por todos."

> Nossa única preocupação é o nosso conforto. Os outros só existem quando podem fazer algo por nós, nada mais.

Egoísmo nos relacionamentos

Nosso coração se torna cada vez mais egoísta quando nos deixamos levar pelos "costumes" da nossa sociedade. Um exemplo: há pessoas que o chamam somente quando precisam de você. Alguma vez pensou nisso? Até muitos que se dizem amigos só se preocupam com você quando pode fazer algo por eles! Depois, desaparecem até que precisem outra vez, e pode passar meses, (até mesmo anos!) sem procurá-lo ou saberem de você. Nossa sociedade de consumo nos levou a extremos incríveis, e nós nos deixamos levar, porque no fundo, nosso coração é egoísta. Pensa somente em si mesmo.

Este coração não tem amigos, nem tanto porque não sabe cultivá-los (o que também é verdade), mas porque acredita que não necessita deles. Quando pensamos somente em nós, temos "relacionamentos", mas não amizades.

"Existem pessoas que vivem seus relacionamentos da mesma maneira que utilizam os panos de limpeza. Usam-no e jogam fora depois. Por mais que precisem de você por um momento, no seguinte já não serve para nada e o esquecem."

Outros, somente admitem amigos do estilo *light*. Sem o calor dos relacionamentos, sem que nada o influencie ou interfira em suas decisões. Amigos que vêm e vão, mas que não nos deem "trabalho". Amizade sim, sacrifício nem pensar.

Outra invenção que as pessoas usam em sua vida são os sachês de açúcar, café, chá, sal. Quer dizer, a dose certa para cada coisa. Não lhe oferecem mais do que o politicamente correto. Sem exageros ou compromissos. Aceitam a amizade até certo ponto, e permanecem com você o tempo suficiente para não se comprometerem. Não querem dar "demais", apenas o que é justo. Sua amizade sempre tem limites, se ultrapassar, estará perdido.

Alguns, ainda vivem com a permanente filosofia dos descartáveis; tudo se retira da vida; nada se lava, tudo é jogado fora. Não se perdoa nada, tudo vai para o lixo. Nunca pedem perdão por algo e jamais são capazes de perdoar alguém. Se um relacionamento não dá certo, jogam no lixo e saem em busca de outro "descartável". Para eles, não vale a pena restaurar os conflitos.

Em outro patamar, poderíamos colocar os que não podem viver um só momento sem suas maquiagens, colônias, cremes e outras mil coisas parecidas. E não só se "maquiam" por fora, mas também são capazes de trocar qualquer parte do corpo de que não gostem. Morreriam se alguém descobrisse como são de verdade. A transparência e a sinceridade aparecem poucas vezes em seu dicionário. Vivem de aparência, e não apostam em uma amizade inquebrável e sincera (*Atrévete a vivir*, Ed. Vida — mesmo autor).

O mundo de hoje também nos trouxe a impaciência. Não somos capazes de esperar por ninguém. Há algumas décadas, se você perdesse o ônibus para viajar, não tinha problema: na semana seguinte, podia pegar outro. Hoje, nos irritamos se alguém se coloca à nossa frente na fila do pedágio na estrada. Esta impaciência nos impede quase sempre de desfrutar a vida com nossos amigos, ou qualquer outro relacionamento. Não queremos que ninguém tire o que é nosso, nem sequer por uns segundos. Nosso coração só pode pensar em si mesmo.

Um coração egoísta só doa quando pode receber algo em troca.

Um coração egoísta não compartilha ou quando o faz, é por obrigação. Muitas pessoas tratam o dízimo como apenas um cifrão: "deu, está dado, já cumpri o meu dever!" Elas acreditam que já fizeram a sua parte diante de Deus, e não percebem que Ele não é um Deus de partes ou cifrões. Tudo o que Ele deseja são os nossos corações entregues, a nossa vida por inteiro. A Sua vontade é que ajudemos ao próximo. Às vezes com o que podemos, outras dando nada além de nós mesmos, por nada termos a mais. É possível ser muito egoísta ao devolver o dízimo quando pensamos ser melhores do que os outros ou que já cumprimos com a nossa responsabilidade.

Querer receber algo em troca, ainda que na vida espiritual, pensar em si mesmo antes de tudo ou desejar reconhecimento por atitudes demonstram o nosso caráter egoísta. Muitos vivem assim desde o início da humanidade, sem que o seu coração pudesse romper os limites do seu egoísmo ou experimentasse a bênção de dar e receber.

Superando limites

O mundo precisa parar por uns instantes para podermos pensar. Não podemos tirar as barreiras de um coração egoísta se não refletirmos, se não formos capazes de parar um pouco nosso corre-corre diário. O perigoso do egoísmo é que ele se disfarça de maneira que muito poucos percebem que estão presos a ele. Sempre pensamos que os egoístas são os outros; os que só pensam em si mesmos são os outros.

Esta é uma das razões pela qual muita gente não quer pensar. Há pessoas que investem todo o seu tempo em ouvir música, assistir televisão, ou com o rádio ligado o dia todo. Não suportam o silêncio. Não gostam de deparar-se com a realidade, não acreditam que uma das melhores coisas que podemos fazer, de vez em quando, é nos enfrentarmos com nossos pensamentos, com o que esperamos da vida, e principalmente, com o que realmente somos. Muitos preferem viver escravizados por seu próprio egoísmo, e esta é a razão porque o silêncio e a reflexão lhes causam tanto medo. Não importa que outros sofram ou até mesmo morram. Não queremos saber se as pessoas têm fome ou precisam de nós. Melhor não pensarmos. Melhor ainda se nunca percebermos.

E o engraçado é que, quanto mais pensamos em nós mesmos, mais a vida nos foge sem encontrarmos a verdadeira felicidade. Uma pessoa egoísta nunca é feliz; sempre lhe falta alguma coisa. O coração que somente pensa em si mesmo, sempre é escravo do que tem e teme que lhe roubem; o que lhe falta, ele acredita que não vai conseguir; e o que teve, por algum motivo se perdeu.

Olhar menos para nós mesmos é a única forma de podermos vencer as barreiras do nosso egoísmo e permite o nosso coração ser feliz. Porque apenas ao pensarmos nos outros, desfrutaremos e viveremos com alegria. Assim deixamos de ser egoístas.

A Bíblia nos ensina que a melhor maneira para libertar o nosso coração é dar de maneira alegre. Ajudar aos outros com nossa alma cheia de prazer. Aprender a apreciar o sorriso e os olhos brilhantes de quem

> O coração egoísta é escravo do que tem e teme que lhe roubem. Acredita que não conseguirá o que lhe falta, e o que tem por algum motivo se perde.

recebe. Da mesma maneira que Deus é imensamente feliz imaginando como abençoar os Seus filhos dando-lhes o que necessitam, nós podemos quebrar os limites dos nossos corações dando mais importância às necessidades dos outros do que às nossas.

Lembre-se de que sempre há um final para nosso egoísmo, um momento em que tudo o que se relacionar com o nosso "eu" vai acabar. Talvez você não saiba, mas normalmente as roupas que se vestem nos mortos antes de enterrá-los, não têm bolsos. É gasto desnecessário, pois todo mundo sabe que ninguém leva nada material. Depois da morte, no entanto, é dito que os vermes ou fogo destroem o corpo em questão de dias. Podemos viver cheios de egoísmo durante nossa vida, mas devemos lembrar também que um dia teremos que deixar de pensar em nós mesmos. Não teremos nem sequer bolsos para levarmos coisas, e lembre-se que esta situação de ter que entrar na eternidade sem nada material é irreversível.

"Se alguém vem após mim, negue-se a si mesmo" (Mateus 10:38). As palavras de Jesus ainda ecoam nos dias de hoje; e seguem reverberando nesta sociedade egoísta. Quando nos negamos a nós mesmos, buscamos ao Senhor e começamos a pensar nos outros, nosso coração sente a liberdade; vive sem limites, sem barreiras. Esta foi a maneira de viver do Senhor Jesus e deve ser a nossa, porque só quando nos negamos, encontramos quem somos realmente.

Os passos que temos que dar para vencer o egoísmo do nosso coração são muito claros.

1. Generosidade

"...tirai de entre vocês uma oferta para o Senhor; todo aquele que seja de coração generoso, traga-a como oferta ao Senhor; ouro, prata e bronze" (Êxodo 35:5, NTLH).

Quando pensamos nos outros, libertamos o nosso coração das pressões de querer conseguir tudo o que queremos e de não sermos felizes até conseguirmos. Toda vez que Deus toca o nosso coração e ajudamos os outros, o egoísmo desaparece e em seu lugar, Deus mesmo o enche de generosidade. Nesse processo, começamos a ser livres e nada nos aprisiona. Podemos dar e ajudar sem que o nosso coração "pese". Aprendemos a negar-nos a nós mesmos para fazer outros felizes e compreendemos como Deus se sente quando dá (inclusive aos que o rejeitam). Quando somos bondosos sem esperar nada em troca, nosso coração começa a respirar liberdade. Essa era uma das chaves da primeira igreja: "Cada um contribua segundo tiver proposto no coração" (2 Coríntios 9:7).

Quando damos a Deus o que temos de coração, ajudamos aos outros e nos despreocupamos das coisas materiais, nosso coração descansa tranquilamente.

2. Aprender a desfrutar

"Esse dinheiro, dá-lo-ás por tudo o que deseja a tua alma, por vacas, ou ovelhas, ou vinho, ou bebida forte, ou qualquer coisa que te pedir a tua alma; come-o ali perante o SENHOR, teu Deus, e te alegrarás, tu e a tua casa" (Deuteronômio 14:26).

É impressionante que o egoísta, por querer sempre pensar em si mesmo em primeiro lugar, não é capaz de desfrutar do que tem.

Deus quer que vivamos de forma diferente: Ele, que é o melhor Pai que existe, quer que Seus filhos desfrutem em seu coração, que se divirtam; e que gozem de tudo o que criou. E isso só acontece quando somos como Ele. Deus fica muito feliz ao nos abençoar e nos agraciar, já que Ele se preocupa conosco. Nosso coração aprende a desfrutar quando se dá, quando deixa de ser egoísta. Quando quebra os limites que o marcam por pensar sempre em si mesmo em primeiro lugar e começa a desfrutar com todos os que o rodeiam.

Quando Deus tira a barreira do egoísmo do nosso coração, aprendemos o que significa desfrutar do que não merecemos; quando deixamos de ser egoístas somos imensamente felizes pela "sorte" que temos. Quando pensamos nos outros e não só em nós mesmos gastamos o dinheiro no que desejamos. Sem perder, é claro, mas aproveitando com os outros do que temos.

Alegrando-nos diante de Deus com a nossa família, com nossos amigos. E até com os que não conhecemos! Porque só aproveitamos realmente quando sabemos que não merecemos nada e recebemos tudo de graça.

3. Alegria

"Livremente, lhe darás, e não seja maligno o teu coração, quando lho deres; pois, por isso, te abençoará o SENHOR, teu

*Deus, em toda a tua obra e em tudo o que empreenderes"
(Deuteronômio 15:10).*

Quando somos generosos e aprendemos a desfrutar, imediatamente vem a alegria. Deus coloca as coisas muito claras quando fala de dar com generosidade, de buscar o bem do outro como se fosse uma aventura. Deus promete nos abençoar quando vivemos desta forma, e a maior bênção é compreendê-lo. Se permitirmos que Deus atue desta maneira em nossa vida, nosso coração não doerá quando dermos. Pelo contrário, as barreiras do nosso coração desaparecem na mesma medida que a alegria reina nele.

Pense por um momento no exemplo de Abraão (Gênesis 22:11). Ele foi capaz de entregar seu único filho a Deus! Deu tudo o que tinha! E não só o fez em seu relacionamento com Deus, mas deu o seu melhor ao seu sobrinho, aos seus vizinhos, aos seus inimigos, a todos para quem estava à frente. Seu coração aprendeu a dar, e a entregar o que mais lhe custava. No momento chave de sua vida, quando Abraão ia oferecer seu próprio filho, Deus não permitiu, mas agradeceu por sua decisão e lhe devolveu o filho Isaque.

Um coração capaz de entregar tudo a Deus e aos outros, é um coração sem barreiras. Não é de estranhar que a este coração Deus lhe chame "amigo".

Deus chama a Abraão de Seu amigo, porque só um amigo íntimo é capaz de renunciar a tudo por quem ama. Só quem conhece a verdadeira amizade sabe o que significa vencer as barreiras de um coração egoísta. Só aquele que é capaz de dar com alegria, mesmo o mais querido, pode vir a compreender como Deus se sentiu ao entregar Jesus à morte por nós.

É disso que trata o amor e a amizade. É disso que estamos falando quando vemos exemplos de desprendimento absoluto pelos outros. Todos os que são capazes de lutar por uma verdadeira amizade já quebraram as barreiras do egoísmo dentro de seu coração. Não é só dar, mas gostar de fazê-lo. Não estamos falando só de negar-se como uma disciplina espiritual, mas trazer a Deus e aos outros o mais profundo do nosso coração.

Jesus viveu desta maneira! Tornou-se servo por amor a todos para dar liberdade a todos. Quando vivemos como Ele, nosso egoísmo desaparece. Quando somos capazes de servir de coração aos outros, temos completa liberdade. Aprendemos a dar o que temos e sentimos felicidade em fazê-lo.

Alguém que é capaz de entregar tudo a Deus e aos outros, sabe o que significa ter um coração livre. Não é de estranhar que a este coração Deus lhe chame de "amigo".

Oração

Senhor, ensina-me a enxergar as pessoas que sofrem ao meu redor, aos que passam necessidades ou estão sozinhos.

Coloca em mim um coração generoso. Tira o egoísmo, que tantas vezes me faz sentir sozinho e me ajuda a desfrutar de ti e ser feliz com tudo o que me dás. Quero ajudar os outros e quero fazê-lo com alegria.

Quero parecer contigo, porque sempre me dás sem impor condições e me enches de alegria.

Quero ser semelhante a ti, pois sempre pensas nos outros.

Quero ser semelhante a ti, que dás aos que merecem e aos que não merecem.

Quero ser semelhante a ti e aprender o que significa a Tua graça, não só para minha vida mas para os outros também.

Quero viver como o Senhor vive, dando sem esperar nada em troca.

Quero vencer o egoísmo do meu coração, não só dando aos outros mas também agradecendo o que tu fazes por mim. E o que os outros fazem também.

Pai, que o meu coração se sinta livre ao dar, ao ajudar aos outros. A vida começa quando nego o meu eu e vivo por ti. Quero ser Teu amigo, Senhor. Em Teu nome. Amém.

Dia 6
Coração inútil, amargurado

UM DIA, ESTÁVAMOS COM UNS amigos em um restaurante numa cidade ao sul da Galícia, na Espanha, e de repente um menino entrou para pedir ajuda. Parecia ser deficiente físico, porque tinha muitas dificuldades para se mover normalmente, e quase não podia falar. Perguntamos sua história aos donos do restaurante e soubemos que quando era pequeno caiu de uma ponte, e sofreu graves sequelas após esta tragédia, e desde então passava quase todos os dias na rua, comendo o que as pessoas lhe davam e vivia na mais absoluta pobreza. Perguntamos seu nome, depois de muito esforço e com grande dificuldade para falar, disse-nos que se chamava João.

Vê-lo com tantas dificuldades para caminhar e praticamente sem poder se expressar, partiu-nos o coração. Só pude dizer-lhe que nunca se esquecesse de que Deus o amava. Que antes que dissesse uma só palavra, Deus já o tinha ouvido, porque sua vida era muito valiosa para Ele. Expliquei-lhe que Deus conhecia cada um de seus pensamentos, e que Ele o amava.

Fez-nos um sinal com sua mão sorriu para que soubéssemos que havia entendido o que lhe dissemos. Devo admitir que com o passar do tempo me esqueci dele, mas vários meses mais tarde, ele apareceu em uma igreja da mesma cidade, quando eu estava ali pregando, sem saber que estaria ali. Impressionei-me ao vê-lo. Agradeci por ele ter vindo, e a Deus por tê-lo trazido. João compreendeu que Deus o amava e o ouvia sempre. De alguma maneira que não podemos entender, João soube pelo próprio Senhor que a sua vida não era inútil, que ele tinha um lugar muito especial no coração de Deus.

Fez-me pensar muito no que é a nossa vida. Às vezes, damos lugar à amargura dentro do nosso coração por qualquer coisa que nos ocorre. Sentimo-nos amargurados e inúteis quando não podemos "ser como" alguma pessoa ou "ter" o que outros têm. Às vezes, pensamos que nossa vida não tem valor pelas circunstâncias que já passamos; pelo que estamos passando ou pelo que virá no futuro.

Sentimos que somos inúteis quando as coisas não acontecem. Ficamos amargurados quando nem tudo sai como gostaríamos e quando encontramos alguém feliz em seu coração por compreender que sua vida tem sentido porque Deus lhe escuta e lhe ama, apesar de aparentemente não poder quase caminhar ou falar, percebemos que a nossa amargura não tem sentido algum.

Nosso coração é feliz quando se sente útil, quando pode ajudar os outros. Nosso coração limita-se quando vive amargurado. Às vezes, temos problemas graves em nossa vida porque acreditamos que não "servimos" para nada, sem perceber que poderíamos fazer muito mais do que pensamos.

O coração inútil, nunca quer arriscar coisa alguma.

Deixe-me dizer que de certa forma a culpa é nossa. Quando entregamos o nosso coração aos outros, crescemos. Quando ajudamos as pessoas, sentimo-nos úteis. Se não o fizermos, por mais que queiramos, sempre viveremos na amargura. Precisamos tomar a decisão de nos arriscar, mesmo que possamos nos dar "mal". Um coração inútil é incapaz de trabalhar para alguém, de buscar o bem de outra pessoa, ou talvez de buscar seu próprio bem fazendo coisas que valham a pena. Vale tudo para não deixar sua "bolha".

A pior consequência para o coração inútil é amargurar-se. Ao "levar a vida" como quer, torna-se queixoso e mal-humorado. O que as pessoas fazem quase sempre está errado. Se algo não está em seu lugar é culpa de outra pessoa. Não existe a pessoa perfeita, mas todos estão longe da perfeição desejada. "Quando nosso coração se enche de amargura, destrói-se a si mesmo pouco a pouco" (Salmo 73:21).

O coração inútil vive amargurado. O coração amargurado se torna inútil. É muito mais que um jogo de palavras. Quando não fazemos nada para os outros (às vezes nem mesmos para nós mesmos!) e somente "vamos levando a vida", a amargura se torna dona da nossa existência porque só buscamos (mesmo sem percebermos) o que nos faz viver mais confortáveis.

> Ao "levar a vida" por sua vontade, sem se preocupar em ser útil, o homem torna-se queixoso e mal-humorado.

Quando o nosso coração está cheio de amargura, nos tornamos inúteis porque não ajudamos os outros e nos irritamos quando outros o fazem. Ficamos "magoados" com as festas alheias e as diversões dos outros. Lembra-se da parábola do filho pródigo? (Lucas 15). Quando o pai cheio de amor recebeu o filho que havia ido e anunciou dias de festa, para celebrar sua volta, o irmão mais velho (o exemplo do coração amargurado) decide não entrar na festa e ainda criticar seu pai (o próprio Deus!) pelo que fez. Este filho ficou e trabalhou muito e nunca fez nada "errado" na casa de seu pai, mas com sua amargura demonstrava a todos a inutilidade de seu coração, porque não foi capaz de perdoar ou aproveitar do que Deus fez, é só pensou em si mesmo.

O coração inútil e amargurado não sabe perdoar

Se o nosso coração está cheio de amargura, jamais poderemos perdoar alguém. O pior é que nem seremos capazes de perdoar a nós mesmos. Sempre pensaremos nas oportunidades perdidas, nas más decisões, nos momentos em que nos equivocamos. Sempre amargurados querendo voltar atrás o relógio da vida sem aprender o que significa o perdão.

E como não nos perdoamos a nós mesmos (às vezes até nos amarguramos contra Deus e não queremos perdoá-lo!), acreditamos que ninguém tem direito ao nosso perdão: vivemos guardando as contas do nosso passado, lembrando-nos de todo o mal que os outros nos fizeram. Um coração amargurado é incapaz de ir a um lugar ou esquecer o que aconteceu ali. O coração cheio de amargura tem muita memória, lembra de muitos "absurdos" e isto o prende por completo. Embora seja difícil de entender, a liberdade começa quando somos capazes de esquecer. Sei que é difícil, porque mesmo depois de perdoar, lembramos o sofrimento que passamos e revivemos muitas situações, mas temos que lutar para vencer estas recordações.

Quando o nosso coração sabe que Deus nos perdoa e aprende a perdoar aos outros, rompe suas barreiras e deixa de se amargurar.

"O coração conhece sua própria amargura, e da sua alegria não participará o estranho" (Provérbios 14:10).

É triste compreender que ninguém conhece o que há dentro de nós, e esta é uma das razões pelas quais nossa amargura nos impede de viver. Não fazemos mal a nós mesmos e poucas vezes somos capazes de aproveitar quando outros estão alegres; sempre encontramos algo que nos desagrada. A maioria das pessoas não quer viver assim, porque um coração amargurado sempre é um coração infeliz!

Se não gostamos de viver assim, por que limitamos nosso coração desta maneira? Parte do nosso problema é que a nossa mente se encanta em sentir-se relativamente mal. Eu chamo isto de "masoquismo pessoal". Por alguma razão estranha gostamos de nos sentir sozinhos, um pouco desprezados e um pouco culpados, porque no final pensamos "como somos maus".

Existe também um masoquismo espiritual em corações amargurados. Ele tem sua origem no mais profundo do nosso orgulho, e creio que você já sabe a que me refiro: ter que trabalhar muito duro para conseguir as coisas, fazer grandes esforços por nossa vida de "santidade". Tudo o que se parece com penitência nos agrada. Todos nós sentimos que não somos capazes de vencer. Pensamos que se nos sentimos muito mal, estamos começando a expiar nossos pecados e por sua vez, Deus tem que nos aceitar. Cremos firmemente que se estamos sofrendo é porque estamos pagando pelo mal que fizemos. Parece muito espiritual, mas está bem longe do caráter de Deus que nos diz para darmos graças em tudo, que o Seu Espírito nos ajuda em nossa fraqueza e que em todos os momentos temos força por meio daquele que nos dá o poder.

Lembre-se de que a amargura é uma das obras da carne! Os filhos de Deus vivem muito melhor no reinado da alegria. Se quisermos vencer a amargura, devemos deixar de nos agradar com a presença deste sentimento.

Superando limites

Na mesma definição de limite podemos aprender como superá-lo. A única forma de tirar a amargura do nosso coração é limpá-lo de qualquer lembrança do passado que nos faça mal. Como dissemos antes, temos que aprender a perdoar.

Perdoar a nós mesmos. Perdoar nossas más decisões, perdoar as vezes que não fizemos o que devíamos ter feito. Perdoar pelo que dissemos, ou por quando ficamos em silêncio. Perdoar nossos erros. Deus nos perdoa quando lhe pedimos, e Ele afirma que "não se lembra" mais do nosso pecado. Se Ele é capaz de fazer isto, por que nós continuamos lembrando-nos do que Deus já perdoou?

Precisamos perdoar também aos outros. Pode ser que algumas pessoas tenham nos causado muito mal. Disseram palavras que dilaceraram o nosso coração, fizeram coisas que transformaram as nossas vidas em amargura por muito tempo, mas isso acabou. Não importa se merecem ou não; mesmo que não nos pediram, vamos perdoar.

Não queremos que nosso coração se encha de más recordações. Não vivamos como inúteis ou amargurados durante o resto das nossas vidas, porque Deus nos ajuda a ver as coisas de outra maneira. Como Ele é capaz de nos perdoar, também devemos nos esforçar para estender a todos este perdão.

As condições? São menos complicadas do que parecem:

1. Um coração disposto

*"Moisés chamou a Bezalel, e a Aoliabe, e a todo homem hábil em cujo coração o S*ENHOR *tinha posto sabedoria, isto é, a todo homem cujo coração o impeliu a se chegar à obra para fazê-la" (Êxodo 36:2).*

A melhor maneira de vencer a nossa suposta inutilidade é arrumar o nosso coração. A primeira condição para restaurar o nosso coração é estar disposto a fazê-lo. Mesmo que duvidemos das nossas próprias motivações ou intenções, Deus é capaz de nos ajudar e dar-nos força para fazer. Além disso, nos "escolhe" para sermos úteis.

Deus admira pessoas que se sentem tocadas em seu coração para fazerem o bem, mesmo que, às vezes, se sintam fracas para seguir em frente. Para Ele, só a intenção já basta porque Seu Espírito se encarrega do restante. Lembra-se de Filipenses 4:13? "tudo posso naquele que me fortalece."

2. Um coração hábil

"E todas as mulheres cujo coração as moveu em habilidade fiavam os pelos de cabra" (Êxodo 35:26).

Quando oferecemos o nosso coração dispostos a sermos úteis, Deus o enche de habilidade para aquilo que queremos ou necessitamos fazer. Ninguém é inútil diante de Deus, todos são imprescindíveis. Se for verdade o provérbio de que "ninguém é imprescindível senão no coração de quem ama", deixe-me dizer que para Deus somos imprescindíveis porque Ele nos ama até o fim. Muitas vezes, damos desculpas e acreditamos que não podemos fazer muito. E com falsa humildade dizemos: "Eu não sou capaz de fazer isto ou aquilo" ou "não estou preparado, não tenho habilidade".

É uma péssima desculpa, porque Deus não só nos dá o poder para sermos úteis, mas também a habilidade para vencer o que temos que fazer. O Senhor põe esta habilidade dentro do nosso coração, para retirar a inutilidade e a amargura. Quando nos damos conta disso, atrevemo-nos a qualquer coisa. Nada parece tão difícil ou distante. Deus acredita em nós. Assim, nossa inutilidade desaparece.

Podemos ser como aquele menino que quis entrar numa orquestra, para tocar o violino e no primeiro ensaio todos perceberam que ele nunca tinha usado o instrumento em sua vida. Como ele saberia se nunca tivesse tentado? Disse o menino a todos cheio de ingenuidade e entusiasmo. Mesmo que pareça uma brincadeira, quando Deus toca o nosso coração, faz-nos viver com o mesmo entusiasmo. Não nos sentimos mais inúteis porque Ele coloca a Sua habilidades em nós. Talvez não para tocar violino (embora possa ser se dedicarmos horas de ensaio!), mas sim para nos ajudar sempre.

E jamais se esqueça que o entusiasmo é o maior inimigo da amargura.

3. Um coração preparado

"E que não fossem, como seus pais, geração obstinada e rebelde, geração de coração inconstante, e cujo espírito não foi fiel a Deus" (Salmo 78:8).

Se o nosso coração está animado e Deus nos capacitou, então estamos prontos! Bem, não tão rápido. Deus disse que devemos preparar o nosso coração:

- Confiando que Deus nos dá as forças e não somos nós os que fazemos as coisas.
- Descansando cem por cento nele, para não trabalhar baseados em nossa capacidade e sim em Sua graça.
- Acreditando em tudo o que Ele diz; a melhor maneira de não desanimarmos no que estamos fazendo.
- Sendo fiéis a Ele incondicionalmente.
- Preparar o nosso coração é colocá-lo nas mãos de Deus. Trata-se de pedir a Ele para trocar aquilo que não o agrada e que renove tudo. É esperar tudo de Deus, porque Ele pode nos dar tudo.

4. Um coração que serve

"Tão-somente, pois, temei ao Senhor e servi-o fielmente de todo o vosso coração; pois vede quão grandiosas coisas vos fez" (1 Samuel 12:24).

Esse é o último passo. Servir a Deus e aos outros, com todo o nosso coração. Essa é a maneira definitiva de vencer um coração inútil e amargurado. Não é somente ter nosso coração preparado, capacitado e útil para servir, mas, sobretudo desejar! Quando desejamos servir e ajudar, nosso coração muda. Pode desanimar às vezes porque aqueles a quem ajuda são ingratos, mas um coração que serve, nunca cairá em amargura. Um coração que serve, cedo ou tarde, verá as grandes coisas que Deus está fazendo.

Servir incondicionalmente significa viver de maneira completamente diferente, trazendo o reino dos céus à terra, viver nesta terra com os princípios, a visão e o amor de Deus. Lutar para que as pessoas conheçam a Deus e possam ver o reflexo do Seu caráter no que somos e nas coisas que fazemos. Os que servem a Deus de todo coração, nos aproximam do céu, e também fazem desta terra um lugar melhor. Deus usa essas vidas para curar esta terra, e trazer paz ao coração, pois quando lhe servimos com toda a nossa vida, a amargura desaparece.

Oração

Pai que estás no céu, examina o meu coração e olha as minhas motivações. Quero ter o meu coração sempre disposto, sem usar justificativas para não agir. Prepara o meu coração para servir a ti e aos outros.

Graças te dou por teu perdão, por encher minha vida de paz. Agradeço porque sei que todo o meu passado, presente e futuro estão em tuas mãos.

Ensina-me a perdoar os outros, tira a amargura do meu coração pelas más decisões que tomei; pelo que as pessoas me fizeram, ou pelo que as circunstâncias da vida me trouxeram.

São tantas coisas que tenho para te agradecer e quero pensar nelas. Que meu coração se renove em Teu amor e que o Espírito Santo me encha com a Tua alegria.

Dá-me capacidade para fazer o bem nas coisas que tens preparado para mim, e prepara o meu coração para que te honre e o Senhor brilhe. Ensina-me a trabalhar e servir para que este mundo seja como tu queres que seja.

Peço-te em nome do Senhor Jesus.

dia 7
Coração cheio de ódio, mau

RECENTEMENTE, TIVE A oportunidade de visitar o que foi o campo de concentração de Bergen-Belsen, na Alemanha, ver os cemitérios comuns, os filmes da época, passear pelos barracões onde os judeus eram trancados e passar muitas horas lembrando uma das muitas recordações da maldade humana.

- Pessoas lançadas com pás dos caminhões (o que sobrava delas, porque não eram mais que ossos amontoados).
- Famílias enterradas separadas. Crianças sozinhas e homens e mulheres chorando por não encontrarem os seus.
- Cortavam-lhes os cabelos e tiravam-lhes as roupas e calçados, requisitavam seus óculos, pegavam suas moedas que eram de ouro e outros metais.
- Os cemitérios eram valas comuns. Neles somente podia ter um certo número de pessoas enterradas. Houve um de cinco mil, outro de dez mil em outros, simplesmente dizia-se "número desconhecido".

Sabe o que mais me impressionou? No julgamento, os responsáveis pelo campo de concentração enfrentavam as penas impostas pelos aliados sem vacilar, sem um gesto de dor ou de tristeza; arrogantes, com suas cabeças erguidas. Escutavam as suas sentenças de morte, orgulhosos pelo que tinham feito e com os corações cheios de maldade.

Às vezes não percebemos até onde pode chegar o nosso coração. Se deixarmos que o ódio nos cegue, chegará um momento em que nem sequer nós mesmos saberemos distinguir o bem e o mal. Um coração mal é capaz de odiar e destruir tudo e todos, sem se importar com as consequências. Sem se importar sequer se mais tarde irá sofrer, ou se terá solução para a sua situação. O ódio cega de tal maneira nossos olhos e coração, que somos incapazes de ver outra coisa a não ser o triunfo da maldade.

O coração que permite ser dominado pelo ódio pode "maquinar planos perversos" (Provérbios 6:18) e obrigar nossos pés a correrem "rapidamente até o mal". Quando o nosso coração se ocupa em fazer o mal, vive preso e está cego para qualquer circunstância boa que possa ocorrer. O coração mau só tem prazer no que pode causar dano aos outros, e desta forma, mais dano a si mesmo.

> Quando nosso coração está ocupado em fazer o mal, cega-se às coisas boas que possam vir a ocorrer dentro e fora de nós mesmos.

Sei que alguns não gostam de falar sobre o pecado, mas é ele que enche o nosso coração de ódio. Os planos perversos começam em nosso coração e nossa mente antes de serem realizados, porque nós mesmos os "concebemos" antes de trazê-los à luz, os planejamos muito antes de realizá-los. Raramente fazemos algo "por fazer" sem pensar e decidir antes.

Não estamos falando da maldade do mundo, nem do ódio dos que nos rodeiam, mas de nós mesmos. Se antes de agir não somos capazes de vencer o pecado que está dentro de nós, sempre seremos vencidos. Lembre-se do que o Senhor Jesus disse:

"Porque do coração procedem maus desígnios, homicídios, adultérios, prostituição, furtos, falsos testemunhos, blasfêmias" (Mateus 15:19).

O que temos em nosso interior, nos escraviza e contamina. Não somos melhores do que os outros. Não podemos apontar para o outro. Se quisermos falar sobre pecado, ódio e perversidade necessitaremos olhar para dentro de nós. Não podemos nos enganar. Foi assim desde o princípio, porque os pensamentos do homem quase sempre foram contrários aos pensamentos de Deus.

"Viu o SENHOR que a maldade do homem se havia multiplicado na terra e que era continuamente mau todo desígnio do seu coração" (Gênesis 6:5).

Quando Deus examina a nossa vida e vê que todos os pensamentos do nosso coração resumem-se em fazer o mal, estamos mais do que perdidos. Se o reconhecemos, ainda há uma possibilidade de salvação. Se não, estamos mais longe da nossa liberdade do que nunca.

A maldade do nosso coração

Nossa mente pode chegar a ser o nosso pior inimigo, porque às vezes nos impede de enxergar o que há dentro do nosso coração. Se nos examinamos, rapidamente encontramos coisas que não gostamos

Somos os mais enganados com o nosso próprio pecado.

muito tais como; maldade, orgulho, egoísmo, ingratidão, inveja, desejo de poder. Se não percebemos é porque estamos vivendo com nossas motivações equivocadas e não só o nosso coração se encherá do mal, como cairemos na loucura.

Não nos enganemos: todos somos capazes de ver essas características nas demais pessoas, mas nos custa enxergá-las em nós. O maior engano do nosso pecado é justamente esse: enganarmos a nós mesmos.

O ódio nos destrói pouco a pouco. Muito mais do que podemos imaginar. Às vezes chegamos a nos consolar ao pensar "eu não tenho tanto ódio como... não pode me fazer tanto mal"; o que estamos fazendo é começar o espiral do engano, porque o ódio é ruim seja em que medida for. Esta é a razão pela qual Deus disse muito claro ao Seu povo:

"Não aborrecerás teu irmão no teu íntimo..." (Levítico 19:17).

O nosso coração não foi feito para odiar, mas para ajudar e amar, porque é um reflexo do coração de Deus, que não odeia ninguém, somente o pecado. Quando o nosso coração odeia, vive contra sua própria essência e responde melhor à sua corrupção devido ao pecado. Deus nos fez para amar. Mesmo quando estamos infelizes ou vivemos absolutamente sós, precisamos de Deus e das pessoas. Sem eles, o nosso coração sofre. Lembre-se de que quando Deus fez o homem Ele disse que "não é bom que o homem esteja só"

O ódio é um dos primeiros limites que acerta nosso coração quando este se rebela contra Deus.

Para Deus é impossível viver sem amar.

Ninguém pode odiar e ser feliz ao mesmo tempo. Não é natural. O ódio nos destrói, e toda pessoa que se deixa levar por ele, só se destruirá. Permitir que nosso coração se encha de ódio é o mesmo que deixar que o inimigo das nossas almas governe nossa vida pouco a pouco. Lembra-se do que Jesus disse em João 10:10? E muitas vezes quase sem percebermos e nos deixamos escravizar.

O ódio e a violência nascem um do outro. Completam-se; formam um casamento perfeitamente destrutivo, perigoso a todos que estão ao seu redor. Quando uma pessoa deixa que o ódio se aninhe em sua vida, "Seu coração maquina violência, e os seus lábios falam para o mal" (Provérbios 24:2). Agora, vem a pergunta importante: É o coração o que concebe o ódio ou é a mente?

As relações entre a mente e o coração são tão íntimas que às vezes é difícil saber onde começa a influência de um ou de outro. Para algumas coisas estão sempre de acordo, para outras, nosso coração ou nossa mente (depende das circunstâncias) podem ajudar-nos a não perder a sanidade. São exceções, porque quase sempre a loucura dos desejos de ambos (mente e coração) arrasta-nos de uma forma incrível.

...**O coração dos homens está cheio de maldade, nele há desvarios enquanto vivem; depois, rumo aos mortos (Eclesiastes 9:3).**

A maneira como o livro de Eclesiastes termina a descrição é impressionante, porque descreve as coisas como são vistas "daqui da terra". O final de todo o ódio e toda violência é o mesmo: "rumo aos mortos." Se a única coisa que queremos em nossa vida é satisfazer os nossos desejos maus e nosso coração está cheio de ódio, a única coisa que nos resta é acabar loucos e depois, mortos! Num piscar de olhos!

Deus não deixa dúvidas. Se nosso coração vive cheio de ódio ou violência é porque não o conhecemos. As consequências são as mais graves que possam existir. Se o nosso coração está acostumado a odiar, terá que suportar o juízo de Deus.

Deus, que é o amor personificado e sempre nos concede a liberdade para tomar decisões, avisa-nos do que pode acontecer:

*Estará firme o teu coração? Estarão fortes as tuas mãos, nos dias em que eu vier a tratar contigo? Eu, o S*ENHOR*, o disse e o farei (Ezequiel 22:13-14).*

Superando limites

O ódio é o maior inimigo da essência de Deus, porque Deus é amor. Se o nosso coração odeia, não estamos limitando só a nós mesmos, mas também estamos nos afastando perigosamente do nosso Pai. Afastando-nos de uma maneira simbólica, mas terrível ao mesmo tempo. Só existe uma solução para libertar o nosso coração. Somente uma arma para vencer o ódio e a morte, e é o amor.

Jesus diz que o amor é a base de tudo, o mais importante de tudo, o resumo de toda a lei do que Deus espera de nós: "Amarás o Senhor teu Deus de todo teu coração, com toda tua alma e com todas a tua força" (Deuteronômio 6:5). Nosso coração tem que estar totalmente comprometido com o amor. Só encontramos sentido em nossa vida quando amamos:

- Quando o fazemos de todo o coração, tanto a Deus como ao próximo.
- Quando o nosso ser está comprometido com a vida de Deus.
- Quando agradecemos e aprendemos a adorar a Deus, porque nosso enfoque está nele e nosso coração se deleita nele. Quando queremos viver como Deus vive.
- Quando percebemos que o ódio pode ter lugar em nossas decisões, que pagar mal com o bem é muito mais que um mandamento, é um estilo de vida. O nosso coração descobre então como frear o ciclo de violência e ódio. Se respondemos com amor demonstramos a mesma valentia que o Senhor Jesus demonstrou diante de Seus inimigos.
- Quando permitimos que o Espírito de Deus governe a nossa vida, devemos lembrar que o fruto do Espírito é "amor, alegria, paz..." (Gálatas 5:22-23). O amor é o que enche nosso coração de liberdade, como se fosse um cacho de uvas, todas as partes do fruto crescem sobre a base do amor: alegria, paz, paciência, benignidade, bondade, fé, mansidão e domínio próprio.

Se o nosso coração compreende isto, compreende também as palavras do Senhor Jesus quando Ele diz que nos conheceriam como filhos de Deus por nosso amor.

Deus pode limpar o nosso coração de toda maldade que existe nele. Por nós mesmos não podemos fazê-lo, precisamos que Deus o faça, mas podemos ter essa atitude: podemos ter o desejo de afastar de nós as coisas que nos sujam.

Há quase três mil anos, o salmista escreveu as características que agradam a Deus: "O que é limpo de mãos e puro de coração, que não entrega a sua alma à falsidade, nem jura dolosamente" (Salmo 24:4). É isso que Deus espera de nós, é a única maneira de agradarmos. Ele quer restaurar nossa alma. Esta oração é a que provoca uma mudança em nós. "Cria em mim, ó Deus, um coração puro e renova dentro de mim um espírito inabalável" (Salmo 51:10).

Um coração puro, um espírito inabalável, uma maneira diferente de viver. É possível ter um coração

Está escrito que seríamos conhecidos como filhos de Deus pelo amor. Não pela doutrina, pelo conhecimento, os rituais religiosos ou nossos próprios esforços.

semelhante ao de Deus. Não perfeito como o dele, mas com o desejo de ser igual, limpo, renovado, cheio de amor. Aqueles que pensam que o ódio prevalecerá no mundo, estão errados, pois Deus tem sempre a última palavra.

"Porque a palavra de Deus é viva, e eficaz, e mais cortante do que qualquer espada de dois gumes, e penetra até ao ponto de dividir alma e espírito, juntas e medulas, e é apta para discernir os pensamentos e propósitos do coração" (Hebreus 4:12).

A limpeza é muito importante para a nossa saúde física. A água é o meio mais comum para prevenir que o nosso corpo seja tomado por vírus e doenças. A limpeza dos nossos corações sempre começa com a Palavra de Deus. Ela é importante e essencial à vida!

> Somente a Palavra de Deus pode purificar o nosso coração.

A Palavra de Deus é a água que inunda a nossa vida interior e nos purifica. O Espírito de Deus flui dentro de todos os que são dele como rios de Água Viva. Para termos um coração limpo precisamos de Deus, da Sua Palavra, do Seu Espírito, Sua Presença. Para que o nosso coração transborde de amor, Deus deve enchê-lo completamente.

Sei que muitas vezes nos sentimos vazios e imperfeitos. É normal, nenhum de nós é perfeito. Sabe a única maneira de manter um vaso sempre limpo ou um vaso rachado sempre cheio? Com água que flui constantemente dele. Se estivermos "dentro" da Fonte, o nosso coração estará limpo. Se Jesus continuamente enche a nossa vida com Sua presença e Palavra, sempre transbordaremos Água Viva. Quando o Espírito Santo nos enche, aprendemos o que significa derramar "…amor que procede de coração puro" (1 Timóteo 1:5).

Deus age em nosso interior e a Sua Palavra revela os nossos pensamentos, intenções e motivações. É o espelho no qual nos vemos sempre. Quando lemos a Bíblia e compreendemos o que está escrito para nós, não nos enganamos. Parece que cada frase é justamente o que precisamos em todos os momentos. Então Deus limpa os nossos corações para que possamos vê-lo: "Bem-aventurados os limpos de coração, porque verão a Deus" (Mateus 5:8).

Se o nosso coração sente ódio não pode ver a Deus, pois não encontra um caminho espiritual na Sua Palavra e ações, também não pode ver este amor em outras pessoas ou circunstâncias. O ódio não só nos impede de amar, mas também de ver o que é digno de ser amado. Quando amamos a Deus, Ele nos ensina a ver as características de outras pessoas. O próprio Senhor Jesus disse certa vez que, quando fazemos algo de bom para um pequenino, fazemos a Ele. Quando o Espírito de Deus purifica os nossos corações e nos ensina a amar, podemos ver Deus de muitas maneiras.

E podemos ver que "juntos" todos aqueles que amam o Senhor, nunca se esqueça, porque Deus manifesta a sua glória entre o seu povo "a todos os que invocam o Senhor coração puro" (2 Timóteo 2:22).

Deus quer que vivamos assim, e não é porque Ele precisa da nossa retidão e santidade, mas porque nós que estamos ao Seu redor, precisamos. Num mundo feito para astutos e ardilosos, nosso coração encontra a paz quando é íntegro. Se as pessoas não podem confiar em nós, também não podemos confiar nelas. Se ainda guardamos maldade em nosso coração, feriremos os outros. Ao agirmos desta forma, colocamos barreiras em nosso coração.

Só um coração puro pode ver Deus em muitos lugares, circunstâncias e outras pessoas que para os outros são absolutamente normais.

Precisamos pedir a Deus que Ele nos restaure. Que possamos nos aproximar dos outros com um olhar limpo e sincero, dando-lhes o direito de nos responder da mesma forma. Quando o amor de Deus preenche nosso coração, as barreiras se desfazem.

Oração

Pai, limpa o meu coração. Vê se há em mim pensamentos maus. Não quero cometer erros, nem agir contra a Tua vontade e nem ferir os outros. Dá-me o poder e a coragem para dizer não, quando for necessário. Ainda que zombem de mim, ou me pressionem para tomar uma decisão errada, quero fazer o que é certo. Limpa o meu coração, pois quero ser íntegro.

Afasta de mim todo o plano de fazer mal aos outros, mesmo quando eu não perceber. Examina as minhas motivações, pois não quero te decepcionar. Mas desejo buscar-te em todo o tempo para que o meu coração se torne parecido com o Teu.

Pai, tira de mim a loucura de querer fazer as coisas como eu quero, e buscar a satisfação dos meus desejos, até aqueles que vão contra Tua vontade ou causam sofrimentos aos outros. Cura a minha alma, minhas emoções e pensamentos. Limpa meu coração da amargura, ódio ou inveja. Põe a Tua mão sobre as minhas emoções e transforma aquelas que são contrárias à Tua vontade. Encha-me do Teu Espírito a cada dia de minha vida, para que o Teu amor, alegria, paz, paciência, benignidade, bondade, fidelidade, mansidão e domínio próprio governem o meu coração.

Amo o Senhor com todo o meu ser! Não quero decepcioná-lo jamais. Agradeço-te por me perdoar quando não sou como devo ser, porque sabes que é impossível eu viver de um modo perfeito; mas mesmo sabendo disso, continuas me limpando sempre. Agradeço-te porque não somente me perdoas, mas enches minha vida.

dia 8
Coração ignorante

HÁ MUITOS ANOS, viajávamos com meus pais num avião para a Alemanha para pregar no 25.º aniversário da fundação de uma igreja espanhola. Desejávamos muito encontrar com amigos que não víamos há muito tempo, mas por causa dos horários dos voos até o dia da primeira conferência não pudemos embarcar. O voo saia cedo, assim teoricamente não teríamos problemas para chegar com tempo suficiente para preparar tudo.

Ao voltarmos de Barcelona a Hannover (a cidade onde estava a igreja) o piloto da companhia alemã disse algo em sua língua e quase todos os passageiros se olharam e começaram a falar em voz baixa. Nós não entendemos nada, e continuamos tranquilos com meus pais até que o avião pousou.

Quando o avião aterrissou, todos pegaram suas bagagens de mão e saíram, mas nos causou espanto ir andando pelo meio do aeroporto sem que um ônibus viesse nos buscar para nos deixar mais perto do terminal. Quando tentamos ir, estava à saída uma comissária de bordo que nos disse (desta vez em inglês) que teríamos que nos dirigir com os demais passageiros até outro avião. Dissemos que estavam nos esperando ali, em Hannover e ela nos respondeu que esse aeroporto não era Hannover e sim Frankfurt. Meu pai começou a falar em espanhol com alguém da tripulação e a surpresa foi que uma das comissárias de bordo conhecia nossa língua. A conversa que tiveram, creio que não me esquecerei jamais:

"Temos que ir a Hannover o mais rápido possível; meu filho tem que pregar esta noite e nós temos a passagem para esta cidade, não para Frankfurt", meu pai disse.

"Senhor, um dos motores do avião quebrou, e se não tivéssemos aterrissado em Frankfurt para trocar de aeronave, seu filho não iria pregar nunca mais, nem em Hannover, nem em outro lugar" respondeu-lhe meio sorridente a comissária de bordo.

Nesse momento, explicou-nos o que não tínhamos compreendido por não falarmos alemão, que o avião teve que fazer um pouso de emergência muito arriscado pelas falhas dos motores, e que agora tomaríamos outro voo que nos levaria a Hannover. Graças a Deus, não somente chegamos sãos e salvos como também em tempo.

> A ignorância pode limitar completamente o nosso coração.

Neste dia, Deus me ensinou algo muito importante sobre a ignorância. Alguns dizem que a ignorância é muito ousada, eu diria mais: a ignorância pode limitar completamente o nosso coração, se não soubermos o que acontece e não quisermos saber.

Um coração ignorante nos separa de Deus. As crianças entendem isto perfeitamente. Ao falarem a elas de Deus, parece-lhes algo completamente natural, necessário e até divertido. Conforme os anos passam, é como se as dúvidas se "apoderassem" de nós e aos poucos permitíssemos que o nosso coração se enfraquecesse com a ignorância. Ninguém deixa de amar a Deus por um estudo exaustivo, direto e científico, por circunstâncias, crenças e valores, mas por conta própria.

Se você não acredita nisso, pergunte a todos que se dizem ateus. Alguém já demonstrou que Deus não existe? Porque se você diz que nega a Deus, tem que provar que Ele não existe. Se não for assim, sua negação nada mais é do que loucura voluntária. E os que afirmam que não se pode saber nada sobre o espiritual? Tenho amigos que dizem que não se pode saber se Deus existe ou não (denominam-se agnósticos), mas nenhum deles se preocupa minimamente em estudar o assunto. Simplesmente são agnósticos porque é a postura mais cômoda em suas vidas, mesmo que não tomem decisões assim em outras áreas. Não "se deixam levar" quando estão doentes. Tampouco deixam de pagar seus impostos "porque isto não me preocupa agora." O coração ignorante é o único que estabelece barreiras a si mesmo porque prefere não se esforçar, e acredita que sua posição é não somente autêntica e livre, mas também "inteligente".

Faça a prova! Você pode dizer a uma pessoa que ela é má, cruel, impiedosa, ou qualquer outro adjetivo que acredite poder ferir o seu coração. Para muitos, não importará absolutamente. Agora, nunca diga a alguém que ele é tolo, pouco inteligente ou ignorante, porque você pode se dar mal. Isto ninguém aceita.

Sem dúvida alguma, não dar lugar ao Criador é um dos maiores problemas no coração do homem. As pessoas acreditam que se esquecendo de Deus podem viver mais livres, plenas e completas. Porém, a única coisa que conseguem é prender seu coração nas barreiras criadas, porque não querem ter que prestar contas diante de ninguém. O problema não é se Deus existe ou não, mas o que isto envolve e por isso, muitos o rejeitam.

Imagine por um instante que se para acreditar na lei da gravidade

> O coração ignorante é o único que estabelece barreiras para si mesmo, porque prefere não se esforçar, e acredita que sua posição é autêntica, livre, e também "inteligente".

tivéssemos que levar uma vida eticamente correta. Que fosse obrigatório viver bem com a nossa família, não odiar, não ser mau e lutar para que tudo fosse mais justo. Pense por um momento que acreditar na lei da gravidade implicasse em não mentir. Asseguro-lhe que milhares de pessoas diriam que a lei da gravidade é uma invenção de alguns e por isso, improvável. Haveria clubes e associações contrários a essa lei e muitos gastariam milhões para provar sua inexistência.

A humanidade rejeita a Deus porque Sua presença a prejudica e atrapalha. Veja o processo:

"Porquanto, tendo conhecimento de Deus, não o glorificaram como Deus, nem lhe deram graças; antes, se tornaram nulos em seus próprios raciocínios, obscurecendo-lhes o seu coração insensato" (Romanos 1:21).

Não se trata de Deus existir ou não, mas de o conhecer e não querer honrá-lo. Isto é muito diferente! Como não queremos reconhecer Sua existência, utilizamos o raciocínio vão e o nosso coração não só se torna ignorante, mas insensato. Além do mais, não saber quem somos nem aonde vamos, parece não nos importar em absoluto.

Se não honramos a Deus, também não queremos agradecer o que Ele faz por nós. Recebemos vida e fôlego, todavia preferimos crer que nos foi dado por qualquer força casual. Temos dentro de nós uma vida inabalável, mas decidimos que ela apareceu num dia qualquer sem que ninguém saiba muito bem a razão nem como.

Nesse processo voluntário de ignorância (nunca teria avançado em nada se agisse assim em outras situações) a humanidade decidiu não só fechar os olhos diante do que Deus faz, mas também esquecer tudo o que Ele fez no passado.

"Tão-somente guarda-te a ti mesmo e guarda bem a tua alma, que te não esqueças daquelas coisas que os teus olhos

tem visto, e se não apartem do teu coração todos os dias da tua vida, e as farás saber a teus filhos e aos filhos de teus filhos" (Deuteronômio 4:9).

Se concluirmos isto por nossa perspectiva, percebemos que o nosso coração também pode ser ignorante, ainda que amemos a Deus! Somos ignorantes quando esquecemos o que Ele fez por nós, quando nos calamos diante de tudo que Deus está fazendo em nossa vida. Quando afastamos do nosso coração as coisas que Deus nos dá, não só caímos na ignorância ou deixamos de ser agradecidos, como também nos agarramos à escuridão.

Essa mesma escuridão coloca barreiras em nós porque não queremos ou não podemos ver além. Quando não reconhecemos nossa própria cegueira, o problema se agrava porque como diz o Senhor Jesus: "Se fôsseis cegos, não teríeis pecado algum; mas, porque agora dizeis: Nós vemos, subsiste o vosso pecado" (João 9:41). O coração mais ignorante é o que é cego e vive assim toda sua vida, pensando que sabe tudo. Às vezes, muitos cristãos não só fazem o que não é correto, mas se acham na liberdade de julgar tudo e todos. Podem criticar os outros pensando que estão certos, sem perceber que como diz o ditado: "O pior cego é o que não quer ver."

A escuridão surge porque a luz não brilha. Quando deixamos Deus de lado, a ignorância se apodera de nós em muitos aspectos da vida, em nossa existência toda. Deus é Luz com maiúscula, e, portanto onde Ele estiver não existirá escuridão. A luz é símbolo de santidade, uma santidade radiante, feliz que envolve e aquece. De certa forma, o Sol fica evidente em nosso sistema solar porque não só nos ilumina como nos oferece vitaminas e calor.

Muitos preferem o frio, as trevas e a tristeza. Rejeitam a luz de Deus e preferem a ignorância. Limitam-se a si mesmos e colocam barreiras em seu coração, amando as trevas, sem reconhecer tudo o que Deus quer lhes dar.

O processo pelo qual o nosso coração se torna ignorante, aos poucos se revela para todos, o mesmo acontece com a nossa maturidade. Quando somos crianças, acreditamos no que os nossos pais nos dizem, sem discutir sobre se o que eles fazem é bom ou não, interessa-nos esse processo em nossa vida. Não existe ninguém melhor do que os nossos pais que cuidam de nós, nos amam e têm as respostas para as nossas perguntas. Até que começamos a "descobrir o mundo" por nós mesmos e vemos que eles não são perfeitos. Passamos a desconfiar de suas certezas, de seu conhecimento e, por isso não levamos a sério todas as suas palavras. Apenas nós podemos fazer tudo, temos as respostas para tudo e sabemos fazer tudo muito melhor! À medida que o tempo passa, percebemos que essa sensação está bem longe da realidade porque na realidade, os nossos pais são muito mais sábios do que pensávamos.

O mesmo acontece entre nós e Deus. Chega um momento em que já pensamos saber o bastante sem necessitar dele. Podemos viver nossa vida por conta própria porque temos muitas respostas e já somos "maduros" para tomar nossas decisões. E assim, nesse processo, tornamo-nos ignorantes.

Assusta-me falar com pessoas cristãs que ao serem questionadas sobre o Senhor e o que Ele está fazendo em suas vidas não têm respostas. Chegam a passar meses inteiros sem contar algo que Deus lhes tenha dito. Geralmente não têm o que contar. "A boca fala do que o coração está cheio." Você se lembra das palavras de Jesus? Se quisermos quebrar as barreiras da ignorância em nosso coração, necessitamos estar com o Senhor e permitir que Ele preencha esse vazio que temos feito sob medida. É certo que tudo começa com uma primeira decisão de segui-lo, mas também é verdade que se não estamos com Ele diariamente, não oramos e não lemos Sua Palavra, continuamos sendo ignorantes por muito que pensamos saber.

Esse vazio em nossa vida é para ser preenchido a cada dia. É um vazio espiritual, de certa forma infinito, e apenas o que é eterno pode satisfazê-lo. Qualquer outra coisa nos deixará sempre vazios.

Superando limites

Para quebrarmos a barreira da ignorância precisamos ser mais sábios. Parece ser simples, mas é assim. Deus explica como fazê-lo no maior salmo, o qual menciona a Palavra de Deus de uma ou outra maneira em todos os seus versículos.

"Percorrerei o caminho dos teus mandamentos,
quando me alegrares o coração"
(Salmo 119:32).

Deus amplia o nosso conhecimento quando o buscamos em Sua Palavra. A decisão mais importante que alguém que segue ao Senhor pode tomar em sua vida é se aproximar dele e querer conhecê-lo mais por meio da Bíblia. Não se trata somente de andar com o Senhor, é correr! Porque o nosso coração conhece a liberdade ao conhecer a verdade. Lembra-se das palavras de Jesus? "E conhecereis a verdade, e a verdade vos libertará" (João 8:32). Cada vez que nos aproximamos do Senhor, a cada dia que lemos a Sua Palavra e estamos com Ele, nosso coração se amplia e ultrapassa seus próprios limites.

Cada dia é um presente de Deus ao nosso coração. Uma nova oportunidade de celebrarmos e apreciarmos.

Esse coração cresce em admiração e espanto quando vence a ignorância. Ele se alarga porque sempre quer saber mais, conhecer mais; estar mais próximo de seu Criador para amá-lo. Essa deve ser a única resposta válida, quanto mais conhecemos a Deus, mais o amamos.

Estar com o Senhor, ler Sua Palavra, orar, é algo para todos os dias. Não se trata de ler um pouco num dia que temos tempo e depois deixar a Bíblia até a próxima ocasião. Precisamos da sabedoria de Deus para cada dia. Precisamos nos encontrar com o Senhor cada momento da nossa vida porque de outra forma nosso coração continuará escravizado. Não podemos viver sem saber o que Deus pensa de muitas das nossas decisões, nossas ações e os projetos que temos. Nosso coração cresce em liberdade na mesma medida que conhece a verdade das coisas. Se não conhecemos a verdade somos apenas escravos. Escravos de outras pessoas, das circunstâncias; escravos da nossa própria ignorância.

Moisés, um dos amigos de Deus, nos deixou o "segredo" de sua própria vida em uma de suas canções: "Ensina-nos a contar os nossos dias, para que alcancemos coração sábio" (Salmo 90:12). Quando contamos cada um dos nossos dias com gratidão, aprendemos a ser sábios. De certa forma, deveríamos celebrar mais um dia ao invés do nosso aniversário. Cada dia que Deus nos dá é uma festa com Ele, é um dia para celebrar, para percebermos que a cada momento Deus quer que o nosso coração seja mais sábio.

Cada dia que se passa podemos aplicar o que lemos na Palavra de Deus e não só conhecê-lo e crer nele. A cada momento da nossa vida encontramos novas razões para confiar no que Deus diz, porque Ele sempre cumpre Sua palavra. É impressionante notar que "trazer" sabedoria ao coração é o mesmo verbo que se traduz como "ganhar". Deus nos ensina que cada dia que vivemos perto dele e aprendemos a agradecer e desfrutar de Sua presença é um dia ganho.

Da mesma forma, cada dia que passa sem nos aproximarmos de Deus e de Sua Palavra é um dia perdido. Não importa quanto cremos e obtivemos. Esse é o segredo da sabedoria, e foi o segredo da vida de Moisés, que o conservou como uma fortaleza em seus dias até completar 120 anos. Não sei se Deus quer que cada um de nós viva tantos anos assim, mas o que sei é que cada dia que passamos em nossas ocupações, se sempre estivermos na presença de Deus, terá valido a pena! Contar os nossos dias é agradecer o que Deus nos faz a cada momento. Davi viveu isto de maneira impressionante. Talvez esse tenha sido o segredo de seu coração: ser conforme o coração de Deus.

"De noite indago o meu íntimo, e o meu espírito perscruta [...]. Recordo os feitos do SENHOR, pois me lembro das tuas maravilhas da antiguidade" (Salmo 77:6,11).

Aproximar-se de Deus e de Sua Palavra é recordar de tudo o que Ele fez por nós; as façanhas e milagres do passado. Deus nos salvou para que proclamemos Seus feitos (1 Pedro 2:9) a todos, e isso só é possível se o fizermos primeiro dentro de nós. Dia e noite, porque a canção do Senhor pode aparecer também de madrugada. Tudo depende se o nosso coração estiver acostumado a meditar no Senhor, se os nossos pensamentos buscarem a presença de Deus em qualquer momento.

O povo de Israel ouvia sempre a voz de Deus e Seus profetas, não deviam se esquecer:

"Ponde, pois, estas minhas palavras no vosso coração e na vossa alma; atai-as por sinal na vossa mão, para que estejam por frontal entre os olhos" (Deuteronômio 11:18).

A Palavra de Deus não deve ser usada só para obtermos mais conhecimento, ela deve chegar ao fundo do nosso coração para que todo o nosso ser deseje cumpri-la. Deus quer que a gravemos em nosso coração e alma. Que seja como uma marca em todo momento para não esquecermos dela, e que sempre a tenhamos diante dos nossos olhos. As promessas de Deus são um tesouro para nós, é a melhor coisa que podemos ter em nossa vida. Ao lermos cada dia o que Deus tem para nós, aprendemos a escutá-lo pessoalmente. Sabemos que o que está escrito é para nós; e quando o nosso coração o escuta, torna-se pleno e quebra as barreiras.

Creio que já temos provas suficientes do que a Palavra de Deus faz em nós, mas ainda podemos acrescentar um dos versículos mais impressionantes:

"Iluminados os olhos do vosso coração, para saberdes qual é a esperança do seu chamamento, qual a riqueza da glória da sua herança nos santos" (Efésios 1:18).

O apóstolo Paulo escreveu para a igreja de Éfeso para que pudessem compreender o que Deus tem preparado para eles e para nós. O Espírito de Deus utiliza cada palavra para analisarmos com calma o versículo e cada dia nos envolvermos com a profundidade de Suas promessas. A primeira coisa que nos chama a atenção é que muitas traduções mudaram a expressão "ilumina os olhos do coração" para "os olhos da mente" porque lhes pareceu que era mais lógico dizer "mente" se é sobre conhecimento que texto fala, mas Deus está falando do coração e quer que o coração seja iluminado (Gálatas 1:17-18).

Podemos compreender muitas coisas em nossa mente, mas se não alcançam o nosso interior, se não as transferirmos ao nosso coração, de nada valem. O Espírito de Deus ilumina o nosso coração para retirar as barreiras da nossa ignorância. Afinal, quem decide o que fazemos não é a nossa mente e sim o nosso coração. Nosso médico de família conhece muito mais do organismo de minha mulher, Míriam, do que eu poderei saber em toda minha vida; mas a grande diferença é que eu a amo e ela a mim. Minha esposa está em meu coração, para um médico só é uma pessoa sobre a qual conhece muitas coisas. Para que o nosso coração seja livre, ele necessita que seus "olhos" sejam iluminados com a luz de Cristo.

Quando lemos aquele versículo do Salmo 119 que diz que conhecer a Palavra de Deus amplia o nosso coração, talvez não percebamos tudo o que se quis dizer. Agora, compreendemos melhor. Deus quer que conheçamos a esperança da nossa vocação, uma esperança que tem a ver com as riquezas da glória e da herança que Deus tem preparado para nós. Não é qualquer coisa!

> Podemos passar a nossa vida "mendigando" bênçãos por ignorar o que Deus quer nos dar.

Infelizmente, muitos cristãos não sabem do que estamos falando; seus corações ignorantes os impedem porque não leem ou estudam a Palavra de Deus. Se não soubermos o que Deus tem preparado para nós, não viveremos a vida abundante que está à nossa disposição. Do mesmo modo que alguém que recebeu como presente umas férias em um cruzeiro pelo Caribe com tudo incluído, e passa os dias pedindo comida e tentando pagar sanduíches na cafeteria sem saber que os manjares dos restaurantes são parte do presente; assim, nós podemos passar a vida mendigando bênçãos por ignorar que Deus já entregou tudo em nossas mãos. Por não lermos a Bíblia, por não buscarmos o que diz o "contrato" do presente que recebemos.

Somente por meio da Bíblia podemos conhecer o que Deus tem preparado para nós, e sobre todas as coisas pela Sua palavra podemos conhecer o nosso Criador. Caso não façamos assim, nosso coração viverá na ignorância. E cedo ou tarde cairá.

Oração

Pai celestial, preciso de ti. Quero te encontrar hoje e te buscar
em todos os momentos. Preciso despertar a cada manhã
falando contigo. Dormir toda noite com o Teu nome em meus

lábios. Passear e observar as Tuas mãos na natureza, conversar contigo e despir meu coração diante de ti para que saibas que não quero esconder nada do Senhor.

Ensina-me, por meio do Teu Espírito, sempre que eu ler a Tua Palavra, e dá-me forças e coragem para fazer isso todos os dias. Não quero passar um só dia sem conhecer algo mais de ti. Ajuda-me a te amar com todo o meu coração, minha mente, minhas forças e meu corpo. Quero conhecer-te mais e para isso, preciso da Tua palavra. Quero tomar a decisão de ler a Bíblia todos os dias e encontrar o tempo certo para fazê-lo.

Enche o meu coração com a Tua presença, porque desta forma ele ficará repleto de ti. Quero conhecer, pensar e meditar em Tuas palavras e levá-las ao meu coração, porque assim, ele vencerá as barreiras e eu poderei te amar mais e mais. Em o nome de Teu Filho, amém.

dia 9
Coração orgulhoso

Quando somos jovens pensamos que temos forças para qualquer coisa. A vida nos sorri e nada pode escapar das nossas mãos, ou pelo menos é assim que acreditamos. Jamais esquecerei o que aconteceu a mim e à minha esposa Míriam quando éramos recém-casados. Numa de nossas viagens de carro, encontramos obras pelo caminho e todos os veículos que nos antecediam estavam parados. Nós paramos também, mas logo percebi que o lugar não era exatamente um bom lugar para ficarmos: quase no fim de uma grande baixada na estrada. Quando olhei pelo espelho retrovisor vi um caminhão muito grande, que aparentemente, não viu toda a fileira de carros parados e nem teve tempo de frear. Durante intermináveis segundos vi como o caminhão se aproximava com toda a velocidade e imaginei que nossa vida tinha se acabado. Não tínhamos tempo para desviar dele, e, portanto, nos esmagaria contra os carros que estavam diante de nós.

Se você já passou por uma situação parecida, sabe a que me refiro quando digo que a vida não tem nenhum valor. Nesse momento pensei que não importava o quão jovens éramos nem as forças que tínhamos; todos nós somos fracos. Incrivelmente fracos. E ninguém pode se sentir orgulhoso quando percebe a sua fraqueza.

O que aconteceu no último momento é algo que nunca nos esqueceremos. O motorista do caminhão, em uma decisão impressionante, tomada em fração de segundos, deu uma volta no volante e preferiu tombar no aterro que estava a nossa direita, antes de nos esmagar e também salvar a própria vida. Quando descemos do carro, só conseguíamos dar graças a Deus porque nos tinha guardado, colocando no coração daquele homem a ideia de sair da estrada no último momento. Deus o honrou também, porque saiu do caminhão ileso e sozinho. E isto depois de ter caído com toda sua carga por tantos metros.

Éramos jovens e ainda não tínhamos filhos, mas creio que Deus permitiu aquele acidente para que soubéssemos como somos fracos. Talvez para que percebêssemos que ninguém pode ter tanto orgulho e pensar que pode viver como quer, fazer o que quer e o que é mais grave, esquecer-se de Deus.

Nosso coração pode ser muito orgulhoso. Quem sabe conseguimos fazer coisas na vida que ninguém realizou antes. Pode ser que tenhamos muitas posições, ou que as pessoas nos admirem por nossa inteligência, capacidade artística ou por nosso dinheiro. Ou melhor: somos amados porque estamos fazendo muitas coisas para Deus! Não importa o que sejamos ou tenhamos, se o nosso coração é orgulhoso, seremos escravos dele. E um coração orgulhoso é muito mais fraco do que pensa.

Deus nos advertiu desde o passado quanto ao problema do orgulho. Falou muitas vezes, mas quase ninguém deu atenção. Não somos melhores hoje, as palavras do Criador ressoam como se fossem escritas para cada um de nós.

"Não digas, pois, no teu coração: A minha força e o poder do meu braço me adquiriram estas riquezas" (Deuteronômio 8:17). "Quando, pois, o S<small>ENHOR</small>, teu Deus, os tiver lançado de diante de ti, não digas no teu coração: Por causa da minha justiça é que o S<small>ENHOR</small> me trouxe a esta terra" (Deuteronômio 9:4).

Antes de tudo, devemos enxergar que os problemas do orgulho costumam começar em nosso coração. Dizemos a nós mesmos que somos muito melhores do que pensamos. Chegamos a nos convencer de que se temos algo é porque merecemos; trabalhamos muito para chegar até aqui. Somos mais inteligentes do que muitos outros, logo, mais espirituais! Costumamos nos comparar com os que estão "abaixo" de nós porque assim o nosso orgulho é alimentado e enquanto vivemos desta forma somos mais fracos do que nunca.

É curioso porque deixamos que nosso orgulho cresça com as bênçãos que recebemos de Deus. Pensamos sinceramente que as merecemos. Acreditamos que somos melhores que os que não as receberam, e de certa forma vivemos como se Deus nos devesse obrigação. Na realidade, muitas vezes pensamos que todos nos devem algo. Quando vivemos assim, caímos na mesma tentação que o diabo caiu e esquecemos que:

"Abominável é ao Senhor *todo arrogante de coração; é evidente que não ficará impune"* (Provérbios 16:5).

A palavra *arrogância* nos soa mal assim como a sua aplicação numa frase. Usamos esta palavra hoje? Devemos reconhecer que normalmente o problema de um coração orgulhoso começa com a arrogância, com o olhar por cima dos ombros; com o pensamento secreto de que somos melhores que os que nos cercam, mesmo que não o reconheçamos. O problema é que Deus se desagrada dessa atitude, e promete que o arrogante não ficará sem castigo. O orgulhoso tem seus dias contados.

"Ao que às ocultas calunia o próximo, a esse destruirei; o que tem olhar altivo e coração soberbo, não o suportarei" (Salmo 101:5).

Deus é taxativo com relação ao orgulho. Pode ser que outras coisas que limitem nosso coração sejam mais "difíceis de enxergar" em nosso caráter, mas o orgulho nos destrói pouco a pouco, e Deus abomina o orgulho. É assim literalmente, Deus odeia essa nossa característica porque não só nos separa dele, mas também nos deixa na beira do abismo. Quando caímos do nosso "eu", do nosso próprio orgulho, o abismo é grande demais para nos deixar "ilesos".

> **não se trata de Deus gostar mais ou menos, Ele simplesmente não tolera, não suporta a arrogância.**

Lendo o versículo até o final, acabamos percebendo que o coração de Deus não tolera o que é orgulhoso e arrogante. Querer subir o mais "alto" possível a qualquer preço e por cima de todos, pode ser uma característica muito admirada nos dias de hoje, mas é completamente contrária à vontade de Deus. O grave problema é que quando nos fazemos de orgulhosos costumamos nos esquecer de Deus. Pensamos que não necessitamos dele. Essa é a sensação com a qual vivem muitas pessoas dos países desenvolvidos.

"Quando tinham pasto, eles se fartaram, e, uma vez fartos, ensoberbeceu-lhes o coração; por isso, se esqueceram de mim" (Oseias 13:6).

Deus não se surpreendeu com esta atitude, ao contrário, sabia antes de nos criar. Em parte, era o preço da nossa liberdade, o mais difícil de aceitar sobre a graça, quer dizer; saber que tanto amor derramado seria manchado por nossa atitude orgulhosa e egoísta. Mas Deus, apesar de tudo, seguiu com o Seu plano.

Quando o nosso coração vive na arrogância, soberba e orgulho, limita a sua própria felicidade. Quem pensa que não precisa das pessoas, é a pessoa mais desgraçada que existe. Aquele que acredita que os demais estão num patamar inferior ao seu, cedo ou tarde cai em sua própria armadilha. Cai até o abismo de seu orgulho.

Na primeira parte do versículo que lemos no livro de Salmos, Deus mesmo ameaça com a destruição o soberbo que fala mal de seus irmãos. É mais sério do que pensamos, porque nossa soberba nos leva a encontrar defeitos nos outros e a falar mal deles, somente por orgulho; para deixá-los num patamar "inferior" ao nosso.

Ninguém pode desfrutar da vida se sempre encontra algo errado nos outros. Ninguém pode ser feliz se sempre acredita que é melhor do que os outros. Os arrogantes, soberbos e orgulhosos nunca viverão bem na companhia das pessoas, porque sempre encontram algum defeito nelas. Exemplo: é como se você estivesse escutando um concerto e gastasse a sua energia e atenção procurando alguém que deu um acorde errado, ou as pessoas que cometeram algum erro. Você nunca conseguirá apreciar a música.

Muitos mantêm seu coração escravo a ponto de a vida nunca lhes soar bem. Eles sempre têm algo a acrescentar, algo a dizer, a que se opor. Enquanto vivem assim, seu coração será escravo de si mesmo, de seu orgulho. Escravo de sua própria arrogância.

Não devemos sinalizar em outras direções. Os próprios discípulos do Senhor Jesus demonstraram o que temos dentro do coração com a pergunta que mais fizeram ao Senhor. Eles estavam ao Seu lado e podiam lhe perguntar qualquer coisa: o segredo do poder, a criação do Universo, o caráter de Deus. Podem nos ocorrer centenas de coisas com as quais eles ficaram impressionados com os ensinamentos do Mestre; mas fizeram o mesmo que nós fizemos. Delataram o que havia dentro de seus corações, porque perguntaram: Quem é o maior no Reino dos céus? Esta era a preocupação deles.

> **Muitos têm o seu coração escravo de tal maneira que a vida nunca lhes soa bem.**

Se olharmos com sinceridade para dentro dos nossos corações, perceberemos que esta continua sendo a nossa maior preocupação também. Por isso, o nosso coração continua preso por seu próprio orgulho.

É hora de vencer esta barreira. As consequências de viver longe de Deus são terríveis.

"O terror que inspiras e a soberba do teu coração te enganaram. Tu que habitas nas fendas das rochas, que ocupas as alturas dos outeiros, ainda que eleves o teu ninho como a águia, de lá te derribarei, diz o SENHOR*" (Jeremias 49:16).*

Superando limites

Alguém disse uma vez que ninguém é maior do que quando está de joelhos. O certo é que, a frase tem a ver com a nossa necessidade de Deus, nossa dependência dele, em oração, e "prostrar-nos" humildemente em todos os momentos da nossa vida.

Prostrar-se com o rosto em terra diante de Deus em absoluta rendição, demonstra fisicamente a nossa dependência do Senhor. Ele pode fazer o que quiser conosco; descansamos completamente nele. "Para o nosso coração orgulhoso, reconhecer que não somos nada sem Deus, e fazê-lo prostrado, é o melhor "exercício" possível.

"Sacrifícios agradáveis a Deus são o espírito quebrantado; coração compungido e contrito, não o desprezarás, ó Deus" (Salmo 51:17).

Queremos estar seguros de que Deus nos recebe? Temos que presenteá-lo com um coração humilde. Deus não permite aos orgulhosos nem sequer que se aproximem dele. Os que acreditam que tem tudo sabem quase tudo e merecem tudo, não necessitam de Deus para nada. Ainda que pensem que o amam. Enquanto isso, Deus não despreza ao que se humilha em Sua presença.

"Porquanto o teu coração se enterneceu, e te humilhaste perante o SENHOR, *quando ouviste o que falei contra este lugar e contra os seus moradores, que seriam para assolação e para maldição, e rasgaste as tuas vestes, e choraste perante mim, também eu te ouvi, diz o* SENHOR*"* (2 Reis 22:19).

Deus aceita a oração até de um rei ímpio! Quando nos humilhamos diante do Senhor, nosso coração aprende a se libertar. Deixa de ser escravo de seu orgulho e começa a fazer coisas que nunca pensou que iria precisar: orar, pedir, necessitar, prostrar-se, sentir-se fraco. Quando o nosso coração se enternece, humilha-se e chora diante de Deus, reconhecendo sua indignidade, está quebrando os seus limites porque Deus o abraça. Quando servimos ao Criador, somos felizes. Nosso coração nunca será mais livre do que quando estiver de joelhos.

Você se recorda do caso de Pedro? Ele acreditava ser mais forte que todos. Foi capaz de dizer ao Senhor: "Ainda que todos lhe abandonem eu nunca o farei." Suas palavras estão escritas no evangelho para que possamos compreender que o orgulho pode estar dentro de qualquer um de nós, por mais espirituais que pensemos ser. E mais, uma das características próprias do orgulho é não reconhecê-lo: sempre nos custa mais enxergar o orgulho em nós mesmos do que nos outros. Alguém chegou a dizer na igreja: "Eu sou uma pessoa muito humilde, mais que todos que conheço!"

Jesus teve que orar por Pedro para que a fé do discípulo não falhasse. Ele ainda faz o mesmo por nós, pois é o nosso Advogado. Nós, seguros de nós mesmos, gostamos de falar em primeira pessoa e quando as tentações, os problemas e as situações ruins chegam, nós caímos. Pedro negou Jesus e sofreu as consequências de sua queda antes de ser restaurado pelo Mestre e conosco ocorre o mesmo.

Por essa razão, Deus prova o nosso coração (1 Tessalonicenses 2:4). Ele deseja romper as barreiras do orgulho em nosso coração.

O Senhor quer agir em nossa vida para que sejamos humildes e permaneçamos em Sua presença, o único lugar no qual o nosso coração pode ser verdadeiramente livre. Liberdade comprada por amor e para amar.

"Sondas-me o coração, de noite me visitas, provas-me no fogo e iniquidade nenhuma encontras em mim; a minha boca não transgride" (Salmo 17:3).

E quanto à pergunta? ("Quem é o maior?"), deixe-me trazer parte de um capítulo do meu livro *Compaixão* (Ed. Vida, 2006).

Quando o Senhor Jesus está passando pelo momento mais difícil de sua vida, responde "à" uma pergunta. Explica-lhes o que mais os preocupa, e responde sobre quem é o maior.

Ele, que tinha todos os direitos como Filho de Deus e Rei do universo, passa-se por escravo e nos ensina a lição mais importante na história da Igreja. Uma lição que temos esquecido centenas de vezes mesmo antes de aprendê-la. Uma lição que pouco se fala, prega-se menos ainda e quase não se pratica. Parece tão repulsiva para nós como o foi para os discípulos. Muitas vezes, quisemos tirá-la dos evangelhos, e em outras, tentamos espiritualizá-la, explicá-la, moldá-la. Tudo, menos aprender com o exemplo do Senhor.

"Durante a ceia, tendo já o diabo posto no coração de Judas Iscariotes, filho de Simão, que traísse a Jesus, sabendo este que o Pai tudo confiara às suas mãos, e que ele viera de Deus, e voltava para Deus, levantou-se da ceia, tirou a vestimenta de cima e, tomando uma toalha, cingiu-se com ela. Depois, deitou água na bacia e passou a lavar os pés aos discípulos e a enxugar-lhos com a toalha com que estava cingido" (João 13:2-5).

Lembra-se da pergunta? "Quem é o maior no Reino dos céus…?" Se quer conhecer a resposta, comece lavando os pés dos outros. Pegue uma toalha e vista-se como um escravo.

Um escravo serve as pessoas, ele não tem direito. É isso que o Senhor quis ensinar, todos tinham direitos sobre ele, podiam mandá-lo, e ele (escravo) obedeceria com carinho, com um amor inquebrável até a morte. Com um serviço abnegado, limpando os pés de Seus discípulos, mesmo os pés do traidor.

Todos esperavam que algum servo viesse fazer esse trabalho e acreditavam serem dignos de que alguém lavasse os seus pés. Ninguém pensou que o próprio Jesus poderia ser o que se humilhasse para limpar os pés dos demais. Daí a surpresa ao comprovar que era o Messias que faria o trabalho de um escravo.

Uma lição que temos esquecido centenas de vezes mesmo antes de aprendê-la. Um ensinamento de que se fala pouco, prega-se menos e quase não se pratica.

Tudo surge das primeiras palavras do capítulo. O Espírito de Deus queria nos ensinar qual era a razão de todas as coisas, e a deixa escrita em uma simples frase e sublime ao mesmo tempo. Uma afirmação que você não pode esquecer em toda tua vida. Uma simples oração que diz mais do Mestre que mil livros escritos por Ele:

"Tendo amado aos Seus, amou-os até o final"

Amou-nos até o fim, para sempre, até o limite, o máximo que ninguém sequer pode imaginar, até o último momento.

É desta fonte de amor que todas as coisas surgem. Nenhum judeu poderia se ver obrigado a lavar os pés de outro, porque isso significava que era escravo desta pessoa. E os judeus não queriam ser escravos de ninguém. Tampouco nós. Jesus se fez nosso servo voluntariamente e começou a lavar os pés de todos.

Todos se sentiram incomodados, deslocados, impressionados pelo que estava acontecendo. Sem reação diante do que viam. Seu

Mestre estava fazendo o trabalho que os escravos da casa deveriam fazer... Enquanto isso, Jesus lavava seus pés sem ressentimentos nem dúvidas. Desfrutava daquilo que fazia. Sorria e conversava com eles. Isso era demais para eles.

Sabia que iriam abandoná-lo, mas Ele lavava seus pés.
Sabia que Pedro o negaria, e Ele lavou seus pés.
Sabia que Judas o entregaria, e Ele lavou seus pés.

Jesus sabia que todos se esconderiam cheios de medo e incapazes de compreender que teria que ressuscitar, mas Jesus lava os pés de todos. Nenhum deles é digno de levar Seu nome e ser considerado um discípulo Seu, mas Ele não se importa. Continua lavando os pés de todos. Acaricia os pés daqueles que passaram esses três anos com Ele. E enquanto lavava os seus pés, o Seu coração se enche de muitos sentimentos: dor, incompreensão, sofrimento, solidão. Mas também um amor profundo que ninguém pode entender. Um amor que foi até o final, que nunca se esgotou e que continuou até o momento mais difícil: o momento em que o amor se transformou em alegria, instantes antes de morrer.

> **todos viram que o Rei do universo se ajoelhou para lavar os pés de Judas, aquele que seria o seu traidor.**

Perdoou-lhes antes que tivessem pecado, lavou os seus pés antes de ser abandonado.

Jesus ainda faz o mesmo conosco. Ele sempre busca nossa restauração.

Finalmente, todos compreenderam que essa era a resposta, que o maior é o que serve e o que lava os pés. O que se ajoelha para ajudar os outros. Não voltaram a perguntar quem era o maior. Não necessitaram de mais ensinamentos. Aprenderam que o maior no Reino dos céus é o que serve e o que lava os pés, o que é servo de todos.

Dias mais tarde, todos recordaram que o Messias, o Rei do universo esteve aos seus pés, ajoelhado, tirando-lhes o barro e a sujeira. Lavou os pés de cada um deles, fazendo o mesmo com Judas, pois não quis deixar passar a oportunidade com ele. Poderia ter esperado que ele se fosse para não ter que lavar os pés do traidor, mas quis fazer no início de tudo, para que todos lembrassem que Ele tinha se ajoelhado aos pés de Judas, que Deus se ajoelhou para servirmos uns aos outros.

Essa é a atitude de Jesus para nos limpar. Deus vem e se coloca de joelhos para nos ajudar. Essa é a única atitude que devemos ter com os nossos irmãos. A única motivação verdadeira na igreja. É a única forma de ajudar, corrigir, de consolarmos uns aos outros.

Continuamos querendo saber quem é o maior no Reino dos céus?

Após ler o livro de João 13, dói só de perguntar. Não nos enganemos, às vezes, dentro da igreja vivemos de maneira orgulhosa e arrogante. Disfarçamo-nos de humildade, de serviço, de santidade e de muitas outras coisas boas, mas nosso coração está bem longe do coração do Senhor Jesus.

Discutimos, acreditamos que temos razão, defendemos nossa doutrina, julgamos os outros, desfrutamos do orgulho de que as pessoas nos reconheçam e louvem nosso nome, controlamos a vida dos que estão conosco e se deixam controlar, e maldizemos de um modo muito espiritual àqueles infelizes que se atrevem ir contra nossas ideias e decisões... Enquanto isso, o Rei do universo continua ajoelhando-se diariamente para lavar os nossos pés, para nos ensinar que temos muita poeira em nós e entre nós.

Para nos lembrar que o maior em Seu Reino é aquele que serve. Aquele que se prostra. Aquele que chora porque quer um coração como o de Jesus.

Oração

Pai que estás no céu, prova meu coração. Olha meus pensamentos, tira tudo aquilo que não te agrada e que me faz mal, e me ensina a pensar em ti, a te compreender, a conhecer as razões pelas quais devo agir. Prova meu coração durante a noite. Ensina-me sobre meus pensamentos, até aqueles que são mais escondidos, traga-os à luz e me limpa.

Quero que o meu coração seja agradável a ti, pois desejo conhecer os Teus sentimentos. Preciso ser conforme o Teu coração.

Não quero que meu coração seja soberbo, arrogante e orgulhoso. Reconheço que nada sou sem a Tua presença, que não sou melhor nem mais importante do que os outros em minhas atitudes ou trabalho para o Senhor.

Ensina-me a ser humilde, faz-me saber que não sou nada além de pó, que toda a grandeza que possa ter em algum momento é só um reflexo da Tua glória.

Ajuda-me a lavar os pés das pessoas e a te servir em tudo. Peço-te em nome do Senhor Jesus.

dia 10
Coração enganoso, mentiroso

Eu acreditava que ao longo da vida já tinha escutado quase tudo, mas aquilo foi além do que poderia imaginar. Uma mulher veio à igreja se aconselhar. Já a conhecia há anos, aparentemente uma boa cristã. Quando começou a explicar o que tinha decidido, não sabia como convencê-la de que o que dizia não fazia nenhum sentido. Estava casada há muitos anos e tinha filhos. De repente, começou a sentir que a relação estava fria, e assim tomou a decisão de deixar seu marido. Até aqui, tudo pode parecer mais ou menos "normal" nos dias que vivemos. O que abalou meu coração foi a razão que ela me deu.

"Orei ao Senhor, e Deus me disse em meu coração que tinha que deixar esse homem, que não me convém."

Perguntei-lhe se existia uma razão: Se ele era cruel com ela, ou a maltratava, ou se teria algum defeito que ninguém sabia, ou se tinha outras mulheres.

"Não, respondeu ela, o que acontece é que eu não gosto mais, meu coração já não é mais dele, não o quero, e sinto que Deus não quer que eu continue com ele."

Enquanto a ouvia, orava em meu interior e pedia a Deus sabedoria sobre o que dizer, e imediatamente lembrei-me de uma frase da Bíblia que nos ensina perfeitamente o que muitas vezes está dentro de nós: "Enganoso é o coração, mais do que todas as coisas, e desesperadamente corrupto; quem o conhecerá?" (Jeremias 17:9). Tentei explicar àquela mulher que o fato do nosso coração sentir algo não quer dizer que seja o correto, e que muito menos podemos colocar Deus dentro de uma situação, a qual seja contra a Sua vontade. Nosso coração nos engana muitas vezes, e se deixarmos, nunca terá remédio. Somos nós que nos enganamos. Somos nós que acreditamos nas "mentiras" que nosso coração nos conta.

Ninguém pode ser livre se é enganado. Somente a verdade pode nos libertar. Vivemos num mundo que não só admite o engano e a mentira, mas que muitas vezes até os admira. Essa é uma das razões pelas quais temos mais pessoas escravizadas, tristes e sem sentido em suas vidas, que em nenhuma outra época da história.

> Se você não conhece a verdade é apenas um escravo.

Inclusive, quando falamos em termos morais ou espirituais, todos nós acreditamos que somos bons. "Pelo menos não sou tão mau como...". O problema é que sempre conseguimos nos comparar àqueles que são piores que nós. Permitimos que nosso coração nos engane e fazemos isto entusiasmados. Enganamo-nos ao acreditarmos que somos melhores, que somos capazes de dar aos outros ou de criar instituições de ajuda; dizemos que somos bons porque nos emocionamos ao ver pela TV alguém sofrendo.

Falta-nos reconhecer que o nosso coração é enganoso, porque nos enganamos. No início percebemos, sabemos que o que fazemos ou pensamos não está bom. Reconhecemos para nós mesmos que algumas das decisões tomadas não são corretas, mas à medida que o tempo passa, aprendemos a "decapitar" nossa consciência e nos enganamos pouco a pouco. Até estarmos convencidos de que o que fazemos é bom e é verdade!

Nosso coração é enganoso porque engana a si mesmo.

Encontramos uma das maiores provas da nossa insinceridade num fabuloso versículo de Provérbios: "Até no riso tem dor o coração, e o fim da alegria é tristeza" (14:13). Essa é uma experiência que só as pessoas podem ter. Hipocrisia, coração duplo, falta de transparência. Para registro, essa transparência é, às vezes, obrigada e existem pessoas não boas o suficiente para que possam ser absolutamente sinceras!

É doloroso viver assim, porque compreendemos que estamos nos enganando. Mesmo com sorriso o coração pode estar triste. Naqueles momentos em que tudo parece bem, sabemos o que temos dentro de nós. Dizemos para nós mesmos: "Mas a quem você quer enganar?"

Creio que é uma experiência que todos já passamos e nos mostra que um coração enganado não é um coração livre. Não podermos ser nós mesmos, em todos os momentos e reagir como devemos reagir, prende-nos mais que qualquer outra coisa.

Precisamos seguir em frente, pois também costumamos enganar aos outros de muitas maneiras como: mentiras, intenções ambíguas, palavras lisonjeiras ditas para tirar proveito de alguém.

> não sermos nós mesmos em todos os momentos, nos limita mais do que qualquer outra coisa.

"Falam com falsidade uns aos outros, falam com lábios bajuladores e coração fingido" (Salmo 12:2).

Algumas afirmações da Palavra de Deus nos fazem muito mal, porque são como um espelho: ensinam-nos exatamente o que há dentro de nós. E quando um coração age de forma dupla não somente tem algo a esconder, mas tenta "ganhar" e se aproveitar de seus próprios enganos para passar por cima de outros. É como um jogador que tem cartas normais e ao mesmo tempo cartas marcadas. É possível ganhar sem trapacear, mas ele está preparado para qualquer eventualidade.

Acreditamos que esse tipo de coisas só acontece no mundo? Pois estamos equivocados. Até nós, que falamos em nome de Deus, podemos cair nesse engano:

"Até quando sucederá isso no coração dos profetas que proclamam mentiras, que proclamam só o engano do próprio coração?" (Jeremias 23:26).

Não sei o que você pensa, mas existem pessoas que dizem que algumas afirmações de Deus podem ser terríveis; eu penso que suas perguntas ainda são mais impressionantes. Temos aqui um exemplo: "Que há no coração dos profetas que proclamem o engano de seu coração?" Ninguém está livre de cair no engano. Existem muitos caminhos para chegar a ele: amor ao dinheiro, o desejo de poder, culto à admiração, orgulho espiritual. Poucas coisas são tão ruins como servir a Deus com uma motivação errada. Deus mesmo nos adverte para que entendamos como nosso coração pode nos enganar e aos outros também. Não estamos "brincando"!

Nosso maior engano é tentar fingir diante de Deus. Querer enganá-lo sem que Ele perceba. Repito que se esse é o seu modelo de vida, você está bem longe do Criador. Alguns decidiram viver assim ao longo da vida e a eles não importa ser diferente. É muito mais um autoengano, porque o fato de negarmos a Deus não quer dizer que Ele não exista; é o contrário, vamos sofrer as consequências dessa negação. De fato, os que negam a Deus sofrem porque estão perdendo tudo o que Ele é e faz.

Se nós conhecemos a Deus e tentamos enganá-lo, somos tolos. Você se lembra do que aconteceu nos primeiros anos da igreja. Ananias e sua mulher combinaram de mentir aos outros, dizendo que ganharam uma quantidade de dinheiro bem inferior ao que realmente ganharam.

> *"Então, disse Pedro: Ananias, por que encheu Satanás teu coração, para que mentisses ao Espírito Santo, reservando parte do valor do campo?" (Atos 5:3).*

É impressionante o que Deus nos ensina sobre a mentira: o próprio diabo a coloca em nosso coração e nos escraviza. Observe as palavras "por que encheu Satanás teu coração"; o maligno se comporta assim, com uma só mentira ele nos escraviza e nos enche, cega e tenta nos destruir. Enche-nos de tal forma que não há lugar para nada mais.

Deus quer nos libertar, ampliar os nossos corações, para nos dar uma vida sem barreiras.

Decidimos se damos lugar em nosso coração ao pai da mentira. Às vezes, acreditamos que nos convém agir assim, tornando-nos escravos pelo que falamos e fazemos. A liberdade nos enche de paz; a mentira escraviza porque temos que nos lembrar dela sempre. Como você pode se esquecer de seus enganos se todos vão perceber que não está dizendo a verdade.

A sentença de Deus é clara. Ele diz que o nosso coração também é enganoso quando nos julgamos espirituais, sem permitir que o Seu Espírito reine em nós. Deste modo, apenas no enganamos:

"Se alguém se considera religioso, mas não refreia sua língua, está se enganando, a religião dele é vã" (Tiago 1:26).

Superando limites

"...a verdade vos libertará" (João 8:32). As palavras de Jesus resumem como sempre, de uma maneira perfeita, como o nosso coração pode quebrar as barreiras do engano. A mentira e o engano nos escravizam, a verdade liberta a nossa alma. Quando enganamos ou mentimos temos que lembrar o que dissemos, caso contrário, as pessoas perceberão nossas mentiras. Temos que viver com essa espada sobre nós. A qualquer momento as pessoas podem nos apontar ou nós mesmos vamos descobrir. Prendemos nosso coração às mentiras que dizemos e o escravizamos totalmente.

Quando amamos a verdade, nosso coração se liberta de todas as prisões, de todos os sentimentos de medo a serem descobertos. A verdade nos leva à liberdade, tira a carga que levamos sobre nós e nos ajuda a viver e a dormir tranquilos, pois fala por si própria.

Se não conhecemos a verdade, somos apenas escravos. Esse é o grande valor da informação e dos meios de comunicação hoje, seu poder é irresistível em todos os níveis, sobretudo em questões de política e sociologia. Se você não conhece a verdade é apenas um escravo.

Podemos acreditar que estamos desfrutando da vida como se nada importasse, mas quando chega o momento da verdade, percebemos que a maioria das coisas materiais era só uma farsa.

Um sábio espanhol disse:
"Ao final da jornada,
Aquele que se salva, sabe;
E o que não, não sabe nada".

Como podemos vencer o nosso coração enganoso? Em primeiro lugar, fazer algo que não gostamos: duvidar de nós mesmos. A Bíblia diz que ser sábio no próprio entendimento é uma das melhores maneiras de perder; para que possamos entender, quando acreditamos que sempre (ou quase sempre) temos razão, caímos no maior engano que existe.

"Confia no Senhor *de todo o teu coração, e não te estribes no*
teu próprio entendimento" (Provérbios 3:5).

Nosso coração quer se apoiar em si mesmo. Você pode imaginar um médico operando seu próprio coração? Se formos sábios em nosso próprio entendimento nunca aprenderemos nada, porque já "nascemos" sabendo tudo. Esta é a forma mais direta de se perder, porque deixamos de confiar no Senhor.

Para retirar o limite do engano, precisamos por o coração naquilo que Deus diz e não acreditar que nós mesmos podemos solucionar tudo.

Podemos ter a impressão de que viver dessa forma é impossível. Não está certo. É um engano do diabo. Muitas pessoas continuam mentindo porque acreditam que não existe solução.

> Ser sábio é, de vez em quando, duvidar de si mesmo.

O engano os levou a viver uma vida cheia de fingimentos, e às vezes mentem tanto que nem eles mesmos sabem o que é verdade e o que não é. Não podemos nos deixar levar. Há esperança! Jesus nos diz que ao conhecermos a verdade seremos livres. Jesus é a verdade (João 14:6) e a aplicação da verdade é encontrada na Palavra de Deus, porque Jesus é a Palavra encarnada. O Verbo de Deus se fez carne.

Quando vivemos no Senhor e com ele, conhecemos a verdade por experiência, não só pela razão; e assim alcançamos o conhecimento íntimo, profundo e espiritual. Na Bíblia, encontramos pessoas que venceram o engano pelo poder de Deus.

"Bem sei, meu Deus, que tu provas os corações e que da sinceridade te agradas; eu também, na sinceridade de meu coração, dei voluntariamente todas estas coisas; acabo de ver com alegria que o teu povo, que se acha aqui, te faz ofertas voluntariamente" (1 Crônicas 29:17).

Deus prova o nosso coração, nossas motivações, o que há dentro de nós. Deus ama a nossa integridade, nosso desejo de fazer o certo mesmo que às vezes erremos. Ele conhece as nossas motivações, ainda que sejam para tirar algum tipo de proveito.

Mas quando nos aproximamos dele e reconhecemos nossas fraquezas, nossos enganos e queremos servi-lo com um coração íntegro, Deus nos honra.

Um coração íntegro

A Palavra de Deus nos ensina que dentro do coração está a consciência. O coração aceita ou rejeita, toma decisões, discerne o que acredita que deve ou não fazer. Nossa consciência nos diz a cada momento o que pensa que é correto e essa mesma consciência nos ajuda a viver em integridade, se é que nossos princípios são íntegros, claro.

"Respondeu-lhe Deus em sonho: Bem sei que com sinceridade de coração fizeste isso; daí o ter impedido eu de pecares contra mim e não te permiti que a tocasses" (Gênesis 20:6).

Às vezes, pensamos que ter um coração íntegro significa ser perfeitos em tudo. Não é assim. Deus nos ensina na Bíblia que aqueles que tem um coração íntegro são aqueles que buscam fazer todas as coisas "à maneira" de Deus, mesmo que errem. Algumas histórias até nos assombram, porque no versículo que lemos, é Abimeleque, um rei que não conhece a Deus, que nos ensina um exemplo perfeito. Um exemplo de alguém que é capaz de reagir com integridade numa situação difícil.

A história nos diz que Abimeleque quis ter Sara como esposa, sem saber que ela era mulher de Abraão, porque ele tinha dito que ela era sua irmã. Deus o impediu

O que fazer quando temos que tomar decisões?

reconhecendo a "inocência" pela integridade de seu coração. Deus o impediu que pecasse, e fez o mesmo conosco, ainda muito mais por sermos seus filhos! Se quisermos seguir fielmente e termos um coração íntegro, Ele nos guardará, até naquilo que não podemos "controlar" ou em situações desconhecidas.

Deus quer que tomemos as decisões sempre da melhor maneira possível, buscando a integridade e a bondade em todas as circunstâncias, porque ao agirmos assim Deus nos perdoa e restaura. Ele sabe quando fazemos as coisas com integridade e pode retirar de nós a indecisão. Descansar e confiar que Deus nos guia além do que possamos entender.

Que fazer quando temos que tomar decisões? Deus prometeu unificar nosso coração se andarmos em Sua verdade. Busque-o. Leia Sua Palavra e ore pedindo sabedoria. E quando tomar qualquer decisão faça-o diante do Senhor e confie nele. Não se deixe levar ou vencer pelas circunstâncias. Não pense que porque as coisas vão mal Deus o abandonou. Lembre-se de que, quando Deus fecha uma porta, fica sempre conosco, não do outro lado. Ele não nos abandona se errarmos, porque o mais importante é o nosso relacionamento com Ele. Não me entenda mal, mas ao longo dos últimos anos aprendi que, às vezes, é melhor "errarmos" em algo que decidimos sobre o futuro do nosso trabalho, depois de orar e esperar no Senhor, do que tomar a decisão correta por "casualidade" sem ter orado e sem confiar em nosso Pai.

O coração do homem não é suficiente por si mesmo, mas Deus pode mudá-lo. Ele não só vence o engano do nosso coração com Sua palavra, mas se deleita quando nosso coração é reto. Depende de nós buscarmos a verdade em todas as coisas ou querermos ser escravos da mentira.

Oração

Apresento-me diante de ti, Senhor. Não quero enganar-me. Não quero viver mentindo nem a mim nem a ti. Sei que meu coração é enganoso e quero entregá-lo em Tuas mãos.

Olha para minhas motivações. Faz-me enxergar claramente o que há em meu coração. Ensina-me tudo aquilo em que eu estiver enganado. Não quero ir contra Tua vontade. Ilumina-me para ver se estou fazendo algo que não devo fazer, ou se estou me enganando e ajuda-me a seguir o Teu caminho. Ajuda-me a viver na integridade de meu coração.

Enche-me com Teu Santo Espírito para que a Tua Palavra chegue ao meu coração e me ilumine completamente. Liberta-me com Tua verdade e ensina-me que não sou mais eu quem vive, mas Cristo vive em mim. Não quero passar um só momento sem o Senhor, nem quero tomar decisões sem Teu Espírito. Desejo, de todo meu coração, que o Senhor brilhe em minha vida, para que seja honrado com meus pensamentos, minhas palavras e ações.

Sei que me ajudarás a fazer isso e também sei que no futuro vou errar porque minhas forças são poucas. Descanso em ti, em Tua graça e Teu poder. Isto é suficiente para mim.

dia 11
Coração introvertido, pessimista

ALGUM TEMPO ATRÁS, eu estava tomando café da manhã com minha família em um hotel de Berlim, Alemanha. Do restaurante podíamos ver tudo o que acontecia na rua, e quando você está fora de seu país, sempre observa o que acontece com as pessoas, o que fazem, seus costumes. De repente, começamos a ver que chegavam muitos jovens e seguiam seu caminho pela mesma rua onde ficava nosso hotel. Mais tarde, quando saímos, percebemos que era o caminho até a universidade central da cidade, por isso que foram centenas de jovens que passaram andando na frente do hotel, já nas primeiras horas da manhã.

Algo nos chamou a atenção. Talvez tivéssemos visto muitas vezes, em outros países, mas a sensação que se tem ao poder observar as pessoas sem pressa; é uma fonte de sabedoria na vida. A maioria dos jovens ia sozinho, não falava com ninguém. Muitos caminhavam ouvindo música, talvez sem pensar em nada. Quase nenhum andava ao lado de um amigo para conversar ou se sentir acompanhado, como acontecia há 30 anos, quando eu estudava e não existiam tantos dispositivos eletrônicos que alimentam a solidão.

Sinceramente, pareceu-me uma triste parábola da nossa sociedade: corações solitários, cheios de si. Corações que vão aos seus trabalhos ou afazer diário, em meio a uma melancolia absoluta. Nem um sorriso, nem uma palavra, nem um passo mais acelerado que outro, somente um rotina triste e por vezes quase cruel. Assim é nossa sociedade, pessoas que pensam que só existem elas mesmas, sem se relacionarem com as outras, melancólicas, pessimistas. Como se nada tivesse solução, como se a resposta estivesse trancada nela mesma.

Há pessoas que se fecham "com razão", pensam que as coisas vão mal, que ninguém se preocupa com os outros, que esta vida é muito complicada. A melancolia tem muito mais força moral do que pensamos. Podemos encontrar centenas de motivos para nos fecharmos, mas o problema é que assim, nosso coração sempre será escravo. Lembre-se que às vezes as piores amarras são as que nós mesmos colocamos.

> O coração melancólico é aquele que acredita que a solução de tudo é fechar-se em si mesmo.

As consequências nem sempre saltam à vista. Quando alguém se fecha, costuma tornar-se pessimista sem mesmo perceber. E tudo se torna uma bola de neve e fica difícil sair dela. O introvertido torna-se pessimista, e este se torna melancólico, e o melancólico vive fechado; assim fica difícil saber por onde cortar este espiral de "sentimentos ruins".

Existem pessoas que acreditam haver razões para o pessimismo. Talvez, cada um enxerga as coisas conforme sua perspectiva. Um poeta espanhol escreveu:

"E nesse mundo traidor
Nada é verdade nem é mentira;
Tudo é conforme a cor
Do cristal com que se vê." (Ramón de Campoamor)

Para entendermos, um pessimista é alguém que quando cheira as flores procura o caixão. O otimista é aquele que ao chegar cansado do trabalho, em vez de cair rendido em sua cama, deita vencedor. Brincadeiras à parte, às vezes há razões para ser pessimista e otimista ao mesmo tempo, mas sinceramente, acredito que não é muito bom para a saúde sempre ver as coisas negativamente. Como alguém disse certa vez, um pessimista é alguém que se sente mal quando se sente bem por medo de sentir-se pior quando verdadeiramente se sentir mal. Melhor não viver assim. Concorda?

Porque o que importa é reconhecer que tipo de pensamentos instantâneos vem a nossa mente quando não pensamos em nada. São positivos ou negativos? Sempre tentamos ver o lado bom das coisas, ou nos desanimamos em seguida? Pensamos no que poderia acontecer, ou damos graças pelas coisas que vivemos? Não podemos esquecer que o que pensamos é o que temos no profundo do nosso ser, aquilo que alimenta nosso espírito continuamente. O que temos dentro de nós é o que enche o nosso coração.

Às vezes, o que pensa mal, ao final tenha razão; mas o que agradece o que acontece tal como vem, vai muito melhor no mesmo período. Vale a pena sempre encarar as coisas de diferentes maneiras. Esta é a razão porque um coração fechado em si mesmo e pensando sempre no mal que possa vir, nunca será livre.

Quando em nossa vida reina a melancolia, fechamo-nos em nós mesmos, ao ver as coisas erradas que acontecem "no exterior", deixamos de ver mais além do que há diante dos nossos olhos. Perdemos completamente a beleza da imaginação e a surpresa do inesperado. Nós passamos a vida pensando no mal que pode ocorrer, e o pior é que, às vezes, acertamos, e então... Estamos completamente presos em

Esquecemos como desfrutar do lugar em que estamos, das coisas que estamos fazendo, das pessoas que conhecemos e das decisões que tomamos.

nosso coração melancólico, porque já não damos a menor oportunidade de que o futuro possa ser diferente. Para nós é impossível, nada vai dar certo.

E assim um coração fechado e pessimista passa a vida pensando nos lugares que não está, nas coisas que não faz, nas pessoas que não tem ao seu lado, e nas decisões que não pode tomar. Desta forma, esquece como desfrutar do lugar em que está, das coisas que faz, das pessoas que conhece e das decisões que está tomando.

Às vezes chegamos a ter um coração melancólico porque nos comprometemos com a "bondade" de um jeito que não queremos nos aproximar da realidade, de que nem sempre as coisas saem como pensamos. É o que acontece em alguns círculos religiosos com suas crenças, as quais chamam de "doutrina", que não é outra coisa senão viver pensando que tudo está mal, que o mundo vai mal, que as pessoas não querem seguir a Deus, que tudo está perdido, que nós somos os únicos que sabemos o que fazemos. Quando agimos desta forma, chegamos a acreditar que temos que enfrentar a vida com mais sofrimento do que glória, porque no fim são muito poucos que querem conhecer a Deus, e menos ainda os que se salvam. Pelo menos é isso o que nós pensamos.

O mais curioso é que ninguém sabe mais sobre a perdição do ser humano e sua falta de capacidade de se chegar a Deus do que o próprio Jesus, e sem dúvida, Ele nunca viveu fechado para si e melancólico. Pelo contrário! O Salvador desfrutou da vida, brincou com as crianças, abraçou os discípulos, curou os enfermos com Seu toque, comeu e bebeu com todos e espalhou otimismo em meio a um povo que lhe ofereceu uma cruz como recompensa de Sua bondade. O Senhor Jesus, Deus feito homem, irradiava alegria, às vezes até infringia o protocolo humano para que percebessem que nada existe que seja maior que Deus, para ficarmos presos em nós e cairmos no pessimismo que nos leva à angústia.

Houston, temos um problema. Essa é a clássica frase de muitos filmes espaciais que assistimos. Repetem esta frase de uma nave no espaço, e sempre se trata de um problema de conexão com a base central. Dado o fato de que esse tipo de problema é o mais grave que pode existir: nossa introversão e calculada união entre melancolia e pessimismo nos levam a viver sempre desconectados. E se não temos conexão com a "base central" estamos perdidos, literal e definitivamente.

Quando vivemos na melancolia e pessimismo chegamos a acreditar que somos autossuficientes, entretanto o nosso coração sofre. Já não se trata de que não sejamos livres, ou de que nosso coração tenha limite. O problema é que quando nos fechamos, nem sequer temos forças para manter o nosso coração inteiro, que se despedaça aos poucos.

Superando limites

A melancolia, o pessimismo, a introversão são diferentes facetas de uma mesma situação: vivermos desconectados. Em primeiro lugar de Deus, mas também dos outros, da natureza, de nós mesmos. Viver fora de conexão é muito mais que viver solitário, significa fechar-se tanto dentro de nós que nada de fora nos serve. Trata-se em primeiro lugar, e sem nenhuma dúvida, de um problema de desconexão.

Não importa se somos religiosos, temos dinheiro ou a cidade em que vivemos. Não importa se somos famosos ou não, se tivemos "êxito" na vida ou não. Tampouco importa se temos uma máscara de "felicidade" e somos arrogantes por ter conseguido o que temos. Se em nosso coração o que reina é a melancolia, sabemos perfeitamente viver duas vidas ao mesmo tempo. E, infelizmente, esse "jogo" é bem conhecido nos meios religiosos, e até em pessoas que se dizem cristãs. É possível atingir um grau tamanho de sublimação do que fazemos que nos faz sentir muito introvertidos e pessimistas sem percebermos que estamos bem afastados de todos.

Um coração que se fecha vive muitas vezes desconectado de Deus, os outros, de si mesmo, e a única forma de vencer esse problema é voltar a se conectar, viver "em conexão".

Antes de tudo, precisamos recuperar a nossa conexão com Deus: louvá-lo, dar-lhe graças, conhecê-lo por meio de Sua Palavra, orar, servi-lo... quando louvamos a Deus, e o fazemos em comunhão com os irmãos, "conectamo-nos" com Ele e com os outros. A Bíblia diz que também com a natureza, porque de algum modo que não conhecemos, a terra sabe que estamos adorando ao Criador, encontramo-nos porque nosso coração foi moldado para se encontrar com Deus; nesse processo descobrimos que esse é o lugar a que pertencemos, que o mais importante em nossa vida é nossa necessidade de Deus, e que muitas outras pessoas estão sentindo o mesmo no mesmo lugar. De repente nos apercebemos como parte de um mesmo corpo e a cabeça é o Senhor Jesus, e essa "conexão" ninguém pode quebrar.

> tudo tem a ver com viver conectado: com Deus, com outros cristãos, com as pessoas...

Tudo obedece a um desejo mais inquebrantável, sincero e libertador que existe: "Ao meu coração me ocorre: Buscai a minha presença; buscarei, pois, Senhor, a Tua presença" (Salmo 27:8). Quando nosso coração deseja ver a face de Deus, quebra suas barreiras porque se "conecta" diretamente com Ele. Não só o encontra, como também desfruta de Sua presença. E não há nada que vença mais a melancolia e o pessimismo do que a presença de Deus.

Quando adoramos a Deus, já não estamos mais fechados para Ele, porque todo nosso ser, mente, corpo e forças dirigem-se a Ele. Quando louvamos a Deus, vencemos a melancolia porque o Espírito de Deus nos enche de alegria. Quando estamos face a face com o Senhor Jesus, o pessimismo desaparece porque Ele é o vencedor.

"E vós bem sabeis de todo o vosso coração e de toda a vossa alma que nem uma só promessa caiu de todas as boas palavras que falou de vós o SENHOR, vosso Deus; todas vos sobrevieram, nem uma delas falhou" (Josué 23:14).

De vez em quando, todos nós nos fechamos. Muitas vezes, é uma reação normal à falta de esperança e dor. Não é bom ficar assim, o melhor que temos que fazer quando isso acontece é nos lembrarmos e reconhecer o que Deus faz por nós. Ele quer que saiamos da nossa "bolha" e que o nosso coração seja completamente livre, e por isso sempre nos faz lembrar algumas coisas. Sussurra-nos que Sua proteção e ajuda nunca nos faltaram nem nos faltará. Jesus nos ensina que, sendo totalmente feliz, não se privou, antes entregou-se completamente por nós. Ao nos fecharmos, perdemos a vida aos poucos. Não porque ela se desfaz ou não a tenhamos em nossas mãos, mas porque deixamos de aproveitá-la.

de repente percebemos que formamos parte de um mesmo corpo, e que a cabeça é o próprio Senhor Jesus.

O coração que se supera, é capaz de vencer a melancolia. Deus nos ensina sempre que é melhor amar e perder, que não ter amado nunca. É muito melhor sofrer as feridas do amor que a enganosa tranquilidade do se fechar para ele. O Senhor Jesus se "deu a si mesmo" aparece algumas vezes nos evangelhos, e Seu coração foi o mais livre que existiu.

Por fim, diga ao seu coração para não se preocupar com o futuro. A maioria das coisas que tememos, nunca acontece, e as que Deus permite que aconteçam, vêm acompanhadas pelo poder do Seu Espírito para vencê-las, desviá-las ou superá-las.

Precisamos descansar no Senhor. Confiar nele em todo o tempo e em toda circunstância. Não pensar nas más notícias, no que possa acontecer ou em situações imaginárias. Deus nos dá o poder para vencer essa escravidão! Deus tem todas as coisas em Suas mãos, assim, devemos deixar as coisas onde estão, pois o lugar delas é ali. Quando o telefone toca, quando alguém se atrasa, ou alguma pessoa vem nos dizer algo, quando temos medo do que pode acontecer, devemos lembrar sempre que:

> Precisamos descansar no Senhor. Confiar nele em todo o tempo e em toda circunstância.

"Não se atemoriza de más notícias; o seu coração é firme, confiante no Senhor*" (Salmo 112:7).*

Oração

Pai que estás no céu, agradeço-te porque sempre cuidas de mim. Quando olho para trás, vejo que não me abandonaste e que todas as circunstâncias colaboraram.

Quero sempre confiar em ti, e não me preocupar com nada. Quero deixar meu futuro em Tuas mãos, porque é onde melhor pode estar. Não quero voltar a pensar no que pode acontecer, ou nas más notícias que possam vir. O dia que tens me dado é hoje, e o momento de estar contigo e desfrutar da vida que me deste é agora.

Não me deixes cair na melancolia destrutiva que me faz pensar que nada vale a pena. Não me deixes pensar que nada nem ninguém merece o meu esforço, porque de qualquer forma tudo será como deve ser. Dá-me poder para lutar contra as circunstâncias, contra o mal, contra mim mesmo, e se preciso for, liberta o meu coração do pensamento de que as coisas não tem remédio.

Enche-me do poder do Teu Espírito para saber correr riscos por ti, pelos outros, e por mim mesmo.

Se nos próximos dias eu tiver que sofrer, sei que Tu estarás comigo. Se o que vier estiver repleto de alegria, Tu estarás comigo. Estou "ligado" a ti, e é assim que quero viver. Ensina-me a te honrar em minha vida e a ser um exemplo para todos. Ninguém pode me derrotar, porque ninguém pode derrotar-te. Em nome do Senhor Jesus.

dia 12
Coração medroso

Uma tarde aparentemente tranquila pode ser destruída quando menos se espera. João tinha saído para trabalhar e, em casa, estava sua mulher com suas duas filhas pequenas e a babá. Sem que ninguém soubesse como, um grupo de bandidos entrou na casa e em questão de segundos, a mulher de João tinha uma arma apontada em sua cabeça. Os assaltantes pegaram a babá e as duas filhas e as trancaram em um quarto, fechando a porta com chave para que elas não pudessem pedir ajuda. E durante mais de 30 intermináveis minutos levaram a mãe numa busca por todos os cômodos da casa, procurando dinheiro e joias, sem tirar nem um minuto a arma de usa cabeça.

Pouco tempo após terem levado tudo o que havia de valor na casa e fugirem de carro, João chegou em casa. Encontrou sua mulher chorando inconsolavelmente, as suas filhas e a babá trancadas num quarto, com a casa completamente mexida. Ele agradeceu a Deus por todos estarem a salvo, porque no fim as coisas são apenas coisas, e o material pode ser recuperado, mas as vidas não.

> O medo o escraviza tanto que, no final, você teme mais o medo que de qualquer outra coisa!

Muitos podem pensar que a história acabou aí, com a polícia em casa, tirando todas as digitais, perguntando e averiguando pistas para encontrar os ladrões. Se você passou uma situação parecida, vai perceber que esse dia é só o início de uma situação cruel.

Durante vários dias, ninguém conseguia dormir na casa. As meninas choravam, a mulher de João lembrava-se várias vezes das cenas e da pistola em sua cabeça, e o medo lhes impedia de descansar. Não é possível dizer que isso é vida! Todos teríamos sentido o mesmo.

É impressionante como o medo pode paralisar. Ele deixa você obcecado, como se não pudesse fazer nada, tira a sua fome, a vontade de falar com os outros ou simplesmente o prende. O medo o deixa imóvel, sua mente começa a dizer que você não serve para nada, ou que o mesmo que aconteceu vai acontecer de novo, ou que será pior... você se torna totalmente escravo. Tanto, que você fica com mais medo do que qualquer outra coisa! Você gostaria de vencê-lo e ter uma vida normal; mas teme o medo.

É curioso como às vezes nosso medo não surge por alguma circunstância especial, nem pelo que outras pessoas tenham feito.

Medo do que possa acontecer amanhã; medo de perder o que temos; medo de receber más notícias (Você lembra o que lemos ontem sobre descansar no Senhor e não ter medo das más notícias?).

> **nosso Deus proibiu os que tinham medo de irem para a batalha.**

Medo das doenças, de não poder resistir, de passar mal, medo de não saber reagir; Medo da morte.

Medo que não nos queiram bem, que nos abandonem, medo de ficar sem amigos. Medo de sofrer.

Vivemos cercados pelo medo, e ele aprisiona nosso coração, escraviza-o. O medo se introduz dentro dos nossos pensamentos e é capaz até de encher nosso corpo e provocar reações quase inacreditáveis. O medo não se detém perante nada e ninguém.

Um coração com medo não vive, apenas sobrevive. O medo acaba se apropriando dele em tudo, aparece no melhor da vida, mete-se dentro dos pensamentos quando menos se espera.

Um coração com medo se anula. Não é capaz de superar nada, só enxerga o que é negativo e vive sempre com a sensação de que "algo errado vai acontecer".

Um coração amedrontado nos limita em tudo. Deus não queria que os que tivessem medo saíssem para a batalha, porque nada é tão contagioso quanto o temor:

"E continuarão os oficiais a falar ao povo, dizendo: Qual o homem medroso e decoração tímido? Vá, torne-se para casa, para que o coração de seus irmãos se não derreta como o seu coração" (Deuteronômio 20:8).

Quando temos um coração temeroso, nossos olhos começam a desfalecer e a nossa alma se desespera. Acreditamos que não podemos confiar em nada e ninguém. Ficamos paralisados ao temer o que dizem de nós. Muitas vezes, temos dentro do nosso coração "imagens" que estão lá desda nossa infância por coisas que aconteceram ou por palavras que nos disseram, e acreditamos que nunca podemos viver de outra maneira; nosso comportamento é determinado pelos outros. Sentimo-nos escravizados por palavras proferidas pelas pessoas e não conseguimos ser nós mesmos e temos medo.

Nesse processo, tornamo-nos negativos e fazemos nosso medo crescer. Se tivermos uma preocupação e a proferirmos, ela aumenta. Quando verbalizamos o nosso medo, ele nos domina de certa forma. Se acreditarmos que vamos falhar e falamos, aumentamos a possibilidade de isso acontecer. Se pensarmos que tudo vai mal e proclamamos aos quatro ventos, acertamos em nosso mau agouro.

Às vezes, a falta de paz não significa que se está fazendo algo contra a vontade de Deus, mas que estamos enfrentando tensões que são difíceis de superar; e ao contrário, às vezes temos paz em algumas decisões que são completamente fora da vontade de Deus para nós (a moça que tinha paz em deixar seu marido e sua família, e dizia que Deus quis aquilo e não ela).

Não desanime, siga em frente. Não enfraqueça seu coração nem aos dos outros. O medo é uma das emoções que se alimenta por si própria. Quanto mais o expressamos, mais ele cresce. Quanto mais olhamos para ele, maior fica. Diminui o nosso coração. Ele nos faz acreditar que não somos capazes de fazer nada, paralisa-nos completamente. Essa é uma das razões pelas quais, às vezes, vencemos se o ignorarmos.

O medo nos limita e escraviza. Cada medo que deixamos crescer em nós é um câncer que nos destrói pouco a pouco e também todas as coisas boas da nossa vida. O medo nos incapacita de desfrutar porque sempre põe em nós a sensação de que algo errado vai acontecer. Um coração que se deixa levar assim, estará sempre aprisionado. Aprisionado nas lembranças que já viveu, ao presente porque é incapaz de aproveitar a vida e nas coisas que possam acontecer no futuro porque não tem esperança. Um coração com medo se esqueceu do que significa viver.

> Podemos vencer o medo se o ignorarmos.

Superando limites

Ao falarmos de medos, podemos nos surpreender. Tentamos vencer nossos medos de muitas maneiras diferentes, porém não conseguimos e nos perguntamos a razão. Pode ser que tudo o que tenha lido ou ouvido sobre como vencer o medo seja bom, mas o seu coração seguirá prisioneiro, a menos que conheça a importância dessas três surpresas:

A primeira consiste em reconhecer que muitas vezes o nosso medo pode ser bom. Em algumas ocasiões, Deus permite que tenhamos medo para percebermos a nossa distância dele e a proximidade de algum perigo. Quem sabe o tenhamos abandonado, ou estamos confiando em pessoas e coisas que apenas nos deixaram mais desesperados. Se não nos aproximarmos de Deus, o medo aumentará.

*"Nem ainda entre estas nações descansarás, nem a planta de teu pé terá repouso, porquanto o S*ENHOR *ali te dará coração temente, olhos mortiços e desmaio de alma"*
(Deuteronômio 28:65).

A segunda surpresa consiste em saber que Deus sabe o que é o medo. A Bíblia diz que Jesus sentiu medo no jardim do Getsêmani e quando enfrentou a morte na cruz. De alguma forma que não conseguimos entender, Deus mesmo quis experimentar dentro de si o medo que o fez sentir terrivelmente fraco e cheio de tristeza. "Minha alma está muito triste, até a morte" Jesus disse aos discípulos, e eles tiveram que reconhecer que o próprio Messias que tinha ressuscitado mortos e dominado a natureza, encontrava-se agora sentindo o mesmo que eles.

Era preciso que fosse assim, porque Jesus lhes havia dito "Credes em Deus, crede também em mim" (João 14:1). Da mesma maneira que Ele sofreu e venceu todos os medos, nós podemos vencê-los também, embora soframos. Deus conhece nosso medo e sabe como sofremos quando não podemos dominá-lo.

Ele sofreu e venceu todos os medos... Deus conhece os nossos medos e sabe como sofremos quando não podemos dominá-los.

A terceira surpresa é que a melhor maneira de vencer o medo é aprofundar-se em um temor, que sobreponha todos os outros. Um temor que é a base para vencer todos os medos. Sim, Deus nos diz para não temermos nada, ninguém, nenhuma coisa que nos possa acontecer, nem o que alguém possa pensar ou dizer, senão Ele mesmo.

O passo definitivo em nossa vida é não temer outra coisa a não ser a distância de Deus. Talvez não o mesmo tipo de medo desesperado que sentimos em outras circunstâncias, mas sim o temor de não fazer a vontade de Deus, temor de desagradá-lo; da mesma forma que sentimos temor de fazer mal às pessoas que amamos. Quando Deus explicou o fundamento da lei a Seu povo disse:

"Quem dera que eles tivessem tal coração, que me temessem
e guardassem em todo o tempo todos os meus mandamentos,
para que bem lhes fosse a eles e a seus filhos, para sempre"
(Deuteronômio 5:29).

Nosso relacionamento não está baseado no temor, porque Deus se apresenta como Pai amoroso por excelência; mas esse desejo de não fazer nada que possa desonrá-lo é a fonte da nossa fortaleza. Deus cumpre a Sua parte "arriscando-se" por nós (é uma maneira de falar, porque Ele conhece tudo o que vamos fazer no futuro) e confiando em nossa fidelidade (1 Timóteo 1:2). Nós cumprimos nossa parte quando é mais importante o que Deus nos pede do que todos os medos que possamos ter.

"...dispõe-me o coração para só temer o teu nome" (Salmo 86:11).

Às vezes, muitos cristãos vivem com medo do que os outros possam dizer e se calam. Deixam de brilhar para o Senhor e não raramente testemunham por medo. Em seus corações, temem o que os outros possam dizer sobre o que Deus pensa e sente. Isso é terrível, em primeiro lugar porque damos as costas ao nosso Pai que nos dá tudo e em segundo lugar porque isso nos escraviza.

"Mas de quem tiveste receio ou temor, para que mentisses e não te lembrasses de mim, nem de mim te importasses? Não é, acaso, porque me calo, e isso desde muito tempo, e não me temes?" (Isaías 57:11).

Se temermos mais o que falam a nosso respeito, suas provocações e atitudes em qualquer outra situação; se temermos mais a qualquer outra coisa do que obedecer o nosso Deus, sempre seremos escravos do nosso medo. E sinto muito dizer que muitos cristãos vivem assim:

Quando aprendemos a descansar em Deus e nosso único "temor" é desagradá-lo porque Ele nos ama até o limite, e o amamos, não temos medo de nada do que possa acontecer. Seja o que for. Você se lembra das palavras de Davi?

nosso único temor deve ser desagradar o nosso Pai.

"Ainda que um exército se acampe contra mim, não se atemorizará o meu coração; e, se estourar contra mim a guerra, ainda assim terei confiança" (Salmo 27:3).

O medo se aninha em nosso coração e nos escraviza. Essa é a razão porque Davi compreendeu que nem um exército inteiro poderia por medo em seu coração enquanto confiasse em Deus. Ele nos ajuda a vencer o medo. E quando Deus liberta o coração por completo, ninguém pode nos fazer mal e nada pode escravizar o nosso coração.

Nós respondemos a esse amor, desfrutando do poder da vida indestrutível que Deus nos dá (Hebreus 7:16) sabendo que nada e ninguém pode nos vencer. Como Justino disse no segundo século, pouco antes de ir para o martírio: "Podem nos matar, mas não podem tirar-nos a vida."

Essa é a maneira de viver sem medo.

Oração

Pai, olha para os meus medos. Esmoreço mais do que creio, deixo-me levar pelo que os outros dizem, pelas circunstâncias e muitas vezes por meus próprios pensamentos. Tenho medo de não fazer bem as coisas. Medo de não poder seguir em frente. Não quero continuar vivendo com todos esses medos. Coloco-os em Tua presença, por menores que pareçam, e quero descansar minha mente em ti.

Não quero que os meus pensamentos me dominem, que me controlem quando o medo aparecer. Não quero me desanimar nem ter medo do meu próprio medo. Por favor, lança fora todo o temor, e controla minha mente. Quero ser semelhante a ti e não mais manter este sentimento destrutivo em meu coração.

Não quero temer nenhuma outra coisa que não seja te fazer mal, que meu temor seja sempre fazer algo que te entristeça, ou que seja contrário à Tua vontade. Dá-me forças para não tremer diante das ameaças alheias.

Peço que o Teu Espírito me ajude a vencer qualquer situação, que os Teus anjos me cerquem e a Tua presença me encha de paz.

Peço a vitória em nome do Senhor Jesus.

dia 13
Coração triste

MARI LUZ ERA UMA menina de apenas 5 anos e sua história percorreu o mundo. Uma tarde, ela saiu de sua casa para comprar doces e desapareceu. Durante semanas, seus pais e amigos foram procurá-la e praticamente todos da cidade lhes ajudaram nas buscas. Seus pais eram muito conhecidos, pois o pai era pastor evangélico. Muitos meses depois, Mari Luz apareceu morta no mar, assassinada, segundo parece, por um vizinho que estava sendo procurado pela justiça espanhola. Em todos os canais de televisão pudemos ver a imensa tristeza de seus pais e de todos que ainda esperavam encontrá-la com vida.

Essa tristeza aumentou ao se saber o que tinha acontecido com a menina e como tinha sofrido sozinha. A tristeza tornou-se imensa ao se perceber que não havia remédio, que nada poderia mudar a situação. Tristeza incomparável porque o assassino estava em liberdade e tinha cometido outros crimes parecidos por culpa de um juiz que não tinha cumprido suas funções ao não executar uma sentença contra ele. Tristeza inimaginável porque seus pais sempre tentaram ajudar ao próximo e servir ao Senhor, e não encontravam resposta a essa terrível pergunta: "Por que Deus permitiu isso"? Tristeza que parece não acabar.

Quando entrevistamos seu pai para nosso programa de rádio e televisão chamado "Nascer de novo", João José, o pai da menina dizia-nos que Deus é suficiente para curar todas as nossas feridas, e que sua filha está no céu com o Senhor, e lá iremos todos um dia e desfrutaremos outra vez da vida que Deus nos dá… mas também disse uma frase que me fez pensar: "Ainda assim, a tristeza que sentimos é muito difícil de curar, sempre está aí, tudo o que fazemos parece impossível superar."

Apesar de não termos passado por uma situação assim (talvez alguém que esteja lendo, sim), todos sabemos o que significa viver com tristeza em nosso coração. Essa tristeza interior que poucos parecem compreender algo em nossa vida, em nosso passado, nas circunstâncias; algo que não podemos mudar. Essa tristeza nos escraviza e bloqueia a nossa vida. Mesmo nos melhores momentos, a tristeza chega em nossa alma. Mesmo quando estamos mais contentes e desfrutando das circunstâncias, nosso coração nos lembra que não temos direito de nos sentirmos bem, talvez porque tenhamos perdido alguém.

Às vezes, nosso coração nos lembra que não temos direito de nos sentirmos bem.

Muitas vezes, o nosso coração vive triste porque as circunstâncias nos venceram, ou talvez porque nossos sonhos morreram, e tenhamos tomado decisões erradas. Às vezes, enchemo-nos de tristeza porque acreditamos que Deus não nos ouve. Nesses momentos não temos vontade de fazer nada senão chorar. Chega a nos parecer que nada tem sentido porque a tristeza está no mais profundo do nosso coração.

Outras vezes, a tristeza chega de fora porque outros nos desprezam. Sem ter feito nada de mal, nossos inimigos tentam nos fazer mal e acabamos em uma situação que não podemos vencer, acreditamos ser superior às nossas forças. Perguntamo-nos:

"Até quando devo tomar conselho em minha alma, tendo tristeza em meu coração todo dia? Até quando meu inimigo triunfará sobre mim? (Salmo 132:2)

Todos nós já fizemos a mesma pergunta a Deus: "Até quando"? Quando conhecemos o motivo da nossa tristeza e podemos lutar contra ela, fazemos e quase não compreendemos; mas quando são outras pessoas as que falam mal de nós, ou nos fazem mal sem nenhuma razão, reagimos pedindo ajuda a Deus. Ou pelo menos, perguntamos a razão desse sofrimento, por que nosso o coração não compreende o pesar que sentimos.

Também temos momentos em que sentimos tristeza pela própria tristeza. Às vezes, tudo vai bem, mas de repente entra em nosso coração esse sentimento traidor; e se acontecer algo errado agora? Nosso coração está triste porque não sabe aproveitar, porque não confia 100% em Deus e vive sempre com a dúvida de que não é possível que tudo vá bem. É incrível como "inventamos" nosso pesar porque sentimos que se estamos tristes é como se Deus estivesse mais perto… e todos se compadecem de nós. Gostamos de nos sentir mimados e alvos de compaixão de vez em quando.

Quando alguém se acostuma a viver assim, sempre está mal ou diz que sente-se mal. Muitas vezes, digo que um cristão triste é um triste cristão, mas muitas vezes percebo que quem gosta de sofrer sempre encontra motivos para estar triste. E quando está bem, lembra o mal que sentiu antes. Se lhes diz que agora estão melhores, respondem sempre "sim, é que me senti muito mal antes". São pessoas que não sabem viver sem sua tristeza porque ela é a sua companheira inseparável. Pode parecer muito

> **Às vezes, aparece em nosso coração esse sentimento traidor… "E se acontecer algo agora que tudo está bem?"**

"espiritual" uma vida de sofrimento, mas Deus foi bem claro nas diretrizes que deu a Seu povo:

"Porquanto não serviste ao S‌ENHOR, teu Deus, com alegria e bondade de coração, não obstante a abundância de tudo" (Deuteronômio 28:47).

É certo que muitas vezes temos problemas e a vida é dura, mas não estamos refletindo o caráter do nosso Pai quando nos queixamos e estamos tristes por quase tudo. Ele avisou ao Seu povo que se não vivessem com alegria e gozo em seu coração, seus inimigos os venceriam... e esse perigo continua em nossa vida quando abraçamos a tristeza por gosto e não sabemos aproveitar tudo que Deus nos dá.

Mesmo sabendo de tudo isso, às vezes a tristeza nos oprime.

> Se nosso coração é vencido pela tristeza começa a se angustiar.

"Alivia-me as tribulações do coração; tira-me das minhas angústias" (Salmo 25:17). Quando chega ao ápice já não é tristeza e sim angústia. Se Deus não curar nosso coração, cada uma das nossas tristezas se multiplicará até o limite. Esconder a tristeza não é bom, mesmo com uma boa razão para se estar triste. Talvez uma pessoa querida tenha morrido e é normal chorar. O próprio Senhor Jesus chorou diante da tumba de Lázaro, mesmo sabendo que iria ressuscitá-lo. A tristeza e o sofrimento nunca nos destroem se forem passageiros. O que limita o nosso coração e nos deixa cair na angústia é pensar que não podemos voltar atrás. O que nos faz cair no desespero é sentir que não podemos fazer nada.

Angústia, desespero... se a tristeza se enraíza de uma maneira contínua em nossa vida, caminhamos para a depressão. Todo nosso corpo sente e já não se trata só de uma escravidão do coração; por isso, deveríamos procurar uma solução o quanto antes. Recentemente, equipes médicas descobriram que a depressão chega até a produzir em nós a perda de massa óssea: escraviza-nos completamente, interior e exteriormente, espiritual e fisicamente. Não é raro que seja assim; a cerca de três mil anos atrás Deus deixou escrito em Sua Palavra que as boas notícias fortalecem nossos ossos e as tristes nos destroem fisicamente (Provérbios 17:22)

Podem haver muitas razões pelas quais estejamos tristes. Podemos ter boas razões. Um dos nossos amigos tem há muitos anos um câncer que não tem cura. Aos poucos, está perdendo mobilidade e dá a impressão de que sua vida está escapando. Há pouco tempo me escreveu um *email* em que dizia "Meus dias estão contados, bom, igual aos de todos". O Dennis sempre levou tudo com senso de humor que Deus lhe deu.

Às vezes, somos nós mesmos que limitamos nosso coração enchendo--o de angústia. Repito, pode ser que tenhamos boas razões, mas até nos momentos de maior tristeza podemos decidir a atitude do nosso coração. A boa notícia é que um coração angustiado ou deprimido pode ver a liberdade.

> Meu amigo, doente terminal de câncer escreveu-me: "Meus dias estão contados, bom, igual aos de todos".

Superando limites

Comecemos com algo bem simples: na solução de todos os problemas não há nada que nos ajude mais a chegar onde queremos do que saber onde estamos. Conhecer qual é a realidade do nosso coração atualmente não é algo simples ou sem importância. Lembra da frase do meu amigo com câncer? "Meus dias estão contados, bom, como os de todos". Essa é a realidade. Seja o que estiver acontecendo nesse momento em sua vida, nada escapa das mãos de Deus. Não temos que ficar preocupados com isso muito menos angustiados. Deus controla todas as coisas e nada o surpreende.

Muitas vezes é normal sentir-se triste. O próprio Jesus disse uma vez: "Minha alma está muito triste, até a morte", estava no Getsêmani pouco antes da crucificação. Estava tão triste que acreditava que ia morrer de tristeza, mas a Bíblia nos diz que mesmo nessa angústia vital, Sua alma alegrou-se, "A alegria que lhe estava proposta" (Hebreus 12:2). Estava nos ensinando que mesmo nos momentos de maior desespero, o coração pode sentir-se livre e cheio de alegria.

Às vezes é normal sentir-se triste, mas o que Deus nos diz é que a tristeza não pode ficar definitivamente em nós. O nosso coração não é feito para tê-la como visitante permanente. Deus nos fez para viver de outra forma, fomos feitos para ter alegria em todas as circunstâncias, aconteça o que acontecer.

"Mais alegria me puseste no coração do que a alegria deles, quando lhes há fartura de cereal e de vinho" (Salmo 4:7).

Quando confiamos em Deus, nossos olhos brilham como os de ninguém mais. De certo modo, não importa o que estamos passando. Não faz diferença se temos muito ou pouco, Deus nos dá a vida, e o mais importante, Sua presença.

"O olhar de amigo alegra o coração, as boas novas fortalecem até os ossos" (Provérbios 15:30).

Deus nos fez para que a alegria possa reinar em nós, no profundo do nosso coração. Uma alegria imensurável vai mais além das circunstâncias. Deus pode mudar nosso coração para que nosso espírito não viva quebrado. Ele pode nos dar o poder para vencer a angústia e o desespero:

"O coração alegre é bom remédio, mas o espírito abatido faz secar os ossos" (Provérbios 17:22).

Não existe melhor remédio para o coração do que vencer a tristeza. Não há nada melhor para o nosso corpo do que viver na alegria que Deus nos dá. A maneira que Ele faz é impressionante. Deus mesmo é a fonte da vida, de uma vida sem limites, assim, quando Ele resplandece sobre nós, a tristeza desaparece.

Fomos feitos por Deus para vivermos de uma maneira completamente diferente.

"Restaura-nos, ó Deus; faze resplandecer o teu rosto, e seremos salvos" (Salmo 80:3).

O desejo de ter o nosso coração restaurado é o melhor que podemos ter! Deus responde fazendo resplandecer Seu rosto sobre nós, o que é o mesmo que dizer: Que sorri para nós! Sim, porque isso é o que significa Seu rosto brilhante.

Ao longo da Palavra de Deus, essa frase aparece em muitas ocasiões para nos ensinar que a melhor bênção que podemos receber do nosso Pai é que Seu rosto resplandeça e sobre nós. Da mesma forma que quando nós sorrimos para nossos filhos e nossos olhos brilham ao vê-los porque os amamos, Deus quebra todos os limites do nosso coração com o Seu sorriso. Se nós buscarmos o rosto de Deus, a tristeza deixa de ter valor em nossa vida (Salmo 67:1). Essa é a fonte da nossa alegria; além das circunstâncias de que as situações se resolvam ou não, ou que as pessoas que tentam nos destruir continuem ou não. De uma forma que não entendemos tudo desaparece quando Deus nos abençoa com Seu sorriso. Quando Seu rosto resplandece diante de nós.

Mel, a nossa filha mais nova, tem três anos. Às vezes, vem chorando sem saber o motivo e não há como fazer a tristeza ir embora. Eu a abraço e ela começa a dizer o que está acontecendo, mesmo que não consiga se expressar tão bem ainda. Quando a abraço e sorrio para ela, Mel fica toda feliz e vai brincar. Percebo que o que ela precisava era de um pouco de compreensão; de um abraço e um sorriso. Nós precisamos nos aproximar do nosso Pai celeste. Às vezes, os outros não entendem o que dizemos ou o que sentimos, mas Ele nos compreende, abraça-nos e sorri para nós. Então nós começamos a sorrir e descansar.

Às vezes, nos esquecemos, mas uma das maneiras que Deus nos abençoa é com a vida e a ajuda de outras pessoas. Nossos amigos são uma bênção para nós, e podemos ser uma bênção de Deus para eles. "O olhar de amigo alegra ao coração; as boas-novas fortalecem até os ossos" (Provérbios 15:30).

Podemos ser uma bênção de Deus para outras pessoas.

Quando ajudamos aos outros, estamos sendo uma bênção de Deus para eles. Quando outras pessoas nos ajudam a vencer nossa tristeza, são um presente de Deus para nós. Às vezes, só com um olhar, com uma frase... muitas vezes nos consolando, confortando ou nos abraçando. Tantas vezes desprezamos o significado de um abraço sincero! Deus sorri para nós, muitas vezes, por meio de outras pessoas. Deus nos ajuda com a vida de outras pessoas. Deus se "oculta" deliberadamente nos atos de consolo de outros filhos Seus que temos ao nosso lado.

E que bem faz ao nosso coração que Deus nos use também para consolar a tristeza de outras pessoas. Poucas coisas vencem a nossa tristeza como ajudar a vencer a tristeza de outros.

Por último, não esqueça que Deus nem sempre responde as nossas orações da maneira que queremos. Há muitas pessoas que estão sofrendo até pelo evangelho, missionários que estão semeando a Palavra de Deus, às vezes com o preço de perderem sua própria vida e a de suas famílias, pessoas que passam fome, crianças desprezadas ou vítimas de acidentes injustos. Ainda assim, ter o coração angustiado não nos ajuda em nada a viver de uma maneira diferente. Só Deus pode nos tirar das nossas angústias. Ele pode nos proteger, mas às vezes permite o sofrimento (lembra-se da história dos três na fornalha no livro de Daniel?). Confiaremos nele.

Você se sente angustiado, triste, talvez deprimido? Deus quer vivificar o Seu espírito. Um de Seus maiores desejos é cuidar dos corações que estão sofrendo e resplandecer Seu rosto sobre a vida dos que estão tristes porque quando Ele sorri, o coração é liberto.

Oração

Pai, às vezes sinto-me angustiado porque temo que possa acontecer algo errado. É como se fosse maior que eu, como se não pudesse controlar meus pensamentos. Põe Tua mão sobre mim. Tu conheces todas as minhas tristezas.

Muitas vezes a angústia é mais forte do que o que temo. Necessito de ti, ajuda-me. Livra-me de meu desespero e liberta o meu coração. Ensina-me a descansar em ti.

Pai, o Senhor sabe as coisas que me causaram tristeza.

E também sabe que algumas pessoas me entristeceram. Não lhes cobre pelo que me fazem. Preciso da Tua restauração e que resplandeças Tua face sobre mim. Que o Senhor seja a única fonte de minha alegria.

Abençoa-me com Teu sorriso. Quero saber que me abraças e que posso ser feliz contigo. Peço que retires minhas tristezas, porque meu coração não pode viver um só dia sem ti.

Não me importa se as coisas mudarem ou não. Estar contigo me basta, em Tua presença meu coração se sente livre. Abre os meus olhos para que eu veja o Teu controle e cuidado em todas as áreas da minha vida.

Mostra-me se preciso ajudar ou abraçar alguém hoje por ti.

Oro em nome de Jesus. Amém.

dia 14
Coração errante, fugitivo

Em uma noite de outono, estava pregando em uma igreja de Barcelona, na Espanha. Ao final da pregação, no momento do apelo, várias pessoas vieram à frente para orar e consagrar sua vida a Deus; mas enquanto orava com elas e os minutos passavam, não podia deixar de ver o que estava acontecendo em um dos bancos, no meio da igreja. Um homem alto, forte, de uns trinta e poucos anos não parava de chorar, abraçado por sua mulher. Durante muito tempo chorava e tremia, como se o mundo fosse acabar naquele momento.

Quando acabei de falar com todos, quase uma hora depois, aproximei-me dele, que ainda chorava. Oramos juntos e coloquei sua vida nas mãos de Deus, mas ele não parava de chorar. Mais tarde, contou-me a história de sua vida: seu pai era pastor numa igreja em outro país, mas ele tinha "fugido" para a Espanha para não viver com sua família e não escutar nada do Senhor. Passara os últimos 14 anos de sua vida fugindo. Até esse momento. Por uma dessas razões que só o Espírito de Deus conhece, entrou na igreja naquela tarde e Deus tocou sua vida.

Literalmente, Deus fez sua vida tremer e esse era o motivo de suas lágrimas. "Pela primeira vez em muitos anos, sinto que volto para casa" disse-me. Hoje é imensamente feliz com sua família. Fugiu por muitos anos, mas naquele dia sentiu que Deus lhe chamava de volta para casa. Quis se batizar outra vez, para mostrar a todos que tinha voltado ao Pai e tinha deixado de fugir. Seu coração encontrou a liberdade justo no momento que decidiu parar de correr, deixar sua vida errante.

Conheço muitas pessoas que não querem deixar de fugir. Nunca se encontram. Não importa se são bem-sucedidas ou não, porque seu coração continua sem ter descanso, sempre estão escapando.

há muitas pessoas que nunca deixam de fugir.

Fogem de um lugar para outro, de uma relação para outra, de uma atividade para outra. Sempre correndo, sempre errantes. Às vezes, qualquer coisa ou qualquer pessoa parece lhes dar um sopro de felicidade, mas o que realmente faz é escravizá-los mais. Sabem onde está o problema, mas não querem enfrentá-lo. De vez em quando, escutam a voz de Deus de alguma maneira, por circunstâncias, pessoas ou por Sua Palavra, mas fogem rapidamente para não terem que enfrentar o Criador.

Realmente não importa se temos tudo na vida, porque podemos viver com um coração errante sem nunca saber o que é a verdadeira liberdade. Até a pessoa mais sábia do mundo teve um coração errante!

"Sendo [Salomão] já velho, suas mulheres lhe perverteram o coração para seguir outros deuses; e o seu coração não era de todo fiel para com o S<small>ENHOR</small>, seu Deus, como fora o de Davi, seu pai" (1 Reis 11:4).

Mesmo tendo todas as riquezas e sendo mais sábio do que todos, o seu coração se afastou. De alguma forma, acreditou que havia coisas mais importantes do que estar perto de Deus. Muitas pessoas vivem da mesma maneira:

- Fugimos quando as coisas materiais e ou as circunstâncias desviam nosso coração para que só demos valor ao que temos;

- quando realmente não sabemos onde estamos e nem até onde vamos.
- Fugimos quando outras pessoas desviam nosso coração. Deus nos fez para que nos relacionássemos com as pessoas, mas às vezes, essas mesmas relações são nossas "desculpas" para continuar fugindo. Às vezes, as pessoas passam de uma relação para outra buscando "algo mais", sem que percebam que estão fugindo de si mesmas. Sempre pensam que a pessoa com a qual estão no momento é a que lhes dará estabilidade definitiva, até que algo aconteça que os faça buscar outra relação. Nunca compreendem que não precisam de ninguém mais, o que precisam fazer é deixar de fugir de si mesmos.
- Às vezes, o nosso passado nos faz fugir. Algo que aconteceu, (ou até o que não é nossa culpa) marca-nos e não queremos continuar onde estávamos. Em vez de enfrentar as situações e suas consequências, saímos e decidimos viver errantes de um lugar para outro.
- Nossos próprios desejos também podem nos desviar. Pensamos que se fazemos o que queremos podemos viver uma vida plena, e não percebemos que somos escravos dos nossos próprios deleites. Acabamos fugindo de um prazer para outro sem encontrar sentido no que fazemos.

> Quando um coração vive fugindo, perde até a sensação de apreciar tudo o que faz.

É interessante como esta é a razão pela qual muitas pessoas entram cada vez mais no labirinto do prazer, porque o que fizeram até aqui já não satisfaz mais, e procuram algo mais "forte" na próxima vez. Nesse processo, muita gente se escraviza "para sempre" no mundo das drogas, álcool, jogo, prazer. Não são capazes de sair, porque a resposta não é deixar essa sensação na prática (procurariam outra!), mas que o problema vem de um coração que foge. Até que o coração seja liberto, não é possível que uma pessoa seja livre.

Um coração errante não é capaz de enfrentar as coisas. Um coração que foge nunca para um só momento para meditar no que é sua vida, porque sua própria velocidade o descontrola e o escraviza completamente. Pensa que parar seria morrer; assim é o coração que foge de si mesmo, das circunstâncias, das pessoas... mas, sobretudo, foge de Deus.

O coração errante pensa que é feliz porque acredita que faz sempre o que quer, mesmo que o que realmente siga sejam os impulsos do momento, as ordens dos outros, a ditadura das circunstâncias. É um coração que quase sempre toma decisões que não lhe convém, porque nunca luta por algo; a maioria das vezes deixa-se levar.

> Sua decisão? Quando algo vai mal, simplesmente fogem.

Mesmo acreditando que está tomando suas próprias decisões, o coração errante é um dos mais escravizados porque quando quer agradar aos outros, acaba por se tornar escravizado. No fim, não sabe nem que é. Sim, pensa que pode fazer o que quer e se divertir com quem quiser, mas a verdade é que não sabe o que está fazendo nem aonde irá.

O que mais me impressiona é a quantidade de gente que vive assim. Você os vê? São pessoas que nunca são felizes em nenhum lugar. Gente que não é capaz de solucionar seus problemas pessoais. Sabe o que fazem? Quando alguma coisa não está bem, simplesmente fogem: abandonam suas amizades, seu trabalho ou suas circunstâncias. Se o problema é no casamento, divorciam-se rapidamente e procuram outra pessoa. Se os amigos não os compreendem, procuram novos amigos. Se o trabalho não vai bem, logo aparecerá outro. Vivendo assim, os anos escapam entre as muitas mudanças de relações, de amigos, de trabalho, de cidade.

Se o seu coração é assim, então é como os que vão de um lado para outro, como os que nunca fixam raízes em nenhuma relação nem em nenhum lugar. Talvez você resolva os seus problemas fugindo, mas chegará um dia que compreenderá que é possível tentar fugir de tudo e todos, mas não de si mesmo nem tampouco de Deus.

Quando um coração tenta solucionar tudo "fugindo" perde qualquer capacidade de restauração. Perde a beleza do perdão e da reconciliação. Deixa de descobrir a aventura de trabalhar para recuperar algo que perdeu.

> muitos resolvem todos seus problemas fugindo.

Um coração nunca experimenta a liberdade enquanto foge, porque aquilo do que escapa permanece dentro dele, sem que perceba. A vida é muito mais que fugir do que não gostamos. Nossa existência se enriquece quando enfrentamos os problemas, quando perdoamos e somos perdoados; quando buscamos consertar o que está errado. Quando somos suficientemente valentes para vencer e não fugir.

Desde o início da história da humanidade, muitas pessoas acreditam encontrar a resposta aos seus problemas dando-lhes as costas. Fugindo. E muitos pensam que a melhor maneira de fugir é afastar-se o máximo possível de seu Criador.

Quando um coração vive fugindo perde até a capacidade de desfrutar qualquer coisa que faz. Enquanto isto, Deus faz a mesma pergunta: "Até quando andarás errante...?" (Jeremias 31:22).

Superando limites

As pessoas que vivem fugindo nunca são felizes porque não podem escapar de si mesmas. Jesus contou uma história sobre o pai que tinha dois filhos e um deles resolveu partir e viver longe. Vivia com um coração errante, aventureiro e quis provar pessoalmente como alguém se sente quando foge de tudo e de todos.

Aparentemente, o filho que partiu se divertiu como nunca, mas a única coisa que fez foi enganar-se. No início, nem percebeu, mas aos poucos experimentou como estava perdendo sua vida, sua posses, seus amigos, o relacionamento com o seu pai. Perdeu tudo. Às vezes, acreditamos que nos divertimos como nunca quando nosso coração vai aonde quer, até que reconhecemos que é apenas um coração que foge e não sabe aonde vai.

Assim, chegou a ser como o coração do rei Salomão, como vimos acima, um coração tão extraviado que chegou a perder a noção do que era. O contraste pode ser estabelecido com outro rei: Josafá. Um exemplo para todos, porque "Tornou-se lhe ousado o coração em seguir os caminhos do SENHOR, e ainda tirou os altos e os postes-ídolos de Judá" (2 Crônicas 17:6).

> Se os nossos olhos brilham ao pensarmos em Deus, é porque nosso coração deixou de fugir.

A melhor maneira de deixar de fugir é nos entusiasmarmos com Deus; porque Ele é tão grande que nosso coração tem que quebrar todas as barreiras para que Ele entre em seus sonhos.

Se os nossos olhos brilham ao pensarmos em Deus, é porque nosso coração deixou de fugir e encontrou seu significado e seu lugar. Quando no entusiasmamos com o nosso Criador nossos sonhos são também os sonhos de Deus, pois aprendemos a viver como Ele vive; vemos as coisas como Ele as vê; começamos a sentir como Ele sente, amar como Ele. Entusiasmados com Deus, mergulhamos em Sua paz e o nosso coração encontra morada.

Os sonhos de liberdade que muitas vezes temos são superados por aqueles sonhos que Deus coloca em nossas vidas. Nós pensamos que os ditames do nosso coração errante nos fazem felizes, e começamos a pensar em prazeres, coisas, posses, dinheiro, fama e muitas outras circunstâncias que jamais nos satisfazem. Deus nos ensina que nossos sonhos têm que ser suficientemente grandes para que Ele entre neles e, desta forma, nosso coração deixe de ser limitado.

Quando temos sonhos realmente grandes em nossa vida, nosso coração deixa de fugir. O sonho de Deus é que cada um de nós encontremos quem somos de verdade, que deixemos de viver errantes. Deus espera que possamos perceber que em nossa vida buscamos cisternas rotas que nos trazem frustração e desânimo enquanto Ele nos oferece Água Viva que brota e nos enche completamente; a água que transborda felicidade e confiança (Jeremias 2:13).

> nossos sonhos têm que ser suficientemente grandes para que Deus caiba neles.

Se deixamos de fugir, aprendemos a desfrutar de tudo porque nosso coração está em paz. Os relacionamentos, os bens, os prazeres, as circunstâncias, tudo passa a ter uma dimensão diferente, porque realmente adquire uma dimensão diferente. Não precisamos de nada mais para ser felizes, pois o somos quando nosso coração encontra o seu lugar, sua casa.

Ao lembrarmos a história que Jesus contou, quando o filho mais novo regressou, o Pai o aguardava. Saía todos os dias para ver se seu filho voltaria. Esta história é o melhor exemplo que podemos ter sobre a reação de Deus quando queremos fugir dele e de nós mesmos (Lucas 15). Deus nos espera, alegra-se com a nossa volta, corre, abraça-nos, beija-nos uma e outra vez, veste-nos com as melhores "vestes". Faz uma festa para expressar alegria por cada um de nós! Ao voltarmos para Deus, nosso coração encontra aconchego.

A partir desse momento quase tudo o que acontece nos ensina e ter prazer em Deus. Até um dia que pareça aparentemente perdido e "chato" porque todos os nossos planos estão rompidos, torna-se radiante porque o coração sabe descansar; entendemos que não precisamos mais fugir. Nosso coração está feliz consigo mesmo e com Deus. Somente os que viveram essa situação podem explicá-la. Qualquer pessoa que luta desesperadamente para encontrar prazer em milhares de coisas, circunstâncias ou pessoas, diria que não é possível. Mas o segredo é parar de fugir, não querer viver em fuga sempre.

Nós deixamos de fugir ao nos encontrarmos. E em nosso encontro com Deus, sabemos quem somos e qual é a nossa honra. Não no preocupamos pelo que os outros dizem ou fazem porque o que nós somos está escrito no mais profundo do nosso coração. Quando vivemos assim, somos livres. Essa é a razão porque o mundo admira os heróis e heroínas, pessoas que aparentemente perderam tudo mas que foram imensamente felizes ao viverem de uma forma determinada, ou ainda entregando sua própria vida! Encontraram a liberdade da honra, e essa liberdade ninguém pode tirar. Essa liberdade é a mesma essência do nosso caráter, do que somos, do que há no mais profundo de cada um de nós. Ninguém pode encontrá-la senão nós mesmos. Isto é o que descobrimos em nós quando paramos de fugir. A razão porque Deus nos fez únicos e especiais.

> *até o dia que pareça aparentemente perdido e "chato" porque todos os nossos planos estão rompidos, torna-se radiante porque o coração sabe descansar e entendemos que não precisamos mais fugir.*

Gostamos de descobrir quem somos e deixamos de fugir. Deus nos fez assim. Às vezes, lutamos por objetivos que acreditamos merecer atenção em nossa vida, mas nosso coração quer viver a vida em si mesmo a cada momento; independentemente de tudo e de todos. Essa é a razão pela qual o Senhor Jesus nos disse um dia: "Eu sou o caminho, a verdade e a vida" (João 14:6). Não se trata de um objetivo na vida, trata-se de viver com Ele, de caminhar com Ele. Trata-se de não ter que fugir nunca, mas precisamente porque ninguém precisa se sentir superior aos outros; ninguém tem que dominar o outro.

Se caminharmos com o Senhor a cada dia, não só viveremos de acordo com Ele, mas Ele mesmo nos devolve nossa honra, presenteia-nos com a retidão, ensina-nos a viver com um coração honrado. Está conosco para vivermos a vida dada por Ele. Agora, somos mais que vencedores, não porque somos assim, mas porque Ele é assim! E ninguém pode derrotá-lo!

Os mal-entendidos permanecem; a maldade, a frustração e nossos próprios erros continuam conosco, mas não podem nos dominar. Deus nos ajuda a vencê-los diariamente, e no final, será a vitória completa. Lançou sobre nós com imensa "sorte" (Salmo 16). A sorte de viver no caminho, com Ele em cada instante, porque o Senhor não só nos ensina o caminho, mas Ele mesmo é o caminho. Deu-nos tal sorte que não precisamos mais fugir.

Oração

Senhor, venho a ti, pois quero deixar de fugir e quero voltar para casa. Não quero por meu coração em nenhuma coisa que me afaste de ti. Senhor Jesus quero que faças do meu coração a Tua morada e desejo estar sempre contigo. Preciso que o Espírito Santo me ajude a compreender o Teu coração, para que também o meu encontre lugar junto ao Teu.

Deixo de fugir, não quero mais escapar. O Senhor me buscou durante muito tempo, aqui estou Senhor.

Quero compartilhar contigo cada um dos meus sonhos. Quero sentir Tua presença verdadeiramente em mim; quero que me acompanhes a cada minuto. Necessito de ti quando estou mal e também quando estou bem. Sinto que não posso me afastar de ti, e não quero me afastar. A Tua alegria é a minha, e quero compartilhar os meus desânimos contigo. Cada momento do meu caminho só tem sentido se percebo a Tua presença.

Às vezes, tento escapar. Outras, faço sem perceber, mas hoje, quero dizer que não viverei mais assim. Ajuda-me com Teu Espírito a tomar esta mesma decisão todos os dias. Quero despertar a cada manhã e pensar em ti. Sei que tudo será diferente dessa forma porque estou feliz contigo. Amém.

dia 15
Coração incrédulo, insensato

TER SEMPRE OS "olhos abertos" é uma das melhores maneiras de adquirir sabedoria na vida. Há poucos meses, em uma das nossas viagens, como família à Alemanha, dirigíamos nosso carro por uma estrada movimentada, quando de repente nossos olhos se fixaram em algo que nunca tínhamos visto: um guindaste carregava um carro quebrado. Percebemos que o carro transportado era um carro fúnebre com o caixão em seu interior.

Por vários segundos ninguém falou uma só palavra. O que vimos era extraordinário, mas normal como a própria vida. Qualquer carro pode estragar seja qual for o passageiro que estiver nele. Rapidamente, alguém disse: "Suponho que quem está no carro não tenha muita pressa em chegar ao seu destino". "Sim, eu não acredito que tenha se irritado por isso", disse uma das nossas filhas. Fiquei pensando por um tempo. É óbvio que o morto não tinha pressa, nem lhe preocupava o pequeno "contratempo" em sua viagem. Ele nada percebeu. Às vezes, podemos chegar a ser inconscientes, mas não a esse ponto: podemos viver sem perceber nada ou até percebermos quando já for tarde.

Nosso coração é insensato quando dá importância às coisas que não têm, quando se preocupa com situações que não valem a pena. A insensatez enche nosso coração quando não somos capazes de crer que há algo muito mais importante que o que se vê, e que nossa vida pode ser completamente diferente; que não temos que correr de um lugar para outro e de uma atividade para outra e procurar ganhar coisas que não nos acompanharão quando nossa vida terminar, para sermos felizes. Você se lembra da história que Jesus contou sobre o homem rico que somente se preocupou em ampliar sua casa para guardar mais coisas? "Mas Deus lhe disse: Louco, esta noite te pedirão a tua alma; e o que tens preparado para quem será?" (Lucas 12:20).

Perdoe-me por ser tão direto, mas a nossa insensatez é descoberta quando decidimos não crer em Deus. Somos insensatos quando não queremos nos aproximar de quem mais nos ama, quando não confiamos em quem é mais leal. Nossa insensatez se torna "palpável" quando não cremos naquele que nunca mentiu. Quando vivemos dessa forma, enchemos nosso coração de dúvidas. Quando desconfiamos da Verdade com letra maiúscula, ensinamos nosso coração a duvidar de tudo e de todos.

É impressionante que na Bíblia Deus não chama o incrédulo de ignorante ou pouco sábio. Sua Palavra explica diretamente que aquele que quer perder propositalmente sua relação com Deus é um insensato. Assim, com todas as letras: "Ó

> O coração incrédulo é igualmente mau e insensato.

néscios e tardos de coração para crer tudo o que os profetas disseram!" (Lucas 24:25). Somos ignorantes quando desconhecemos algo, mas somos insensatos quando sabemos que algo é certo e queremos negá-lo. Pensamos que com nossa negação esse "algo" desaparecerá da realidade, e isso é uma insensatez. Pior ainda quando nossa vida está dentro disso! Mesmo que todo mundo se empenhe em negar a Deus, Ele não desaparecerá. Esta é a razão pela qual um coração incrédulo é igualmente mau e insensato.

O "círculo" se fecha quando compreendemos que a incredulidade levada ao extremo torna-se loucura: "Diz o insensato no seu coração: Não há Deus. Corrompem-se e praticam abominação; já não há quem faça o bem" (Salmo 14:1). A Bíblia não fala de ateus, mas de pessoas que não querem aceitar a existência de Deus. E não fala de "perversos", mas de insensatos, porque alguém que não quer crer em Deus, (apesar de que tem a oportunidade de olhar, falar e ver que Ele existe) é um tolo.

Eis a razão porque muitos acabam desistindo de si mesmos e de Deus. Eles acostumaram tanto o seu coração à incredulidade, que no fim não podem acreditar nem em si mesmos. Quando vivemos desconfiados é impossível que ele saia de sua própria tolice. E o que é pior, acaba completamente convencido de que os tolos são todos os que são diferentes dele.

Ao longo dos últimos anos, conhecemos muitas pessoas que rejeitaram a Deus em seu coração. Alguns viram como Deus mudava as circunstâncias e outros contemplaram milagres com seus próprios olhos, pessoas que Deus curou de doenças graves ou que foram resgatadas do mais profundo do mal. Muitos se aproximaram de Deus, quando precisaram e Ele respondeu, fez coisas incríveis e manifestou-se realmente... mas quando não precisavam mais, continuaram sua vida incrédula e seu coração limitado pela tolice ou insensatez. O que aprisiona o coração não é não conhecer o que Deus pode fazer em uma vida, mas a decisão de não querer buscá-lo e não querer aceitá-lo.

A mesma incredulidade pode encontrar-se na vida de muitos que se dizem cristãos. Não rejeitam a Deus, mas de alguma forma são incapazes de crer que Ele tenha

> O que aprisiona o coração não é não ter visto o que Deus pode fazer em uma vida, mas a decisão de não querer aceitá-lo.

poder para transformar uma vida. O escritor da carta aos Hebreus já advertiu claramente: "Tende cuidado, irmãos, jamais aconteça haver em qualquer de vós perverso coração de incredulidade que vos afaste do Deus vivo" (Hebreus 3:12).

No caso de um filho de Deus, a incredulidade do coração o leva a ser mais "mau" que tolo. A Bíblia diz que um coração mau de incredulidade, nasce em nós cada vez que estamos longe do nosso Pai Celestial, quando confiamos mais em nós ou em outras pessoas do que nele. Vivemos como incrédulos quando sabemos que Ele é fiel e não somente não nos deixa, mas sempre nos ajudará, mas apesar de tudo, desconfiamos de sua Palavra. Não sabemos (ou não queremos) descansar nele.

Esse é o problema: querer controlar todas as coisas com nossas mãos; o mesmo problema do povo de Deus nos tempos do profeta Isaías. Problema tão grave que Deus teve que dizer: "Estou farto" (Isaías 1) porque sabendo que eram o povo de Deus, cada vez que precisavam de ajuda, iam pedi-la na Assíria ou Egito, em vez de orar e descansar no Senhor.

Pretendiam viver adorando a Deus e aproximando-se dele em cerimônias impressionantes, enquanto desconfiavam de Sua provisão e de Suas promessas. Era um povo incrédulo e perverso, porque o não acreditar sempre leva à desconfiança, e aí está a deslealdade. Isso sempre ocorre com os que sabem que Deus existe, mas por alguma razão desconfiam dele.

*"A estultícia do homem perverte o seu caminho, mas é contra o S*ENHOR *que o seu coração se ira" (Provérbios 19:3).*

É curioso que quanto mais longe estamos de Deus e erramos, mais nos irritamos com Ele. Pensamos que Ele é culpado do que nos acontece e, se não for assim, pelo menos não nos impediu de errar e tomar uma decisão errada. Nós, que sempre defendemos nossa liberdade, atribuímos a culpa de não impedir que façamos o mal a Ele! Assim nós somos, não só desconfiamos dele, mas o culpamos dos nossos erros. Por isso somos tolos.

às vezes, pensamos que Deus tem culpa de tudo, e se nosso sofrimento é consequência de algo que fizemos, dizemos: "Por que Deus não me impediu de fazê-lo?"

Temos que lembrar que há uma diferença muito grande entre estar decepcionado com Deus, como Jó poderia estar, (ou nós às vezes, quando estamos sofrendo), a estar irritado com Deus; pensando que Ele não sabe o que faz e que nós faríamos bem melhor em Seu lugar. Quando não cremos no que Deus diz, ou pensamos que é impossível que Ele possa fazer algumas coisas, não só limitamos nosso coração, mas limitamos Deus também.

Sim, porque acontecia o mesmo em alguns lugares em que o Senhor Jesus não pode fazer milagres "pela falta de fé das pessoas". Na Bíblia, encontramos vários trechos que demonstram que nosso pecado pode limitar a obra de Deus; nossa inveja, nosso orgulho, as más relações familiares, o desconhecimento de Sua Palavra ou a própria incredulidade, por exemplo. De alguma forma, que é difícil de compreendermos, Deus estende Sua mão para nos abençoar, mas espera que aceitemos o que Ele nos oferece. Se não crermos nele, nosso coração não é só incrédulo, mas também tolo.

Superando limites

É muito fácil dizer que um coração incrédulo é transformado quando confia plenamente no que Deus diz e faz. Se estivermos vivendo momentos de paz, podemos entendê-lo perfeitamente, mas se estamos cheios de dúvidas, parece que quanto mais nos dizem que temos que confiar, pior nos sentimos por não fazê-lo.

Quanto mais precisamos descansar, pior nos parecem os conselhos sobre confiar em Deus.

Conheço muitos cristãos que vivem preocupados com suas dúvidas. Pensam que qualquer dúvida, por menor que seja, afasta-os de seu Criador, e não os julgo porque em muitos momentos de minha vida pensei o mesmo. Quando lemos a Bíblia, percebemos que Deus não se envergonha dos que duvidam, mas daqueles que não querem confiar. O problema não está no desencanto ou desilusão, mas na decisão de não querer confiar mais. O grave não são nossas dúvidas (todos as temos!), mas o nos afastarmos do nosso Pai, que sempre nos ajudará a vencê-las.

Às vezes, até podemos ter dúvidas porque algo que está acontecendo ultrapassa nosso entendimento, mas ao mesmo tempo sabemos que Deus não vai nos enganar porque nunca o fez! Podemos duvidar de muitas coisas, do nosso futuro, do que vamos fazer, ou se seremos capazes de vencer um problema ou uma situação difícil; mas de que podemos estar sempre seguros é de que Deus não nos abandonará. Isso é o que faz a diferença no coração. Nossas dúvidas não nos afirmam contra Deus, nem nos ensinam a lhe dar as costas, nem tampouco devem nos entristecer, porque quando duvidamos pensamos que somos mais fracos do que deveríamos ser. Duvidar é, muitas vezes, aprender a passar pelas tormentas da vida e saber que Deus existe, mesmo que não compreendamos o que está acontecendo.

Deixe-me dizer que todo o que duvida tem fé, mesmo que seja uma fé fraca. O que se recusa a crer é aquele a quem Deus desaprova; o que está convencido que já não resta nenhuma esperança, é o que vive à beira do abismo. O

> Se estivermos cheios de dúvidas, quanto mais nos dizem que temos que confiar, pior nos sentimos por não fazê-lo.

que renuncia que Deus faça sua vontade porque crê (quase sempre inconscientemente) que é mais sábio que seu Criador é o que tem seu coração cheio de insensatez. Ao contrário, um coração que duvida é o que vai à frente, em meio às dificuldades, não é aquele que nunca teve lutas ou viveu sem sofrer nenhuma ferida.

Se quisermos ser sal e luz no mundo devemos suportar provas e até duvidas muitas vezes, mas Deus vai nos ajudar a vencer muitas vezes mais.

"Por isso, hoje, saberás e refletirás no teu coração que só o Senhor é Deus em cima no céu e embaixo na terra; nenhum outro há" (Deuteronômio 4:39).

Como vencer a incredulidade? Refletindo em nosso coração; como deixar de ser insensatos? Reconhecendo que Deus é Deus nos céus e aqui na terra. Saber que Ele tem a última palavra em tudo, e que não há outro Deus. São passos imprescindíveis: refletir e meditar em nosso coração.

Isso nos chama a atenção porque imaginamos que Deus iria apelar para a nossa mente para vencer nossas dúvidas, mas o que Ele está fazendo é envolver nossa vida completamente. Estamos por inteiro com nosso coração, e temos que reconhecer que Deus existe e que é o Senhor de tudo. Se não agirmos assim, não só não venceremos a incredulidade, mas viveremos como tolos.

Ao tomarmos a decisão de entregar nossa vida completamente ao Senhor, não podemos esquecer que "estamos" na vida real, a cada dia. Lembre-se que um cristão pode ter posto sua fé em Jesus com sua vida passada e presente, mas viver ao mesmo tempo a necessidade de não confiar em Deus em tudo que possa acontecer. Se vivermos dessa forma, enchemo-nos de preocupações.

Uma das primeiras consequências que sofre um coração incrédulo e preocupado ao "desconfiar" de Deus é não descansar, nem de dia nem de noite. Despertamos muitas vezes de madrugada e pensamos em coisas que tínhamos que ter corrigido, ou nas faltam corrigir. Não descansamos porque pensamos que não somos capazes de fazer tudo o que temos que fazer. Deus quer um encontro conosco, mesmo quando não podemos dormir! Se estivermos passando por situações, devemos buscá-lo, falar com Ele. Se tivermos dúvidas, não devemos escondê-las, mas expô-las. Até de noite Deus quer falar conosco:

"Bendigo o Senhor, que me aconselha; pois até durante a
noite o meu coração me ensina" (Salmo 16:7).

Deus está sempre perto de nós. Quando o dia termina, podemos falar com Ele. Se acordarmos assustados ou com medo sabemos que Ele está ali e nos aconselha. Ele fala ao nosso coração, por isso podemos orar e descansar nele. Precisamos deixar todas as coisas em Suas mãos. Quando estamos nervosos ou ansiosos podemos ler o que Ele diz em Sua Palavra, confiando em cada promessa, cientes de que Ele nos orienta e instrui mesmo sem percebermos de imediato.

Nunca seremos mais sábios do que quando derramamos nosso coração diante do Senhor. Ele quer ouvir as nossas dúvidas, conhecer a nossa descrença. Deus quer curar a nossa fraqueza.

"Levanta-te, clama de noite no princípio das vigílias;
derrama, como água, o coração perante o Senhor..."
(Lamentações 2:19).

Deus sempre nos diz que nos aproximamos dele diante dos nossos medos. A escuridão, as dúvidas, às vezes o silêncio, a solidão. Cercam-nos de tal forma que nosso coração se enfraquece. Deus quer que nos derramemos diante dele. Como a água, e que não tenhamos segredos e, Sua presença. Quando fazemos isto, o coração não só se derrama, mas se liberta de tudo o que o aprisiona. Quando derramamos nosso coração diante do Senhor, nossa vida perde seus limites.

Oração

Pai, aqui está meu coração. Trago diante de ti tudo o que me acontece sem nada esconder. Quero derramar meu coração diante de ti.

Quero confiar e descansar em ti. Tenho muitas dúvidas em minha mente, mas sei que me escutas e que me ajudarás. Aconteça o que acontecer, estarás comigo.

Não quero ser tolo. Guardarei a Tua Palavra em meu coração para não pecar contra ti. Que Teu Espírito me mostre claramente o que queres me dizer, que me ensines a te amar e a compreender Tuas palavras. Quero entregar minha vida em Tuas mãos e não confiar em ninguém nem em nada mais do que em ti.

Pai, quero vir diante de ti em todo momento, seja qual for o lugar em que estiver.

Quero me aproximar de ti quando precisar mesmo que pense que eu sozinho possa consertar tudo. Quero derramar o meu coração diante de ti quando estiver cheio de temores, desconfiança ou dúvidas. Não quero perder tempo preocupando-me ou adicionando tolice ao meu coração.

Graças te dou por compreender e libertar-me da incredulidade. Ensina-me a conhecer e te amar cada dia mais.

dia 16
Coração frio, insensível

ÀS VEZES, LEMOS HISTÓRIAS na imprensa que nos impressionam. Há pouco tempo, um médico chegou com seu carro novo em casa. O seu filho, numa brincadeira infantil, riscou as duas portas do veículo. O pai, ao ver aquilo, reagiu e bateu com tanta força na mão de seu filho que a criança foi levada ao hospital, pois sua mão estava necrosando. Infelizmente, os médicos não puderam deter a necrose, e a única maneira de resgatar a saúde do menino foi cortar sua mão.

Semanas depois, quando o menino saiu do hospital e o seu pai o levou para casa, disse ao seu pai: "Papai, eu não vou mais riscar o carro, você pode devolver minha mão, por favor?" O pai, no caminho para o trabalho, suicidou-se com um tiro na cabeça.

Abrigamos em nosso coração todos os sentimentos: se em nossa vida há perversidade, orgulho, ódio, insensibilidade, ou frieza é porque vem de dentro de nós. Não temos que buscar em volta para encontrar o culpado para algumas coisas; temos que olhar para dentro de nós mesmos. Quando não nos preocupa que os outros sofram, ou lhes causamos mal de propósito, é porque nosso coração é de pedra.

> Somos insensíveis e acreditamos que é apenas uma questão de caráter.

Há pessoas que são completamente insensíveis e não lhe dão importância. Pensam que é algo relacionado com o seu caráter e argumentam assim: "Bom, há pessoas mais sensíveis que outras". Alguns vivem com um coração tão duro que não escutam nada que os outros dizem. E muito menos querem aceitar o que Deus diz! A Bíblia nos ensina que há pessoas que chegaram a ter um coração assim porque negaram a Deus: "Todavia, o coração de Faraó se endureceu, e não os ouviu, como o Senhor tinha dito" (Êxodo 7:13). E em outras ocasiões, são insensíveis porque mesmo conhecendo a Deus, não querem obedecê-lo. "Não endureçais o coração, como em Meribá" (Salmo 95:8; Hebreus 3:8; 4:7).

O coração endurece quando nada pode comovê-lo, e ninguém pode alcançá-lo. Não é capaz de sofrer, porque chegou a um ponto de "fechamento", que não há forma de transformá-lo. É um coração "autossuficiente".

Talvez, alguém que esteja lendo isto agora possa pensar: "Esse não é o meu problema" e até tenha razão; mas deixa eu lhe explicar algo: nossa insensibilidade é uma das maiores dificuldades que temos diante de Deus. Mesmo sendo cristãos e sendo "comprometidos" com Ele e com a igreja, ou trabalhar para Ele, podemos ter um coração fechado para Deus. Podemos ler muitos versículos da Bíblia e pensar: "Isto não é para mim", e quando nos acontece isso, é porque nosso coração está se tornando de pedra. O povo escolhido por Deus caiu nessa "armadilha" e o mesmo ocorre conosco:

Um coração que escuta e sente, um coração que ama e se doa. Deus quer colocar dentro de nós como o Seu!

"Insensíveis, cerram o coração, falam com lábios insolentes" (Salmo 17:10).

Deus nos fez com um coração sensível. Deus se relaciona conosco, escuta-nos e quer que lhe escutemos. Deus pôs em nós um coração que se preocupa com as pessoas; um coração de carne e não de pedra. Um coração que escuta e sente. Um coração que ama e se doa. Deus quer colocar dentro de nós um coração como o Seu!

Às vezes, algumas pessoas me dizem: Como é que Deus fala com você? Eu sempre respondo: Como não fala com você? Porque Deus fala por meio de muitas circunstâncias, de vozes diferentes: Fala por Sua Palavra; fala por Seu Espírito; na pessoa de Jesus (Hebreus 1:1); fala pela natureza e por meio de outras pessoas. Ele não está em silêncio, mesmo que, às vezes, pensemos assim. Somos nós os que muitas vezes vivemos insensíveis à voz dele, porque nosso coração é duro:

"Porque o coração deste povo está endurecido, de mau grado ouviram com os ouvidos e fecharam os olhos; para não suceder que vejam com os olhos, ouçam com os ouvidos, entendam com o coração, se convertam e sejam por mim curados"
(Mateus 13:15).

O coração apático

Entre o coração de pedra e o insensível está o coração apático. Não está tão longe de Deus para deixá-lo endurecido nem se sente tão longe dele para ser insensível, mas vive na apatia de não querer fazer nada, de não querer se mover de onde está. Reina nessa sensação que tanto gostamos às vezes: "Não tenho vontade de fazer nada."

Alguns tem argumentos para tudo: "Não tenho vontade de servir a Deus, e Ele não suporta os hipócritas, assim é melhor que não faça nada." Quando nos deixamos levar pela apatia, tornamo-nos insensíveis e não somos capazes de entender o Deus quer nos dizer. Enganamo-nos e abandonamos a quem nos pode e quer curar.

Ouvir e fechar os olhos para não ver, são atitudes muito comuns dentro do nosso coração insensível. Deus nos fez de outra forma. Deus nos criou para sentir, escutar, ver. Há muitas pessoas que somente "pensam". Para eles, sua mente é o mais importante, e não lhes importa absolutamente que seu coração seja de pedra "porque os sentimentos não são bons", dizem. Acreditam que podem seguir A Deus com um coração insensível, porque no final fazem o que é correto e creem no que é o correto. Esquecem-se de que Deus identifica o coração insensível com incredulidade e a falta de entusiasmo com o orgulho.

Deus mesmo teve que dizer a uma igreja quase "perfeita" quanto à sua doutrina e suas obras: "Tenho, porém, contra ti que abandonaste o teu primeiro amor, portanto arrepende-te..." (Apocalipse 2:4). O que Deus está falando é muito sério. Encanta-nos defender o que cremos e o muito que trabalhamos. Deus diz que o mundo não será mudado pelas ideias ou pelo trabalho, mas pelo Amor. Poucos estão tão longe de Deus e os que acreditam que lhe conhecem e trabalham para Ele, "Seu coração está longe de mim" como disse o próprio Jesus: "O grave perigo de um coração insensível é que não escuta o que Deus lhe diz! E não percebe!"

Este é um dos maiores problemas da igreja de hoje. Às vezes, pode parecer que vamos à igreja para "congelarmos" enquanto desfrutamos, saltamos e gritamos quando estamos num espetáculo esportivo; ou nos emocionamos quando vemos um filme no cinema ou na televisão. Somos sensíveis a tudo menos ao amor e à Palavra de Deus. Emocionamo-nos com tudo menos com nosso Criador. Somos os "insuportáveis" ou os "antipáticos", e qualquer uma destas definições podem ser questionadas se não são as que Deus rejeita, são os corações de pedra.

O Senhor Jesus foi confrontado com toda a força de Seu caráter a um tipo específico de pessoas: os religiosos. Qualquer leitura sincera e sensível (nunca melhor dito!) de Mateus 23 deveria nos fazer tremer, porque muitas vezes nos parecemos muito a eles. A religiosidade, a insensibilidade, a frieza, a rotina ou o aborrecimento não são problemas menores no Reino de Deus, mas frutos do pecado.

Quando vivemos de uma maneira fria, insensível e muitas vezes cruel estamos mais longe do caráter que Deus quer de nós.

E esse coração frio, insensível, "de pedra" está tão escravizado de si mesmo que tem o pior problema que se pode ter: Não querer escutar a voz de Deus. É um coração insensível a qualquer mudança. Um coração que perdeu a essência de Deus, que é o amor.

Superando limites

"Dar-lhes-ei um só coração, espírito novo porei dentro deles; tirarei da sua carne o coração de pedra e lhes darei coração de carne" (Ezequiel 11:19).

A resposta de Deus ao coração frio é radical, não poderia ser de outra forma: Um coração só se sensibiliza quando nasce de novo. Não estamos falando de uma simples maquiagem, mas de uma mudança de coração, um verdadeiro "transplante" espiritual. Algo que só a graça de Deus pode fazer.

A graça é a chave de tudo. É a expressão da essência do caráter de Deus. Quando Deus se revelou ao Seu povo no Antigo Testamento a relação se estabeleceu com base na lei. Deus é Santo e Justo em Seu próprio caráter, e a única maneira de o homem poder se aproximar da santidade de Deus era compreender as exigências da lei, mas perceberia que era impossível cumpri-las.

Deus escreveu a lei em tábuas de pedra, porque a lei em si é "insensível", só é feita para ser cumprida. A lei julga e dita sentença, não "entende" nada de corações, vidas, sentimentos ou fraquezas. A lei era necessária para demonstrar a nossa culpa, para nos ensinar que estamos a "anos-luz" da santidade de Deus. A lei era imprescindível para nos dizer que não só não somos perfeitos, mas que nunca poderemos sê-lo por nós mesmos.

É impressionante que os seguidores da lei "ao pé da letra" comportam-se da mesma maneira com os que os rodeiam: são inflexíveis, justiceiros, até cruéis. Podem julgar tudo e todos. Menos a si mesmos, claro! Alguns, até aceitam o evangelho da graça de Deus, expressa na morte e ressurreição de Jesus em nosso lugar, pretendem viver a vida cristã, sob as restrições da lei: são "de pedra", mas querem que os demais o sejam também.

O mesmo problema que o povo eleito por Deus caiu mais de uma vez! Não é estranho que Deus lhes dissesse (mais de uma vez!) "tirarei de vós o coração de pedra e lhes darei um de carne". Não é que não possamos cumprir a lei; é que não podemos viver de acordo com ela! Deus a escreveu em pedra para que "lutássemos" contra ela nosso orgulho e desejos de querer ser como deuses; para que compreendêssemos nossa indignidade e pecado.

> Alguns não só são "de pedra", mas querem que os outros também sejam.

A graça de Deus trata disso: Ele nos dá corações de carne. Corações sensíveis, que não esperam ser perfeitos porque sabem que é impossível, mas esperam ser pelo poder do Espírito Santo. Corações que não julgam aos outros porque conhecem sua própria fragilidade. Corações sabem e sentem ser indignos de Deus, e por isso desfrutam sem limites. Corações que percebem que é impossível cumprir uma lei escrita em pedra, e por isso amam incondicionalmente Àquele que concedeu o Seu amor por eles, além de todos os limites. Seguir a Deus é assim, compreender, mesmo que minimamente, a graça de Deus.

Ao nos aproximarmos de Deus, nosso coração deixa de ser "frio", da mesma forma que é impossível se aproximar do sol sem queimar. Ao se pode seguir a Deus sem perder calor. Ninguém pode crer que seguimos a Deus se formos frios, calculistas e distantes.

Alguns cristãos não querem se aproximar tanto de Deus para que o fogo do Espírito lhes transforme. Querem seguir um cristianismo "calculista" e, de certa forma distante. É impossível viver assim e agradar a Deus. Você se lembra o que aconteceu aos dois que iam a Emaús no dia em que o Senhor ressuscitou? Ele apareceu e começou a falar e a passear com eles, mas não perceberam que era Jesus que conversava ao seu lado. Quando o Senhor se foi, disseram: "O nosso coração não ardia...?" (Lucas 24). Quando Deus fala não podemos permanecer insensíveis, mesmo que às vezes não compreendamos que Ele está lá.

Por toda a Bíblia, um dos símbolos do Espírito Santo é o fogo: "Embraseou-se-me no peito o coração; enquanto eu meditava, ateou-se o fogo" (Salmo 39:3). Quando nos aproximamos de Deus, quebrando os limites do nosso frio coração, porque a presença de Deus faz nossa vida arder. Quando meditamos em sua Palavra, o fogo se acende dentro de nós, o calor nos enche completamente; essa paz delicada, amável e carinhosa, apodera-se de nós como um abraço eterno. Quando o Espírito de Deus toca nossa vida, o coração deixa de ser de pedra e se torna um coração de carne, sensível, capaz de ouvir a Deus e emocionar-se.

Não podemos nos esquecer que se nos aproximarmos de Deus e o Seu fogo não renovar nosso interior, é porque algo anda mal dentro de nós. Se continuarmos insensíveis a Deus, é talvez porque nunca

> Quando Deus fala, nosso coração queima. Não poderia ser diferente.

ardemos diante dele. Sim, talvez saibamos muito de Sua Palavra ou frequentemos a igreja continuamente, mas sem considerar o importante em nossa vida. Sem permitir que Deus coloque Sua mão sobre nós e transforme todas as coisas de acordo com a Sua vontade.

Jó aprendeu o que significava libertar o seu coração quando disse: "Sobre isto treme também o meu coração e salta do seu lugar" (Jó 37:1). Quando nosso coração está frio, insensível ou apático, a única maneira para Deus transformá-lo é fazê-lo tremer. Deus toca nossa vida e sacode todas as nossas estruturas para que percebamos que necessitamos dele. Deus firma e fortalece nosso coração quando em Sua presença, não por medo, mas por esse bendito temor de não querer fazer qualquer coisa contrária a Ele.

Mesmo sabendo que Deus é amor, e que Seu amor por nós é inabalável, jamais devemos nos esquecer de Sua santidade e Sua justiça. Mesmo que não gostemos de lembrar, uma das melhores coisas que pode acontecer em nossa vida é passar numa prova diante de Deus, para que nos tornemos sensíveis.

"Irai-vos e não pequeis; consultai no travesseiro o coração e sossegai" (Salmo 4:4).

Não ganhamos a vitória sobre o mal quando conhecemos todas as respostas, mas sim ao amarmos. Vencemos o pecado não pelo conhecimento frio em nossa mente, mas por um coração sensível que estremece diante de quem ama, por receio de desagradá-lo. Examinar o nosso coração no meio da madrugada, meditar no que Deus diz e fazer, é um passo imprescindível para nos aproximarmos do Senhor e escutá-lo. Quando acordamos na madrugada, ou meditamos na tranquilidade do nosso aconchego é quando melhor podemos ver como está nosso coração e o quão distante ou perto estamos do Senhor.

Este é o grande paradoxo da vida cristã: quanto mais frio está nosso coração menos ele estremece. Quanto mais perto do Senhor e mais ardente nossa vida em Sua presença, mais nos emocionamos com Ele. Nosso coração encontra seu lugar porque é feito à imagem de seu Criador.

Encerrando, lembre-se de que Deus também pode falar com você por intermédio de um bom amigo: "Como na água o rosto corresponde o rosto, assim o coração do homem, ao homem" (Provérbios 27:19). Contra a insensibilidade, amizade. Parece um *slogan* publicitário, mas realmente é assim: Deus, muitas vezes, utiliza nossos amigos não só para que se preocupem conosco, mas também para nos preocuparmos com eles. Não somos feitos para vivermos sozinhos. Nosso coração não é feliz na solidão, na insensibilidade e na frieza, mesmo que às vezes pensemos assim. Quanto mais vivemos na amizade, mais se expande a nossa alma, porque já não vivemos sozinhos em nosso coração, mas temos o coração do amigo.

Os bons amigos nos ajudam a nos aproximarmos de Deus. Ensinam-nos quando nosso coração está duro. Mostram-nos que, da mesma forma que se Deus não tivesse sido "perfeito" se não vivesse dentro da trindade, como três pessoas diferentes que se relacionam entre si, mas são um só Deus; tampouco nós podemos ser felizes se não nos relacionarmos com os nossos amigos. E não só falamos de amizade, mas também de relações familiares. Deus nos fez nascer numa família, para nos ajudar uns aos outros. Os corações de pedra, frios e arrogantes tem dentro de si mesmos sua própria condenação.

Essa é uma das razões de existir o corpo de Cristo; Deus não nos salva para estarmos sozinhos. O apóstolo Paulo escreve em todas as suas cartas como seu coração foi confortado pelos amigos que Deus lhe deu: Tito, Epafras, Barnabé, Timóteo, Priscila, e Áquila. As listas que Paulo dá no final de suas cartas são uma mostra do amor de Deus por ele, e o apóstolo sabia disso. Por isso o Espírito de Deus quis que essas listas chegassem a nós, para que entendêssemos que não podemos viver sozinhos. Parte do plano de Deus é trabalhar em nosso coração por meio dos membros do corpo de Cristo.

Deus quer estar perto de nós, para que o nosso coração "queime" e deixe de ser pedra. Faz isso com Sua presença, com as circunstâncias; age por meio da família e dos nossos amigos. Deus usa as pessoas no mesmo corpo de Cristo para nos falar, animar, consolar-nos e fortalecer. Deus quer nos usar também para ajudar aos outros. Para que deixemos de colocar barreiras em nosso coração.

Oração

Pai, dá-me um coração sensível. Tira de mim este coração de pedra, que não é capaz de olhar ninguém senão a si mesmo e que tantas vezes se alegra pelo mal que acontece aos outros, que somente busca seu próprio bem. Preciso que meu coração queime para ti. Que possa crer em tudo o que me dizes.

Preciso que meu coração possa confiar em ti, mesmo se as tempestades me abaterem. Ensina-me a tremer em Tua presença, não por medo, mas emoção. Ensina-me a me emocionar por Teu Espírito Santo, a ler a Tua Palavra e confiar no que dizes sempre.

Dá-me sabedoria para conhecer a Tua vontade para mim, por qualquer meio ou pessoa que queiras me falar. Preciso de ti.

Faz-me sábio para cuidar de meus amigos e agradecido por tudo que me fazes por intermédio deles. Preciso ser sensível para ajudá-los quando precisarem de mim. Ensina-me a agradecer por todas as pessoas que formam Tua igreja, o corpo de Cristo e dá-nos um coração sensível para nos amarmos uns aos outros. Peço em nome do Senhor Jesus.

dia 17
Coração infiel

No início dos anos 1980, os estudos da universidade consumiam a maior parte do meu tempo. Prestes a terminar minha licenciatura e com a tese do doutorado às portas, a duras penas conseguia tirar tempo para ajudar na igreja e para estar com meus amigos. Muitas vezes via-me em situações "tensas" somente porque tinha que correr de um lugar para outro sem investir tempo com detalhes ou palavras. Num desses dias, aconteceu um mal-entendido com meu melhor amigo e por vários dias não nos falamos nem tentamos resolver o problema Aparentemente não tinha tempo para isto. Estávamos muito ocupados para fazer algo a respeito. O triste foi que, com o passar dos dias, nossa amizade se esfriava aos poucos, e aquilo parecia não ter solução.

Muitos dias depois, tive que pegar um trem para ir à cidade em que estudávamos e, momentos antes de chegar à estação, lembrei que meu amigo tomaria o mesmo trem. Quando cheguei ao vagão e ao meu assento reservado, quase caí de surpresa: ao meu lado estava sentado o meu melhor amigo. Nós sorrimos um para o outro e começamos a falar quase sem parar durante mais de sete horas, que era o tempo da viagem. Quando compramos os bilhetes não nos tocamos do senso de humor do

nosso coração é feliz quando é fiel.

nosso Deus. Eu comprei na semana do embarque, ele tinha comprado há quase um mês. E com mais de 20 dias de diferença, Deus quis que sentássemos durante toda a viagem um ao lado do outro.

Guardo esses bilhetes como recordação. Deus nos ensinou muito durante esses dias sobre o que significa ser fiel a quem quer bem. Creio que está foi a última vez que discutimos "seriamente". O Senhor permitiu que nossa amizade continuasse firme, e cada vez que lembramos aquele momento, só podemos sorrir agradecidos. Nós dois aprendemos que a fidelidade é mais importante que qualquer outra circunstância.

Sei que alguns dizem tudo ao contrário, mas creio que nosso coração foi feito para ser fiel. O coração é feliz quando pronuncia promessas de fidelidade. Todos passamos por isso: quando temos um bom amigo, não queremos que se vá. Quando casamos, prometemos demonstrar nosso amor para sempre. Amamos nossos filhos, nossos pais e irmãos, gostaríamos de não nos separar deles jamais. Nosso coração é assim feliz quando é fiel.

Alguns acreditam que a infidelidade é atraente, porque às vezes essa sensação de entrar no desconhecido pode nos fazer tremer de emoção e, de certa forma, é como se estivéssemos vivendo uma aventura nova; mas a realidade é que um coração infiel vive escravizado, porque acaba sem poder confiar em ninguém. Pode-se dizer que não sabe confiar nem sequer em si mesmo e é impossível encontrar significado na vida se não podemos confiar em nada nem em ninguém.

Ser infiel parece ser moda: viver de uma maneira desleal nas relações pessoais com nossa família, com nossos amigos, com os que nos conhecem, ou com as pessoas com as quais trabalhamos. Ser infiel até no que fazemos, porque muitos que trabalham são vistos e aparentam ser uma coisa, mas são outra. Mentem sem ruborizar, e o ensinam o que não tem valor, não só a palavra de uma pessoa num acordo, mas no que está escrito, porque sempre terá a "letra pequena" a que se referir, quando quiserem dizer ou fazer o contrário do que foi posto em acordo. Vivemos numa sociedade infiel e quando somos traídos, tornamo-nos infiéis também.

Quando descobrimos que não podemos confiar em quase ninguém, destruímo-nos aos poucos. Não somos feitos para passar por essas experiências. Já pensou alguma vez por que as pessoas voltam a buscar seus parceiros depois de se casarem três ou quatro vezes? Pode ser que percebam bem tarde que o que realmente importava era lutar pelo que era amado, viver de uma maneira diferente. Ser fiel, em "duas" palavras.

A infidelidade sempre escraviza nosso coração em todas as áreas. Quando dizemos algo e não cumprimos, ou quando mentimos; abandonamos a quem confia em nós, vivemos segundo os ditos do momento e renunciamos nossa honra, quando fazemos assim, acabamos sendo escravos de tudo e todos. As pessoas aprendem que não somos dignos de confiança e deixamos de confiar nelas porque pensamos que podem nos fazer o mesmo que fizemos a elas.

> Cristão é o que confia em Deus. Fiel é aquele em quem Deus confia.

É exatamente assim que acontece em nosso relacionamento com Deus. Vou lhe dizer de uma maneira simples: um cristão é aquele que confia em Deus; fiel é a pessoa em que Deus pode confiar. Quando somos infiéis, nada nos faz viver tranquilos, porque chegamos a desconfiar de todo mundo. Duvidamos até da fidelidade de Deus, pois pensamos que Ele não se preocupa conosco, que não vai cuidar de nós. Chegamos a sentir que não somos valiosos para Ele e que Ele não cumpre Suas promessas, porque nós não cumprimos as nossas.

Nada mais distante da realidade. Quando pensamos que Deus é como nós, perdemos de vista Sua fidelidade e lhe vestimos com nossa infidelidade. Deus é muito claro quando nos enfrenta com essa situação e nos indica: "Porque o coração deles não era firme para com ele, nem foram fiéis à sua aliança (Salmo 78:37).

Lealdade, fidelidade e confiança são muito mais do que palavras; têm muito mais valor em nossa vida do que pensamos. Se nos deixarmos levar pela infidelidade seremos escravos do que possa vir a acontecer, às vezes até da morte, porque sempre queremos provar algo desconhecido, porque nosso coração jamais se satisfaz. Embora soe estranho, esse mesmo "afã" de infidelidade pode nos levar à atração pela morte, e essa é uma das razões que algumas pessoas se suicidam, porque pensam que por pior que seja "do outro lado", sempre será melhor que o que se está vivendo. Esse acaba sendo o pior engano do nosso coração desleal.

Infelizmente muitos são infiéis a Deus, mesmo sabendo que o único ganho que têm é a sua própria loucura. Jesus nos ensinou que o inimigo veio para roubar, matar e destruir (João 10:10), e o faz porque ele é infiel em seu coração; foi desleal a quem o criou e vive com o único objetivo de que todos sejam infelizes e maus como ele. Muitos o seguem cegamente, outros o fazem mesmo sabendo onde estão se metendo, sem querer reconhecer que o coração nunca encontrará sua liberdade no roubo, na morte e na destruição.

Ninguém pode ser livre se é infiel. É interessante, porque muitos podem pensar que a infidelidade "prende" mais que nenhuma outra coisa, e que talvez um coração infiel possa fazer "mais coisas" e viver com mais "liberdade" do que um que decidiu amar com lealdade. É o grande paradoxo do amor: quanto mais amamos alguém, mais fiéis queremos ser e mais queremos edificar a confiança nessa pessoa ou nessa amizade. A lealdade convém ao nosso coração, porque lhe ensina a descansar no amor, apesar de todos os sofrimentos ou desenganos. Essa é a razão pela qual é melhor sofrer por um desengano que viver sem jamais poder confiar em ninguém.

O amor é medido com o termômetro da entrega e, muitas vezes, do sofrimento, todo o resto são palavras. Quando amamos, entregamo-nos e, quanto maior é o amor, maior é a fidelidade. Fidelidade que, às vezes, implica sofrimento, mas essa decisão de nos entregar é tomada com prazer porque o amor não tem preço. Se não há entrega, fidelidade e desejo inabalável de seguir ao lado de quem se ama é porque o amor não é sincero, não é válido, ou é muito menor do que pensamos.

Alguns falam de "amor livre", como se isso fosse o melhor que se pode conseguir. Afirmam que o amor não tem ataduras e que é possível ir de um para outro, vivendo como quiser, sem pensar nas consequências. Para os que defendem o amor livre a fidelidade não existe e a lealdade de coração é só uma qualidade momentânea. São pessoas que não sabem realmente o que é amar, porque o amor, quanto mais se manifesta e mais perfeito se faz, é mais leal. O amor vive e tem prazer na fidelidade e na confiança. O amor descansa na pessoa que ama e agradece a confiança mútua com essa pessoa. Qualquer outra coisa é só um jogo que destrói e mata.

E isso destrói o nosso coração e a todos. Escraviza-nos com uma vida cheia de enganos e mentiras, mata-nos com sobressaltos e surpresas desagradáveis quase sempre impedindo-nos de viver tranquilos e em paz. Um coração que não ama e não é fiel não sabe ser feliz.

Superando limites

Às vezes, o nosso coração está limitado por características ou circunstâncias que podemos descobrir de uma forma muito simples.

No caso do coração infiel, ocorre tudo ao contrário: é difícil descobrir que nossa lealdade não é firme, assim podemos fazer muito pouco se não deixarmos que Deus nos examine profundamente. A infidelidade é uma doença do mais profundo do nosso coração, que não pode ser curada com pequenas doses de remédios, Deus tem que agir profundamente em nosso ser.

Você sabe o motivo? Muitas vezes, nem nós mesmos sabemos o que temos em nosso interior, por isso o desejo que o rei Davi expressou em uma de suas canções é a melhor motivação que podemos ter: "Sonda-me, ó Deus, e conhece o meu coração, prova-me e conhece os meus pensamentos" (Salmo 139:23). Alguns dos pensamentos e desejos que temos dentro de nós são quase impossíveis de reconhecer. Os demais não são vistos, nossa aparência não os entrega e não percebemos que estão ali; por isso somente Deus pode chegar até o mais profundo do nosso coração para ver se há alguma conduta infiel, se somos leais ou não.

> Pedir a Deus que prove nosso coração é uma das chaves da vida.

Esse exame é imprescindível para que nosso coração encontre a liberdade, porque muitas vezes temos atitudes em nosso interior que nos escravizam. Nem sequer percebemos!

Pedir a Deus que prove nosso coração é uma das chaves da vida. Desde as primeiras páginas da Bíblia, Deus nos ensina que às vezes, circunstâncias que Ele permite que passemos, acontecem simplesmente para provar nosso coração: "Deus te provou para saber o que estava no teu coração..." (Deuteronômio 8:2). Deus nos prova para que a nossa fidelidade seja fortalecida, porque quando Ele permite uma situação difícil, é sempre para tirar o melhor de nós.

"Sabe, pois, no teu coração, que, como um homem disciplina seu filho, assim te disciplina o SENHOR, teu Deus" (Deuteronômio 8:5).

Aprendemos a amar sem abandonar e a querer sem criticar.

Talvez alguém não queira continuar lendo, porque não costumamos falar sobre "testes", muito menos aceitamos que tenham que nos disciplinar, mas isso é imprescindível. A lealdade do nosso coração precisa ser provada. Não só devemos deixar que Deus nos prove e nos discipline, temos que desejar que aconteça!

Deus conhece profundamente o nosso coração e nos ama. Ele sabe tudo o que somos: os nossos pensamentos, atos e motivações; conhece cada um dos nossos erros e nossas faltas, mas jamais nos abandona nem diz uma só palavra sobre nós a ninguém. Isso é o mais alto grau de fidelidade. Quando compreendemos o que isso significa, aprendemos a ser fiéis da mesma forma. Aprendemos a amar sem abandonar, a querer sem criticar; aprendemos a ter um coração como o de Deus. E quando somos leais somos livres, porque Deus quebra as barreiras do nosso coração.

Ao nos examinar, Deus nos prova e nosso coração não tem segredos para Ele, tem-nos como fiéis. Isso não quer dizer que somos perfeitos, mas que Deus confia em nós. Deus sempre caminha um passo à frente, sempre nos considera melhores do que somos, sempre espera o melhor e sempre está disposto a nos ajudar a vivermos livremente:

"Achaste o seu coração fiel perante ti e com ele fizeste aliança, para dares à sua descendência [...] e cumpriste as tuas promessas, porquanto és justo" (Neemias 9:8).

É curioso porque quanto mais examinamos nosso coração, mais indignos nos sentimos. Quanto mais desejamos e deixamos que

Deus o examine mais fiéis nos tornamos. Tudo depende da nossa atitude e das nossas motivações. Se quisermos nos esconder de Deus, estaremos perdidos. Lembra-se da primeira coisa que Adão e Eva fizeram depois de pecarem? Esconderam-se. Se tentarmos ser transparentes diante de Deus o nosso coração aprende a ser fiel.

Finalmente, precisamos que o nosso coração seja fiel a Deus, a nossa família, a nossos amigos e a todos os que nos rodeiam. Se realmente estamos perto de Deus, todos vão notar. Se vivermos com fidelidade a Ele, também seremos assim com o nosso cônjuge, filhos, pais, irmãos, amigos, igreja. Deus não admite lealdade apenas numa direção, Ele não quer nossa fidelidade à custa de abandonarmos nossos queridos. Quando nos consideramos tão "espirituais" que nos despreocupamos de todos, Deus diz que nossas orações não são nem ouvidas (1 Pedro 3:7). Se falarmos de fidelidade e compreendemos o que significa ser fiel, todos tem que perceber, começando por nossa família:

"Ele converterá o coração dos pais aos filhos e o coração dos filhos a seus pais, para que eu não venha e fira a terra com maldição" (Malaquias 4:6).

Embora este não seja um livro sobre situações familiares, há algumas coisas que devemos saber ao ler esta promessa de Deus. A primeira é que se temos passado (ou estamos passando agora) por circunstâncias familiares injustas como coisas que não podemos mudar ou remediar; pessoas que não nos aceitam ou não nos amam, ou mesmo que não querem saber que Deus diz que há uma promessa para nós. Deus pode nos ajudar, em primeiro lugar vivendo conosco no

> **Muitas pessoas deixam de ser fiéis a sua família, amigos, conhecidos e continuam vivendo como se nada acontecesse.**

sofrimento e, em segundo lugar, marcando um dia em que Ele terá a última palavra, e não os que nos fazem sofrer.

Há uma consequência da fidelidade que jamais devemos esquecer: viver sempre na vontade de Deus. Muitas vezes, mesmo pessoas "espirituais" e em cargos importantes em organizações missionárias ou igrejas deixam de lado todo tipo de lealdade, para abandonar sua família, seu cônjuge e, dependendo do caso; continuam "servindo" a Deus como se nada tivesse ocorrido. Sei que não podemos entrar aqui na profundidade do tema nem muito menos mencionar todas as circunstâncias, mas algo está errado quando somos capazes de tomar decisões drásticas, as quais mudam vidas completamente, sem pensar um só momento na fidelidade de Deus para conosco... e na que prometemos e devemos aos outros.

Casamentos que se desfazem de uma maneira simples, amigos que se distanciam para sempre por qualquer coisa e igrejas que se dividem por autênticas tolices não são os melhores exemplos de fidelidade que os que conhecem a Deus deveriam dar ao mundo. Talvez necessitemos mais do que nunca que Deus examine profundamente o nosso coração, que nos prove por completo.

Pode ser que precisemos mais do que nunca que Deus coloque dentro de nós um coração fiel como o Seu. Nós precisamos disso e todos os que nos cercam também.

Oração

Pai, sempre sentimos medo quando temos que passar por provas. Não gostamos que ninguém nos examine porque temos medo de falhar. Desejo que me examines e proves o meu coração e me ensines a ser fiel.

Olha para as minhas motivações e minhas atitudes. Prova os meus sentimentos, se estou fazendo ou planejando algo contra ti, minha família, ou meus amigos. Não me deixes cair no caminho da infidelidade.

Prefiro que Tua mão me discipline a fazer algo que te desonre. Quero ser fiel em meu casamento, em minha família, em minha igreja. Fiel com meus amigos e compromissos que faço com as pessoas. Fiel no trabalho, no lugar que Tu me colocares.

Quero ser fiel a ti, mesmo que me custe a vida. Peço-te que Cristo seja santificado em minha vida, que quando as pessoas me virem, possam ver o Senhor em mim.

Quero ter um coração como o Teu, porque apesar de falhar muitas vezes, Tu continuas sendo fiel. E continuas me amando e confiando em mim.

Quero viver como Tu em nome do Senhor Jesus.

Dia 18
Coração ganancioso

Há poucos meses, eu estava assistindo ao noticiário. De repente, as notícias políticas e de eventos deram lugar a uma imagem que me chamou a atenção: 300 "Ferraris" percorriam a mesma rua, uma atrás da outra, em Hong Kong, na tentativa de bater um recorde mundial para registrar no livro *Guiness*: "O maior número de carros da conhecida marca em uma só rua."

No começo, fiquei impressionado com o fato de que tivessem em Hong Kong mais carros daquele estilo que em nenhuma outra cidade do mundo, considerando que a cidade asiática tem poucos quilômetros de estrada para um carro de corrida fazer mais de 300 km/h. Vendo as fotos, encontrei carros de todos os modelos, alguns até mesmo com preço superior a 400 mil euros, mas o mais curioso foi observar que muitos desses carros não estavam inscritos. Eu me perguntava, e de repente o jornalista que cobria a notícia disse: "talvez alguns de vocês estejam indagando por que muitos carros não estão inscritos". "Bom jornalista", eu pensei, "O motivo é que muita gente tem uma Ferrari, mas não paga o seguro e taxas de registro. Simplesmente a tem na garagem para que todos saibam, mas nunca o registra nem sai com ela às ruas".

Que loucura! Comprar um dos melhores carros do mundo para mantê-lo escondido. Gastar milhares de euros em um carro esportivo e nunca viajar com ele. Não sei se é um problema de ganância, orgulho, soberba, de culto à aparência ou tudo junto. É até difícil acreditar que se trata de loucura, porque de outra forma, teríamos que admitir que são muitos os que estão loucos.

Tudo por ter algo mais que os outros, por aparentar, por ensinar a outros que temos dinheiro suficiente para satisfazer nossos caprichos. Tudo nos chega pela visão, e queremos que tudo que vemos seja nosso. Não é novidade, a Bíblia nos ensina que o coração ganancioso vive daquilo que seus olhos enxergam: "Tendo os olhos cheios de adultério e insaciáveis no pecado, engodando almas inconstantes, tendo coração exercitado na avareza, filhos malditos" (2 Pedro 2:14).

> há pessoas que exercitam seu coração na ganância... Não deixam de "exercitar-se" para serem mais gananciosos a cada dia.

A Palavra de Deus é sempre impressionante, suas definições são perfeitas. Não só fala de um coração cheio de adultério, mas nos diz que a razão é que esse mesmo coração está "exercitado" na ganância. Não deixa de exercitar-se a cada dia para ser mais ganancioso! Da mesma forma que fazemos exercício físico ou que nos disciplinamos para encontrar tempo para nossa família ou até para ler a Palavra de Deus há pessoas que se esforçam em ser mais gananciosas a cada dia! Isso sim é ter um coração limitado completamente.

Um coração ganancioso é um coração escravo. Não se satisfaz nunca. Sempre precisa de algo a mais. Há muitos anos, um jornalista fez uma pergunta genial à pessoa mais rica do mundo naquele momento, o conhecido Rockefeller; a pergunta foi: "Quanto dinheiro é necessário para ser feliz"? Rockefeller disse, quase sem pestanejar: "Só um pouco mais." A pessoa que tinha em suas contas milhões de dólares admitiu que para ser feliz, precisava de alguns dólares a mais. Admitiu com suas palavras que o coração jamais se satisfaz.

Esse coração ganancioso não é propriedade exclusiva dos que têm muito, como também dos que têm pouco, mas que desejam ter muito mais. Não deixam de exercitar seu coração para ser mais ganancioso e ter mais sempre. Temos mais coisas, dinheiro e conhecimento que em nenhum outro momento da história, mas não temos crescido em amor, e em ajudar uns aos outros. Vivemos mais insatisfeitos que nunca, porque nosso coração não se satisfaz.

Jó sabia o que significava que seu coração estava "por trás de seus olhos": "Se os meus passos se desviaram do caminho, e se o meu coração segue os meus olhos" (Jó 31:7). Hoje, deveríamos saber de memória que a aparência pode ser a rainha das nossas vidas. O coração fica atrás dos olhos porque somente damos importância às coisas que podemos ver. Quando vivemos preocupados pela aparência tornamo-nos escravos de outras pessoas porque vivemos sempre pensando no que outros possam dizer de nós.

> Um dos maiores perigos da vida moderna: o coração que vai "atrás dos olhos".

Nesse processo, os olhos do coração nunca se satisfazem. Sempre queremos mais, sempre há algo que gostamos mais. Nunca nos sentimos plenos, agradecidos, satisfeitos com o que temos. Um coração ganancioso se escraviza a si mesmo porque jamais se sente saciado. Sempre há algo novo para ter, algo bonito que comprar, algo desejado sem o que (cremos assim) não podemos viver.

É o maior engano da modernidade. Como alguém disse: "Tratamos de gastar o dinheiro que não temos em lugares que não podemos pagar para causar boa impressão em pessoas que quase não conhecemos". No reinado da ganância, os que tomam as decisões sempre são os outros porque nós só nos sentimos satisfeitos quando os outros estão. A única coisa que importa é ficar bem diante das pessoas, estar bem "aparentemente". Gastam milhões em operações de estética, chegam a colocar a saúde em risco para serem diferentes, para serem mais jovens, ou mais velhos. Ou muitas outras coisas, porque parece que ninguém está feliz com o que tem!

Transferimos essa mesma sensação ao interior do nosso coração. Querer mudar nosso exterior é só uma maneira de dizer que gostaríamos de mudar também nosso interior, mas não podemos. Nesse processo, nosso coração sofre e se torna escravo da aparência. Aparência física e aparência espiritual. Salomão escreveu um dia: "Não cobices no teu coração a sua formosura, nem te deixes prender com as suas olhadelas" (Provérbios 6:25).

Muitos aplicam este versículo apenas para a beleza de uma mulher, mas acredito que Deus vai muito mais além. Deus quer que o apliquemos até o mais profundo da nossa chamada sociedade de consumo, que a única coisa que faz é nos consumir mais e mais. Ao buscarmos apenas a beleza e a aparência, somos escravos do que vemos. Chegamos a julgar os outros pelo que eles têm, pecando ao fazer distinção de pessoas! (Tiago 2). Amamos aos que têm muito e nos aproximamos do tesouro enquanto desprezamos aos que têm pouco. Tornamo-nos escravos da aparência física e espiritual porque podemos jogar em nossa vida espiritual e fazer muitas coisas somente "para que os outros nos vejam" (Mateus 23).

> O coração ganancioso torna-se escravo sempre por sua própria vaidade.

Vamos recordar: Mesmo tendo tudo, o coração ganancioso não desfruta do que possui. Mesmo Salomão, a pessoa mais rica do mundo (e dizem que de todos os tempos!) descobriu isso em sua própria vida: "Disse comigo: vamos! Eu te provarei com a alegria; goza, pois, a felicidade; mas também isso era vaidade" (Eclesiastes 2:1). O coração ganancioso não é livre, porque jamais se satisfaz; sempre quer mais. Vive sempre sobrecarregado com a sensação de que tudo é vaidade; "correr atrás do vento" sem alcançá-lo.

O ganancioso não tem prazer. Não é feliz com o que tem, por medo de perder ou gastar. Não pode ser feliz porque vê coisas que não pode alcançar. Não sabe nem pode desfrutar do que tem nem do que não tem. Não sabe nem pode sentir prazer com outras pessoas por medo do que possam pensar, dizer ou fazer. Aquele que vive na ganância está preso no mais profundo de seu interior, porque nunca é feliz. Nunca abriu uma porta ao contentamento.

Superando limites

A ganância se "disfarça" com muitas roupas diferentes. Algumas parecem espirituais como "não é bom desperdiçar o que tanto nos custa conseguir". É certo que Deus não nos chama para desperdiçar ou viver perdendo o que Ele nos oferece; mas também temos que reconhecer que nosso amor ao dinheiro é maior do que pensamos. E o problema se torna mais grave quando Deus nos diz que esse amor ao dinheiro é a raiz de todos os males.

Alguns podem pensar que ser um pouco ganancioso não é mau, que pode ser parte do nosso próprio caráter. Há algumas pessoas que dizem "a mim me custa mais dar" parecer um bom argumento. Temos uma grande surpresa quando Deus nos diz que ter um coração ganancioso é ser idólatra:

"Mas a impudicícia e toda sorte de impurezas ou ganância, nem sequer se nomeiem entre vós, como convém a santos; nem

conversação torpe, nem palavras vãs ou chocarrices, coisas essas inconvenientes; antes, pelo contrário, ações de graças. Sabei, pois, isto: nenhum incontinente, ou impuro, ou avarento, que é idólatra, tem herança no reino de Cristo e de Deus" (Efésios 5:3-5).

Está muito claro. A ganância nem sequer deve ser mencionada entre nós, está à mesma altura que qualquer outra necessidade. Deus vai além e nos diz que o ganancioso é idólatra e, portanto não tem herança em Seu Reino. Nada de desculpas nem de diferença de temperamentos ou qualidades; o ganancioso vive completamente enganado mesmo frequentando a igreja, porque seu deus é o dinheiro. É um idólatra com toda a lei.

A única maneira de lutar contra essa idolatria é doar. Somente libertamos nosso coração da escravidão, da ganância e do amor ao dinheiro quando aproveitamos o que temos e ajudamos aos outros e, desta forma, nos parecemos com Deus. Sim, porque se somos um reflexo do caráter de Deus, não devemos esquecer que a ganância é justamente o contrário do que Deus é, mereçam ou não; ou melhor, mereçamos ou não; mas também teríamos que discutir se alguém merece que Deus lhe dê algo.

Deus tem prazer em abençoar, dar, presentear e tem prazer em fazer isso sem limites, com o coração aberto. Nós tendemos a falar mal (isso é maldição, não podemos esquecer) e acumular tesouros, o máximo possível.

Se não compreendemos isso é porque não chegamos a entender as palavras de Jesus: "Não podeis servir a Deus e às riquezas" (Mateus 5)

A surpresa para muitos é perceber que, para Deus, ser ganancioso é literalmente ser "idólatra".

porque em último caso, como Jesus ensinou, só existem dois deuses no mundo: Deus e Mamom ("riquezas" no aramaico). Em nossa vida, tudo se resume em saber a quem servimos. Se nós servimos a Deus, nosso coração conhece o que é o desprendimento, o que é ajudar aos outros: abençoar, dar. Porque Deus é assim.

Se "adoramos" as riquezas, só nos preocupamos conosco, ter e acumular, e nisso confiamos. É curioso o contraste com a frase que aparece escrita em inglês na nota do dólar: "Confiamos em Deus", porque em sua raiz "Mamom" significa "onde se apoiar", ou seja, aquele em quem se confia. Esse é o contraste: cada um de nós decide em quem confia em sua vida; e somente há duas possibilidades: ou confiamos em Deus, ou confiamos no dinheiro. Essa decisão nos marca para sempre, porque a tomamos sempre, dia após dia.

> O coração ganancioso não depende do que tem, nem cresce quando suas posses aumentam. É possível ser ganancioso mesmo não tendo nada!

"Não confieis naquilo que extorquis, nem vos vanglorieis na rapina; se as vossas riquezas prosperam, não ponhais nelas o coração" (Salmo 62:10). O coração ganancioso não depende do que tem, nem cresce quando suas posses aumentam. É possível ser ganancioso mesmo não tendo nada! Mas temos que reconhecer que quanto mais se tem, mais perigo existe em colocar o nosso coração no que temos; nossa confiança nas posses ou na segurança da nossa conta bancária. Quanto mais temos, maior é o perigo de buscar a comodidade em tudo aquilo que pudemos adquirir, e nossa força no trabalho ou a inteligência que "temos" para ganhar tudo.

Quebramos as barreiras do nosso coração quando damos uma volta nessas coisas, quando começamos a vê-las como Deus as vê.

Gostamos das aparências, e essa é a razão porque damos tanta importância à marca das roupas, os modelos dos carros, os últimos dispositivos eletrônicos ou aos lugares "chiques" e às pessoas que os frequentam.

Deus olha o coração, assim não se importa absolutamente com nossa "aparência". Nunca fala sobre a aparência das pessoas, senão para nos fazer compreender que é inútil. Sim, você leu certo, para nada; porque tudo o que temos, por mais caro que seja é apenas algo material que será destruído, será corrompido ou tirado de nós por alguém. Assim vivem todos os que "se gloriam na aparência e não no coração" (2 Coríntios 5:12).

> Só podemos viver com um coração livre das amarras da ganância se aprendermos a buscar o coração das pessoas mais do que o seu exterior.

Só podemos viver com um coração livre das amarras da ganância se aprendermos a buscar o coração das pessoas mais do que o seu exterior.

*"Porém o S*ENHOR *disse a Samuel: Não atentes para a sua aparência, nem para a sua altura, porque o rejeitei; porque o S*ENHOR *não vê como vê o homem. O homem vê o exterior, porém o S*ENHOR, *o coração" (1 Samuel 16:7).*

Preocupamo-nos demais com as coisas que vemos e essa é uma das razões porque nosso coração não é feliz. Passamos dias inteiros queimando a cabeça sobre valores em dinheiro ou para comprar tal e tal coisa, enquanto perdemos de vista o prazer com centenas de coisas que Deus colocou ao nosso alcance. Esquecemos de que todas as coisas que valem a pena são as que não vemos. Se você quiser, pode fazer uma lista: amor, vida, paz, força, saúde, amizade, tranquilidade, descanso, confiança.

Poderia acrescentar diariamente qualidades e características que não se podem ver, nem comprar com dinheiro. O coração ganancioso não as conhece.

O mesmo acontece quando falamos de desfrutar de muitas coisas incalculáveis e impossíveis de comprar:
- Passear, falar e jogar com nossos filhos, pais, amigos
- Ver o nascer/pôr do sol com alguém que ama
- Ouvir música, cantar, tocar
- Abraçar alguém querido
- Passar tempo com a família, com amigos
- Caminhar na natureza, respirar e desfrutar dela
- Contar histórias divertidas e rir com as pessoas que ama.

A lista também é interminável, porque tudo o que Deus faz e nos oferece é assim. Lembre-se sempre que, como Deus é eterno, Seus presentes também gozam dessa eternidade.

"Não atentando nós nas coisas que se veem, mas nas que se não veem; porque as que se veem são temporais, e as que se não veem são eternas" (2 Coríntios 4:18).

O último passo para vencer a ganância é aprender a dar. É simples: que o nosso coração seja feliz ajudando as pessoas. A Bíblia afirma que Deus ama ao que dá com alegria e de coração (Êxodo 25:2; 1 Crônicas 29:9; 2 Coríntios 9:6-7) O que acontece é que muitas vezes não nos deixamos levar por Ele. Nossa ganância pode mais: "e veio todo homem cujo coração o moveu e cujo espírito o impeliu e trouxe a oferta ao Senhor" (Êxodo 35:21).

Deus impulsiona o nosso coração e move o nosso espírito. Somos livres quando deixamos de acumular coisas e damos aos outros. Temos prazer no que temos

Tudo o que vale a pena não se pode comprar.

quando deixamos de pensar no que nos falta. E o mais importante de tudo: compreendemos o coração de Deus e somos semelhantes a Ele quando damos. É o que Deus espera de nós.

"Porventura, não é também que repartas o teu pão com o faminto, e recolhas em casa os pobres desabrigados, e, se vires o nu, o cubras, e não te escondas do teu semelhante?"
(Isaías 58:7).

Muitos falam do evangelho e dizem o que devemos pregar e como viver. A nossa ganância e falta de compreensão do caráter de Deus nos impedem de falar, pregar e viver algo imprescindível no coração de Deus, e é a ajuda aos mais necessitados.

Jesus não tinha nenhuma posse, nós temos praticamente tudo. Ele pregava ao ar livre e muitos em grandes e luxuosas igrejas. Ele se preocupava com os pobres, alimentava-os e passava tempo com eles enquanto alguns, infelizmente, buscam pessoas ricas para que ofertem com seus dízimos. A igreja primitiva compartilhava tudo, até

nunca nos tornamos mais semelhantes a Deus do que quando damos.

pode ser que não seja o modelo de Deus para hoje, mas é certo que tampouco é o modelo de Deus a forma como vivemos agora. Deus quer que ofertemos, partimos o nosso pão com o faminto. Se tivéssemos compreendido isso, praticamente não haveria fome no mundo, porque o número dos chamados cristãos é praticamente igual ao número dos que passam fome. Bastava que cada um de nós se preocupasse com uma só pessoa, que cada um vestisse apenas um que estivesse sem roupas.

A advertência de Deus é muito séria: "Ora, aquele que possuir recursos deste mundo, e vir a seu irmão padecer necessidade, e fechar-lhe o seu coração, como pode permanecer nele o amor de

Deus?" (1 João 3:17). Não se trata de ser generoso ou não, mas de que se fechamos nosso coração aos que passam necessidade, demonstramos que o amor de Deus não está em nós. Se não ajudamos aos necessitados é porque não conhecemos a Deus, por mais que falemos dele.

> Quando aprendemos a dar de coração, começamos a sentir como Deus sente.

Por mais que tenhamos posto Seu nome em nossa porta ou na porta da nossa igreja.

É hora de decidir quebrar as barreiras da nossa ganância e deixar de nos esconder dos que tem necessidade. Deixar de nos esconder dos que nos rodeiam, dos que precisam de nós; porque nunca nos tornamos mais semelhantes a Deus do que quando damos. Jamais refletimos mais o caráter de Deus do que quando ajudamos ao próximo.

Quando aprendemos a dar de coração, começamos a sentir como Deus sente. As barreiras começam a serem quebradas.

Oração

Pai que estás nos céus, meu coração entristece muitas vezes com o que vê. Pensa que só pode ser feliz se possuir quase tudo. Pai, ensina-me a ser feliz com o que tenho, com minha família, com as coisas que me dás e contigo. Pai, toca o meu coração para que possa compreender que não há nada como viver sem o brilho da aparência; que a pessoa mais feliz não é a que tem mais, mas a que está satisfeita com o que tem.

Ensina-me a ser feliz com o pão de cada dia. Fala ao meu coração e constrange-o com a Tua presença, para que aprenda a ser como Tu e saiba ajudar ao próximo. Hoje mesmo vou ajudar as pessoas que sei que precisam.

Senhor, quero ser feliz dando, ajudando. Quero ser como Tu. Vou orar e procurar agora mesmo as pessoas sem recursos.

Quero proclamar a Tua Palavra e Teu evangelho com minhas palavras e com minhas atitudes. E quero fazer tudo em nome do Senhor Jesus.

dia 19
Coração solitário, órfão

SUA HISTÓRIA É MUITO PARECIDA com a de tantas outras pessoas; Maria foi abandonada por seu marido, pai de seus quatro filhos, dois meses apenas depois do nascimento de sua última filha. Ele parecia um bom homem, mas as aparências enganam. Ia à igreja, dizia-se cristão, falava a todos de sua fé, mas, um dia, justo quando sua família mais precisava dele, abandonou todos para viver uma suposta liberdade sem querer saber nada mais de seus queridos. Sua mulher caiu em uma profunda solidão, de repente percebeu que sua vida, até aquele momento tinha sido só um engano atrás do outro; pensou em se matar, mas o seu amor a Deus e a seus filhos foi mais forte que o desejo de fugir de sua angústia. Hoje, seus filhos estão grandes e ela continua fiel ao Senhor e feliz com sua vida, apesar de seu coração viver em solidão durante muitos anos.

Deus pode curar as feridas mais profundas do nosso coração, não tenho dúvida. Com o passar dos anos sempre tenho visto como o espírito de Deus toca nossa vida de muitas maneiras diferentes e uma delas é quando depois da proclamação da Palavra de Deus há um apelo para vir à frente e orar durante um culto. Sempre me lembro de um homem na Alemanha que vinha orar comigo depois de ouvir como Deus pode restaurar nossa vida. Tive uma surpresa ao ver que esse homem era um dos responsáveis da igreja e já tinha uns sessenta anos. Quando lhe perguntei por que queria orar, respondeu:

"Sempre fui um filho indesejado. Quando tinha 14 anos, vim trabalhar na Alemanha e nunca soube mais nada de meus pais. Meu pai nunca me aceitou, nunca disse que me amava nem me abraçou. Toda minha vida me senti como um órfão. Deus tirou a amargura de meu coração e sei que Ele é o melhor Pai que posso ter."

Não é um caso único. Quase não podemos imaginar a grande quantidade de pessoas que sentem muito mais que solidão em seu coração e vivem com a terrível frieza com que vive um órfão. Ninguém o abraça, ninguém fala que o ama. Nunca se sentiu desejado ou amado. Se o coração solitário tem uma ferida profunda, o coração órfão vive à beira da morte.

Às vezes, não importa se temos muita gente ao nosso lado. O coração se sente órfão quando sabe que não é amado. Algumas vezes, pode até nos fazer bem passar um tempo sozinhos, mas quando nós tomamos essa decisão; quem tem um coração órfão é sempre só por imposição. São as pessoas ou as circunstâncias que o deixaram marcados.

> Às vezes, não importa se temos muita gente ao nosso lado, nosso coração se sente órfão quando sabe que não é amado.

Quantas histórias parecidas! Quantos corações solitários! Enquanto passeamos pela rua ou vamos trabalhar nem imaginamos o que se passa no coração dos que nos cercam. Quem sabe em nosso próprio coração? A solidão é, muitas vezes, uma das nossas maiores desgraças, porque quase qualquer outra barreira do coração admite companhia, pelo menos temos alguém com quem compartilhar nossa culpa. Quando você está sozinho, quase não importa o que acontece na vida, porque não encontramos ninguém com quem viver alegrias ou tristezas, esperanças ou frustrações.

Por isso, Madre Teresa de Calcutá, ganhadora de um prêmio Nobel, respondendo a uma entrevista na qual lhe perguntaram sobre pessoas ricas e pobres, disse: "Não há maior pobreza do que a solidão." Realmente impressionante, porque você pode ter o que quiser, mas se não tiver com quem compartilhar, é como se não tivesse nada. Você pode pensar que está no topo do mundo: se estiver sozinho não vale de nada.

> não há maior pobreza do que a solidão.

A solidão parece ser uma só coisa, mas tem muitas circunstâncias diferentes:

Em primeiro lugar, temos que dizer que a solidão está enraizada no mais profundo da nossa sociedade, porque nosso estilo de vida nos leva a nos preocupar pelo que acontece aos outros. Vivemos com uma sobrecarga grande em cima de nós. A solidão nasce como fruto do egoísmo. Há pouco tempo, um homem morreu e seu corpo permaneceu durante mais de 30 horas em um conhecido parque, frequentado por centenas de pessoas, sem que ninguém percebesse que tinha morrido. Todos pensavam que estivesse dormindo. Ninguém sentiu sua falta, ninguém se preocupou com ele. Ninguém se aproximou durante o tempo que esteve caído para ver se algo estava acontecendo. Essa é uma parábola da nossa sociedade, porque muitas pessoas vivem dia após dia como se estivessem mortas. Ninguém se preocupa com elas, ninguém sente sua falta.

Em segundo lugar, encontramos com a solidão daqueles que perderam alguém. Pode ser que seja a solidão mais difícil, porque realmente estamos sozinhos. Talvez uma pessoa querida teve que se afastar ou tenha ido embora definitivamente. A doença, a dor, a morte e a separação são circunstâncias que agravam nossa solidão e que limitam nosso coração. É uma solidão cruel, da qual aparentemente ninguém tem culpa e diante da qual não se pode fazer nada. Essa mesma frustração é a que nos causa maior dor porque cremos que não há saída. Chegamos a pensar que aconteça o que for, não podemos recuperar o que perdemos.

Existe um tipo de solidão que nasce do egoísmo de muitos.

Relacionamentos estragados, sonhos acabados, vidas que parecem cair na rotina porque perderam pessoas amadas; diariamente encontramos pessoas que vivem sozinhas e seu coração sofre. Nunca pensaram em viver dessa forma. Não decidiram que as coisas seriam assim, mas de uma maneira ou de outra, depois de muitos anos, encontram-se sós. E essa solidão quebra o coração.

Em terceiro lugar, conhecemos a solidão das pessoas idosas, os que são afastados depois de terem dado tudo, porque, segundo alguns, "atrapalham". A solidão de sua família, de seus amigos, a sensação de não poder estar com quem amam. Não tem força para trabalhar ou para cuidar de si mesmos, então são colocados num canto. São levados a asilos, para que não "incomodem" ninguém nem roubem tempo dos outros. Essa solidão é fruto da ingratidão e egoísmo total. Deram tudo, e agora se encontram sozinhos porque todos estão "muito" ocupados em sua vida, até que chegam à mesma idade e percebem que vivem a mesma solidão que um dia causaram.

A solidão também aparece quando nosso coração cai no esquecimento por parte de outros. Sentimos que às vezes não importamos a ninguém. Vivemos na conhecida sociedade da comunicação, mas uma grande maioria das pessoas não tem com quem conversar, simplesmente são esquecidas por todos. Esta é a solidão do coração órfão. Talvez, você esteja lendo e passando agora por uma situação assim, mas vou lhe dizer que se está com este livro em suas mãos já é uma prova de que Deus o está buscando. E se alguém o presenteou com ele é porque Deus não só está preocupado com você e que o fez viver no coração de um amigo, de alguém que realmente o quer bem.

A vida nos ensina muitas vezes outro tipo de solidão: a dos que sofrem. Quando tudo vai bem aparecem "amigos" por todos os lados, querem estar conosco, viver do que somos ou temos; aproveitar nossa companhia. Quando sofremos ou as coisas não vão bem, todos desaparecem. As enfermidades passam a ser contagiosas, a derrota perigosa e o sofrimento traidor, porque o afasta de todos que até agora "o amavam". Poucos sabem realmente o que é solidão com quem sofre. Quando as coisas vão mal, nosso coração passa a ser duplamente limitado: primeiro, pela dor que estamos passando e segundo, por nos sentirmos sozinhos.

Em todos esses casos, nós não podemos fazer nada. A solidão aparece de "surpresa" e, façamos o que for parece ser nossa companheira inseparável. Em outros momentos, estamos sós porque queremos. É verdade, sei que não é bom admitir, mas muitas vezes colhemos o que plantamos. Muitas vezes, desprezamos outros e quando necessitamos deles não temos ninguém ao nosso lado. Outras vezes,

> nossa solidão é, às vezes, fruto do nosso desprezo pelos outros.

somos nós que estamos com as pessoas pelo que elas têm e não as amamos pelo que são. É possível que, infelizmente, não tenhamos tempo para nossos amigos, e agora que desejaríamos que estivessem ao nosso lado, nem sequer sabem que estamos sozinhos.

O mais triste é que talvez tenhamos dedicado todo nosso tempo em nosso trabalho, nossos prazeres ou nossa vida, enquanto desperdiçamos o tempo que poderíamos passar com a família, nossos pais, ou nossos filhos, nossos irmãos ou nossos cônjuges no momento que precisamos, simplesmente não estão conosco. Essa solidão que aparece quando se está sozinho e não resta ninguém, é terrível. É uma solidão que condena. Alguns dizem que é uma situação sem saída.

No fundo, a solidão é produto do medo: nosso e dos outros. Quando nos escondemos, queremos ficar sozinhos, e fazemos com que ninguém nos encontre. Podemos nos esconder por muitos motivos: por termos feito algo errado, não querermos que saibam como somos, por termos sofrido muito ou simplesmente querermos nos isolar. Tudo começou no dia em que quisemos nos esconder do nosso Criador. Você se lembra a primeira coisa que o homem e mulher (Adão e Eva) fizeram quando desobedeceram a Deus? Esconderam-se (Gênesis 3). Quando Deus os "encontrou", o homem respondeu: "tive medo e me escondi".

A primeira consequência do pecado é a solidão. O que conseguimos quando nos rebelamos contra Deus é um coração solitário e cheio de medo. Essa é a pior solidão, a existencial; a solidão de Deus. Não por parte dele, que sempre está ao nosso lado, mas da nossa parte, que a primeira coisa que aprendemos a fazer é dar-lhe as costas.

A solidão é a fonte de outras coisas que escravizam o nosso coração. Quando queremos nos afastar de Deus e lhe damos as costas, desprezamos a fonte da vida e quebramos voluntariamente nosso coração. Muitas vezes fazemos isso de forma

> Perseguimos voluntariamente uma solidão que nos destrói quando não queremos falar nem ouvir a Deus.

implacável, não para Ele, que sempre está conosco, mas para nós mesmos. Perseguimos voluntariamente uma solidão que nos destrói quando não queremos falar nem ouvi-lo e, poucas vezes percebemos que fomos feitos para viver completamente diferente.

Nosso coração não quer viver sozinho. Mesmo nos momentos em que buscamos tranquilidade e descanso, precisamos saber que alguém está conosco, que nos ama e compreende, que pode falar quando necessitamos que nos fale, e pode se calar por amor, quando precisamos de silêncio. Mas se decidimos viver e deixar Deus de lado, perdemos nossa vida para sempre.

Superando limites

Quando falamos de solidão, há algo que jamais devemos esquecer: às vezes, estar sozinho pode nos fazer bem. Jesus buscava a solidão quando "precisava" meditar, falar com o Seu Pai ou simplesmente descansar. Não devemos nos sentir culpados se o nosso coração necessitar desses momentos de solidão: instantes para colocar a nossa vida em ordem, para meditar sobre nossas atitudes, orar ou descansar do barulho e tantas atividades.

Nosso coração necessita estar sozinho às vezes, e não identificar isso pode nos levar a graves problemas em nossa vida. Algumas pessoas fogem da solidão porque não querem pensar. Gostam do barulho, da vida corrida. Não são capazes de viver sem certo grau de loucura nas atividades. Mesmo que isso seja parte do nosso caráter, de vez em quando precisamos:

- Parar e pensar onde estamos e até onde vai a nossa vida;
- Falar com o Senhor e ler Sua Palavra tranquilamente, ouvindo-o e descansando. Separar horas para estar a sós com Deus;
- Separar momentos a sós com nossa família e/ou nossos amigos para conversar, estar juntos, para desfrutar dos relacionamentos que Deus nos dá.

Esse grau de solidão, não só é necessário, mas imprescindível para poder tomar boas decisões. Precisamos pensar. Parar de vez em quando e examinar o que estamos

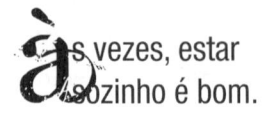

Às vezes, estar sozinho é bom.

fazendo, o que somos; tentar ir profundo em nosso coração e em nossas motivações.

Contudo, para vencer as barreiras da verdadeira solidão temos que aprender a viver sabendo que Deus está sempre conosco. Ele nunca nos abandona, Sua fidelidade não tem limites; por isso podemos descansar nele. Lembre-se:

"As misericórdias do SENHOR são a causa de não sermos
consumidos, porque as suas misericórdias não tem fim;
renovam-se cada manhã. Grande é a tua fidelidade"
(Lamentações 3:22-23).

Seja qual for a razão da nossa solidão, quando reconhecemos a presença de Deus, essa solidão deixa de nos fazer mal. Não estamos sós e Deus não está calado. Ele está conosco, falando de diferentes maneiras, para que não esqueçamos que Ele jamais nos abandona. Sua essência o "entrega", porque Ele é o amor:

"Acaso, pode uma mulher esquecer-se do filho que ainda
mama, de sorte que não se compadeça do filho do seu ventre?
Mas ainda que esta viesse a se esquecer dele, eu, todavia, não
me esquecerei de ti" (Isaías 49:15).

Deus sempre cumpre Suas promessas. Seja quem for, esteja onde estiver e seja qual for a razão porque você acredita estar só, se confiar em Deus pode estar seguro de que Ele está contigo. Deus jamais desamparou nenhum de Seus filhos. Só o fez com Seu Filho amado, o Senhor Jesus, quando estava na cruz. Ele teve que gritar "Deus meu, Deus meu, por que me desamparaste?" Quando levava todo o peso dos nossos pecados, nossas enfermidades, nossas tristezas. Nossa solidão sobre Ele. Deus o desamparou para não nos desamparar. O único momento da eternidade em que o Senhor Jesus não pode chamar-lhe de Pai, porque nosso pecado "rompeu" a comunicação entre Deus e Seu Filho. O Senhor Jesus suportou tudo por amor a nós para que nunca estivéssemos sós. Para que nunca se quebrasse a relação de cada um de nós com nosso Pai Celestial.

Ele sabe o que significa sentir-se só. O Senhor nos compreende e nos ajuda até em situações que não podemos sequer imaginar. Jesus suportou a dor e a tristeza mais impressionantes por amor a cada um de nós e para que pudéssemos vencer a solidão. Ele suportou tanta dor, que anjos tiveram que vir socorrê-lo. Somente Ele, um Deus infinito poderia ter suportado um sofrimento quase infinito. Por isso nunca estamos sós, mesmo que nos sintamos assim.

Não acredita nisso? Olhe o que aconteceu na vida do Senhor: Sua família o teve como louco e Seus amigos o abandonaram quando mais precisava deles. Os que o seguiam lhe desprezaram e, aqueles que o conheciam gritaram para que lhes tirassem a vida e o crucificassem. Ele teve muitos inimigos sem ter feito nada de errado e o Seu Pai celestial o desamparou, enquanto pagava o preço em nosso lugar. Ele, que poderia mudar tudo porque era Deus, suportou tudo por amor a cada um de nós. Jamais estamos sós, Ele está conosco.

> Para nunca nos desamparar, Deus abandonou por um eterno instante o Seu próprio Filho.

Se estamos sofrendo pelo que outros nos fizeram ou suportando o peso das circunstâncias, há sempre algo que podemos fazer: "Confiai nele, ó povo, em todo tempo; derramai perante ele o vosso coração; Deus é o nosso refúgio" (Salmo 62:8).

Quando estamos na presença de Deus, a solidão desaparece. Não importa o lugar, Deus sempre nos escuta e fala conosco. Ele está à distância de uma oração, de um desejo. Deus é quem nos protege, jamais nos abandona. Ele espera que o chamemos quando necessitamos dele. Que falemos com Ele, seja qual for a circunstância pela qual estamos passando.

É impressionante como muitas pessoas cristãs podem se sentir assim, como se não tivessem ninguém nesse mundo. Alguns chegam a pensar que sua vida não tem valor, sem perceber que seu valor é infinito porque o preço que Deus pagou por essa vida é infinito. Deus deu Seu próprio Filho por nós e poderia ter parado ali, mas o Seu amor incondicional o levou a nos fazer Seus filhos também. Quando entregamos nossa vida a Ele, então Ele passa a ser nosso Papai (João 1:12), e ainda, se não somos capazes de compreender ou senti-lo, Seu Espírito (que vive em nós) nos faz lembrar em todos os momentos:

"E, porque vós sois filhos, enviou Deus ao nosso coração o Espírito de seu Filho, que clama: Aba, Pai!" (Gálatas 4:6).

Papai, uma das primeiras palavras que uma criança pronuncia desde que nasce. O Espírito Santo dentro do nosso coração nos ensina a chamar a Deus de "Papai". Soa quase inacreditável, não é verdade? Nenhuma religião pode dizer o mesmo. Nunca, nenhuma crença na história da humanidade havia chegado tão "alto". Viver sabendo que Deus nos faz Seus filhos e que podemos chamá-lo de Pai; é muitíssimo mais do que alguém poderia imaginar.

Seu Reino não é formado por súditos, mas por filhos. A eterna fortaleza de Seu império não está baseada no poder de Seus guerreiros, mas no amor de Seus filhos.

Quando Jesus se pronunciou, os religiosos de Seu tempo o condenaram. Os estudiosos da lei disseram que estava louco, e os que conheciam e "entendiam" o Antigo Testamento chegaram a dizer que um demônio tinha se apoderado dele. Tudo porque começou a falar de Deus como Pai, e nos ensinou a chamá-lo assim. Deus se aproximou de nós para sempre. Tão perto que a muitos pareceu irreverente, mas não devemos nos importar, porque é o que Ele mesmo decidiu. Seu reino não é formado por súditos, mas por filhos. A fortaleza de Seu império que não tem fim, não é baseado no poder de Seus guerreiros, mas no amor de Seus filhos. O coração de Deus responde às mãos estendidas de cada um de nós, e não aos sacrifícios e penitências da religiosidade.

Deus decidiu ser o nosso Pai, nosso Papai. Ele não quer jamais que nosso coração se sinta órfão.

De certo modo, não importa a imagem que tenhamos dos nossos pais. Deus é o Pai por excelência. Se nossos pais amam ao Senhor, e seu exemplo foi formidável, perfeito! Será muito mais simples compreender nosso Pai do céu. Mas se tivemos muita dificuldade nessa relação, ou nossos pais nos abandonaram, jamais nos esqueçamos que Deus nunca fará o mesmo. Deus é o Pai perfeito, o Papai que sempre está conosco.

> Podemos nos sentir amados, abraçados, "admirados" porque Ele nos criou.

Lembre-se que o Senhor Jesus nos ensinou a orar dessa forma: Pai nosso que estás nos céus... "Papai nosso" "Meu papai". Em todo o Novo Testamento, Deus se apresenta como Pai na maioria das ocasiões, é como Ele quer ser tratado, é o "direito" que nos deu a todos que crermos nele.

Deixe-me dizer que não temos nenhum direito de nos sentirmos órfãos. Vou recordá-lo várias vezes que Deus é nosso pai e nossa mãe ao mesmo tempo, que Ele pode curar nosso coração... que podemos nos sentir amados, abraçados, que ele nos "admira" porque Ele nos criou. Que Ele nos deu o mesmo privilégio de sermos irmãos de Seu Filho unigênito, o Senhor Jesus. Que não só permitiu, mas que enviou, voluntariamente, à cruz a Seu filho, para poder dar vida eterna a milhões de outros filhos.

Deus ama, aceita e liberta o coração dos órfãos. Deus é o Pai que deixamos de lado muitas vezes, e continua esperando que voltemos para casa, ao lugar que pertencemos. Ao nosso Criador, àquele que nos ama com "loucura", porque a Bíblia diz que a cruz de Cristo é a loucura de amor de Deus, que envia Seu Filho para morrer, para que ninguém tenha que morrer.

Não duvide. Seja qual for a sua religião, se você não conhece Jesus pessoalmente e desconhece o Seu sacrifício voluntário por nós na cruz, independente das suas atitudes, não conseguirá se aproximar de Deus sozinho. Ao contrário, você pode se afastar definitivamente dele. Por favor, não se irrite se estou dizendo que o único Deus que existe está esperando que você volte para casa. Se você for adepto ao budismo, precisa passar algum tempo e algumas circunstâncias para poder expiar as suas culpas. Se for muçulmano, precisa pagar o castigo para ser aceito. Se segue alguma filosofia oriental, talvez tenha que passar por alguma reencarnação antes de saber que pode voltar para casa. Se segue alguma outra religião ou seita, mesmo chamadas cristãs, tem que trabalhar duro para voltar; ou talvez sofrer alguma outra penitência ou sacrifício, porque sempre lhe disseram que a divindade "se acalma" com os sacrifícios e trabalhos. Existem centenas de crenças religiosas, todas respeitáveis, mas nenhuma delas permite que você entre na casa do Pai como você é. Faça o que for, trabalhe o quanto trabalhar; e mesmo que se arrependa e faça penitências mil vezes, jamais poderá chegar a Deus por meio delas.

Ninguém pode libertar o seu coração órfão, a não ser o Senhor Deus.

Enquanto isso, Deus continua a esperar aos que voltam. O único Deus que existe estende Seus braços e sorri quando você chega. Você pode continuar acreditando no que quiser e viver assim, eu prefiro sentir o abraço. Mesmo sujo, miserável e indigno como me sinto, posso descansar nos braços de meu Pai e pedir-lhe não só que limpe meu coração, mas também que o torne livre. Descansando em Sua graça, jamais vou me sentir órfão.

Pode parecer inacreditável, mas uma das melhores maneiras de vencer a solidão é nos preocupar com a solidão das outras pessoas. Nesse sentido, os pequenos detalhes, os telefonemas e as mensagens que podemos enviar a quem possa

Não nos sentimos mais sós quando ajudamos os outros a vencer a solidão.

estar sofrendo são uma maneira genial que Deus utiliza para aliviar a solidão do nosso coração. Quando nos preocupamos com os outros, sabemos o que significa quando alguém se preocupa com outros.

Vencemos a solidão quando dedicamos tempo aos outros, tempo para nossa família e nossos amigos. Tempo com os que estão perto e necessitam nosso apoio. Tempo com as pessoas idosas e com as crianças. Vencer a solidão do nosso coração é ter os olhos abertos; Deus pode utilizar qualquer detalhe para nos falar, para que possamos ajudar aos outros também.

Essa é outra das razões porque nosso coração necessita estar perto do Senhor. Se puder, hoje mesmo pegue uma folha de papel e escreva ao Senhor suas necessidades, seus sentimentos em meio às circunstâncias, pois Ele prometeu que nunca o abandonará. Nessa confiança, e com essa segurança escreva: "Pai, necessito de ti por...

Oração

Pai que estás nos céus, graças porque posso chamá-lo Papai. Senhor, Tu sabes que algumas vezes me sinto sozinho. É como se ninguém me compreendesse. Tenho a impressão de que todos vivem sua vida e eu não tenho importância para elas. Sinto uma necessidade muito grande em meu coração e me parece que o mundo continua sem que ninguém se preocupe comigo. Agradeço porque realmente não é assim. Tu me amas de uma forma inacreditável e nunca me deixaste sozinho. O mundo poderia se partir em pedaços e as montanhas caírem de repente, e Tu não deixarias de me amar, de estar comigo.

Pai, necessito de Teus abraços de uma forma que não posso explicar, nem entender. Preciso ouvir Tua voz ao ler a Tua Palavra, ver-te em diferentes circunstâncias e pessoas que colocas diante de mim; necessito que abras os olhos do meu coração, para que eu perceba tudo que fazes por mim e como me diz "te amo" de mil maneiras diferentes.

Lembro também das pessoas que me amam e te agradeço por suas vidas. Ensina-me a ajudá-las, quando se sentirem sozinhas, e lembre-as que tu podes resplandecer sempre em seus corações.

Agradeço porque conheces tudo o que sinto, e te agradeço, Senhor Jesus, porque nos prometeu estar conosco todos os dias, até a consumação dos séculos, e Tuas promessas sempre se cumprem. Sei que estás aqui comigo, agora. As circunstâncias não me importam, ou as dificuldades mesmo que às vezes cheguem a me preocupar; saber que não me abandonas nunca é o que faz viver o meu coração.

Acima de tudo, e em todos os momentos de minha vida, desejo estar contigo, pois a ti me apeguei com amor.

dia 20
Coração sobrecarregado, estressado

Os médicos e os sociólogos dizem que o estresse é uma das enfermidades mais frequentes nos últimos 40 anos. Jamais vivemos mais sobrecarregados como agora. De alguma maneira, que não compreendemos, não somos capazes de desfrutar do que temos e vivemos sempre na corrida para conseguir mais, para visitar mais lugares, para mais. Preocupamo-nos com o que acontece agora, o que aconteceu no passado e o que possa vir a acontecer no futuro, apesar de não termos nenhuma segurança se viveremos isso.

Deus nos fez de outra maneira. Ele se "preocupa" somente com uma coisa: cuidar de nós e encher o nosso coração com Sua paz. Deus nos envia sinais a cada instante, para que o nosso coração não fique sobrecarregado, oprimido e depende de nós descansar nele, ou nos preocuparmos mais a cada dia.

Quando Míriam e eu nos casamos, viajamos em lua de mel para o Brasil. Temos muitos amigos nesse belo país e aproveitamos como nunca os mais de 20 dias de viagem, amigos, culinária, praias, paisagens, descanso. Nossa viagem de volta à Espanha tinha uma pequena escala de cinco horas no aeroporto de São Paulo. Assim que chegamos, ligamos para nossos amigos de lá, Alex, para ficarmos algumas horas juntos, antes de voltarmos para casa.

Assim que aterrissamos no aeroporto, pegamos nossas bagagens e o encontramos. Imediatamente fomos verificar nossa bagagem de volta para a Espanha e quando chegamos para pegar nossos cartões de embarque, tivemos uma surpresa desagradável, que se resume numa só palavra: "lotado". Você sabe, a companhia havia reservado mais passagens que lugares no avião, por isso teoricamente, não podíamos voltar para casa até o dia seguinte, apesar de que tínhamos nossas passagens pagas. Alex, nosso amigo, sorriu e disse-nos:

—"Não tem problema, você podem vir para minha casa e amanhã pegam o avião."

Não era uma má ideia, mas antes pedimos à moça que estava no balcão da companhia, para colocar nossos nomes na lista de espera desse mesmo voo. Percebemos que os nossos nomes eram os primeiros da lista, e pensamos que tínhamos grandes chances, então ficamos conversando por ali, aguardando notícias.

Algumas horas mais tarde, todos os passageiros subiram no avião, e nesse momento, a responsável pelo voo nos fez um sinal para nos aproximarmos das nossas bagagens e apresentarmos nossa documentação.

—"Restam dois assentos livres, vocês podem viajar nesse voo" (Isso sim eram boas notícias!). "Só precisam me apresentar sua documentação e pagar 15 dólares de taxas de embarque cada um, somando 30 dólares."

Era nosso último dia de lua de mel, por isso já tínhamos trocado todo o dinheiro, mas lhe dissemos que podíamos sacar a quantia com nosso cartão, e pagar imediatamente. Ela ficou séria e nos disse:

—"O caixa automático mais próximo é a dez minutos andando, e o voo não pode esperar mais, todos já estão embarcados. Se vocês não têm o valor, nós chamaremos os seguintes na lista de espera e vocês viajam amanhã."

Alex sorriu e eu lhe disse "Bom, parece que afinal vamos para sua casa, não é?" Ele não disse nada e simplesmente abriu a maleta diante de nós e da encarregada do voo. Ela estava começando a ficar impaciente e nos pedia que deixássemos o lugar para os seguintes na lista, mas nosso bom amigo começou a falar enquanto tirava um envelope de sua maleta.

—"Quando vinha vê-los, passei por meu escritório para pegar a correspondência. Era muito cedo, mas senti que precisava checar a correspondência de hoje. Nela, havia esta carta de um amigo que vive na Alemanha. Fazia muitos meses que não me escrevia, mas hoje chegou uma carta sua contando-me algumas coisas de sua família e trabalho. No final, havia uma observação que dizia: "Alex, ao fechar a carta, senti como se Deus me dissesse para colocar dinheiro dentro, você deve saber o motivo, porque eu não entendo, mas aqui estão 30 dólares."

Aceitamos o dinheiro e o entregamos à encarregada do voo. Ela despachou nossas bagagens e entramos na passarela que nos introduzia no avião. Antes, demos um forte abraço em Alex e lhe dissemos que devolveríamos o valor quando chegássemos à Espanha. A viagem durou muitas horas, mas não deixamos de falar e nos espantar com o cuidado de Deus nem um só momento. Não podíamos dormir nem fazer nada, só falar e agradecer a Deus, que quis que um filho Seu no outro extremo do mundo enviasse uma carta que chegasse justo na mesma manhã que nós íamos precisar de 30 dólares. Míriam e eu falamos e oramos quase sem parar. "Alex mesmo podia ter-nos deixado a quantia", ou nós podíamos não ter trocado todo o dinheiro para não haver problemas "...mas Deus queria fazer de outra maneira. Sua vontade era que descansássemos nele, e que soubéssemos que acima de tudo, jamais nos abandonaria. Ele cuida da nossa vida, e não vale a pena vivermos oprimidos ou estressados. Deus quer sempre que aprendamos a trabalhar, sim, a fazer as coisas da melhor forma possível e a viver cumprindo nosso dever... mas ao mesmo tempo deixar todas as coisas em Suas mãos, porque Ele tem cuidado de nós.

Guardamos o comprovante postal do envio daquele dinheiro ao nosso amigo do Brasil, para não nos esquecermos nunca que o coração não tem razões para ficar sobrecarregado.

Os especialistas dizem que uma das características que faz o estresse surgir é querer ter tudo sob controle, que nada nos escape das mãos. E como isto é impossível, não importa que corramos de um lugar para outro, tentando estar em dez

> **O nosso coração costuma ficar oprimido quando quer controlar tudo.**

lugares ao mesmo tempo para resolver inúmeros problemas em uma hora. A única coisa que conseguiremos se quisermos viver assim é acabar com a nossa saúde, em primeiro lugar a do nosso coração, porque o enchemos de preocupações; e em segundo lugar, nossa própria saúde física, porque não há corpo que aguente o ritmo que muitas vezes impomos a nós mesmos. O mais grave disso é que não importa se temos muito ou pouco na vida, quase todos nós nos acostumamos a nos comportar igual.

Tudo parece começar quando as circunstâncias são boas, conseguimos o que desejávamos e pensamos que as coisas vão bem: "Quanto a mim, dizia eu na minha prosperidade: jamais serei abalado" disse o salmista no Salmo 30:6. Dificilmente, um coração estressado reconhece que está assim, porque quando tudo vai bem, chegamos a acreditar que somos quase invencíveis.

Se não quisermos nos ver como derrotados temos que parar e pensar no que domina nossa vida. "O ânimo sereno é a vida do corpo, mas a inveja é a podridão dos ossos" (Provérbios 14:30). Se vivermos sobrecarregados, acabaremos com a nossa saúde. Se as paixões nos dominam, o nosso coração jamais terá paz. Precisamos ser apaixonados pela vida que Deus nos dá, mas essa paixão não pode tirar a paz do nosso coração. Pelo contrário, quando uma paixão é boa e vem de Deus, enche a nossa vida de calma porque aprendemos que vale a pena viver pelo que estamos fazendo. Podemos fazer um pequeno teste: se estamos correndo apressados de um lugar para outro sem saber muito bem o motivo, é porque estamos intranquilos. Se formos capazes de fazer o que temos que fazer com paixão e paz em nosso coração quase na mesma medida, estamos num bom caminho.

Quando não é assim, o ser humano é capaz de desenvolver mecanismos de defesa impressionantes, quase sem perceber! Todos já nos pegamos, mais de uma vez, fingindo que tudo vai bem, aparentando que não aconteceu nada de mau, mesmo que estejamos nos consumindo por dentro. Isso faz parte do nosso caráter, provém de um coração limitado que não quer reconhecer suas próprias fragilidades. Um coração sobrecarregado que não é sincero e que aparenta o que não é e o que não tem.

> Quando tudo vai bem, chegamos a acreditar que somos invencíveis.

Marta, uma mulher que servia sinceramente a Deus, deparou-se com esse problema quando o excesso de trabalho fazia não só ela se sobrecarregar, mas a todos os que estavam próximos. Se o que estamos fazendo nos domina (mesmo que seja um trabalho espiritual), não descansamos e podemos recriminar as coisas que os outros fazem. Podemos até dizer-lhes que Deus está errando! O Senhor Jesus viu o coração estressado de Marta e lhe falou, com toda a Sua ternura: "Está sobrecarregada por muitas coisas, mas somente uma é necessária..." Se vivemos preocupados, não só nos estressamos, mas não compreendemos como os outros podem viver tranquilos. Não sossegamos até "estressar" todo mundo!

É difícil compreender, mas não importa se o que fazemos é bom ou não. Se esse trabalho nos domina, nosso coração será escravizado por ele. Pode parecer muito espiritual que "não tenhamos tempo para descansar", mas o que Deus diz a respeito é muito claro: ter um coração sobrecarregado não é o que Deus deseja para nós. Um coração estressado jamais pode confiar.

Superando limites

Acredito que você possa encontrar centenas de livros sobre o estresse. É a doença do nosso tempo. Com certeza, podem ajudá-lo bastante, mas quero "livrar" você até do estresse de ter que lê-los, escrevendo quatro passos muito simples para que o seu coração viva sem ser escravo das preocupações.

1. A Palavra de Deus é imprescindível

A Bíblia nos ensina que pensar e meditar em nosso coração são muito mais que um hábito: "As palavras dos meus lábios e o meditar do meu coração sejam agradáveis na Tua presença, Senhor, rocha minha e redentor meu!" (Salmo 19:14). Deus proclama que Suas palavras são as que podem libertar nossa vida. O Salmo 19 é um dos salmos dedicados quase integralmente a refletir o valor da Palavra de Deus. Merece ser lido com calma e meditação em cada uma de suas linhas.

Para alguns, pode parecer um contrassenso, mas a melhor maneira de vencer as nossas múltiplas ocupações e falta de tempo é encontrar tempo e tirá-lo de outras coisas, para estar na presença de Deus, como separar alguns minutos cada dia para ler o que Deus deixou escrito para nós em Sua palavra. Se estivermos tão ocupados que não temos tempo para Deus, então não só estamos muito ocupados, mas o nosso coração sofrerá de uma forma irreparável.

Se não quisermos nos desesperar, temos que buscar a Deus em Sua Palavra: Ter encontros face a face com Ele na tranquilidade do dia, da noite ou em qualquer momento, em que possamos buscá-lo de todo coração. Se pudermos separar

Quando nosso coração encontra o verdadeiro prazer de escutar a Deus, enche-se de paz.

tempo na primeira hora do dia, excelente. Talvez, tenhamos que acordar antes, reajustar nosso horário, ou abandonar algumas ocupações que não valham a pena. Lembre-se de que não há nada mais importante para o nosso coração ser indestrutível, que ouvir cada dia a voz de Deus por meio de Sua Palavra. Lembre-se que tudo passará, tudo tem limite e todas as coisas data de validade, menos a Palavra de Deus, que permanece para sempre.

2. Precisamos falar com Deus e adorá-lo

"De noite indago o meu íntimo, e o meu espírito perscruta" (Salmo 77:6). Quando conversamos com Deus, libertamos nossa vida. Quando nos encontramos com o Senhor, aprendemos a lançar nossa ansiedade sobre Ele, e as preocupações deixam de ser o mais importante para nós.

Precisamos adorar a Deus, louvar, abrir nosso coração e desnudá-lo diante dele. Seja qual for o lugar que estivermos, quando começamos a louvar, sabemos que Deus é honrado por nossas palavras, e Sua presença preenche nossa vida de paz. Às vezes, é difícil adorar a Deus, porque as circunstâncias nos oprimem mais do que podemos explicar; mas é justo nesses momentos que Deus pega nosso sacrifício de louvor e nos devolve bênçãos com Seu rosto brilhando para nós com milhares de formas diferentes.

Cantar louvores a Deus é um resultado "normal" da nossa relação com Ele. Quando o conhecemos, por meio de Sua Palavra, cantamos (Colossenses 3:16 "Cantando com alegria em vossos corações"). Quando o Espírito de Deus nos enche, o primeiro resultado é cantar (Efésios 5:19). Somente nós podemos fazê-lo. Só os filhos de Deus podem elevar um canto de adoração ao nosso Pai, com a gratidão do nosso coração.

Mesmo ao anoitecer quando adoramos, deixamos de lado as nossas preocupações e focamos nossa vida em Deus. Se às vezes não podemos dormir, não temos que nos preocupar mais, mas conversar com o Senhor e adorá-lo. Se for possível, olhar para o céu ou para a natureza que Ele criou e agradecê-lo tantas coisas que faz por nós. Quanto mais vemos a Deus, menos nos preocupamos com nossas preocupações.

Mesmo no piores momentos, Deus faz com que surja uma canção no nosso coração.

Lembre-se sempre que um coração que canta, aprende a viver confiante e descansado. Nunca devemos esquecer que Deus vive permanentemente conosco e podemos falar com Ele; cantar louvores quando estamos em nosso carro, quando caminhamos pela rua, quando trabalhamos, se nosso estilo de trabalho permitir... eu mesmo cresci escutando minha mãe cantando hinos e canções todos os dias, enquanto limpava a casa ou cozinhava. Não tínhamos quase nada, mas nunca vi meus pais preocupados com coisas materiais ou estressados em trabalhar praticamente o dia inteiro! Nosso coração se liberta quando canta.

3. Deus trabalha para cumprir nossos sonhos

Uma das maiores descobertas em minha vida espiritual foi ler a Bíblia muito devagar, buscando tudo o que está escrito sobre o caráter de Deus. Muitas vezes, pensamos ou dizemos coisas dele que não são certas, e outras, deixamo-nos levar por préjulgamentos ou ideias que outros escreveram e falaram durante centenas de anos, como se fossem certas. Quando começamos a descobrir o caráter de Deus, percebemos que Ele é alguém que restaura todas as coisas e não comete erros.

Deus restaura nossos sonhos e abençoa nossa vida: "Conceda-te segundo o teu coração e realize todos os teus desígnios" (Salmo 20:4). Deus faz novos céus e nova terra, renova completamente nossa vida; deleita-se em nos dar "surpresas" e esbanja imaginação para nos abençoar. Deus vê o que há no profundo do nosso coração para realizar nosso desejo. Não precisamos viver estressados para chegar a algum lugar ou ter algum sonho, Deus pode realizá-lo em um só instante: "Satisfizeste-lhe o desejo do coração e não lhe negaste as súplicas dos seus lábios" (Salmo 21:2). Deus pode fazer isso até quando descansamos. Sua especialidade é nos surpreender. E nenhum coração se estressa quando vive surpreendido e feliz.

> Uma característica de Deus que muitos esquecem é que Ele cumpre os nossos sonhos.

4. O último passo é quase uma consequência de todos os outros
Escutar a Deus, falar, estar em comunhão com Ele e saber que o Senhor cumpre nossos desejos e enche-nos de paz, quase sem percebermos! O profeta Isaías explicou isso de uma maneira admirável quando escreveu: "Tu, SENHOR, conservarás em perfeita paz aquele cujo propósito é firme; porque ele confia em ti" (Isaías 26:3).

É tão simples que nos impressiona quando lemos! Ao vivermos na presença de Deus, não nos preocupamos com o que possa ocorrer. As circunstâncias podem mudar ou não, mas nada pode tirar a paz do nosso coração. Sentimos o mesmo cansaço, temos os mesmos problemas, sofremos as mesmas provas; mas a paz de Deus enche o nosso coração de uma forma que não podemos explicar e muito menos expressar — é uma paz que ultrapassa o nosso entendimento! (Colossenses 3:15; Filipenses 4:7).

O fundamental é que Deus encha os pensamentos do nosso coração. Há uma pergunta que sempre faço, sobretudo quando falo a jovens: "Em que você pensa quando não pensa em nada?" Todos sorriem ao ouvi-la, porque acreditamos que quando não pensamos em nada, é isso, não pensamos em nada... mas não é assim. Sempre há algo em nosso coração, algum pensamento íntimo, alguma sensação no mais profundo da nossa alma. Talvez um desejo, um sonho, um passatempo ou alguém. O mais terrível será encontrar orgulho, ódio, amargura ou tristeza... mas se Deus está em nossa mente e no mais profundo do nosso coração, encontramos a paz.

Se quando não estivermos falando, meditando, ou com outras pessoas, surpreendemo-nos cantando ao Senhor, recordando um texto bíblico ou conversando com Deus, é porque Ele encheu a nossa vida de liberdade, e o nosso coração chega a tocar o infinito.

E como fazer isto? Buscando-lhe com nossos pensamentos. Deixando de nos preocupar tanto e lançando de lado pensamentos como: "tenho que fazer" "tenho que resolver" e outras coisas parecidas. Recordando frases da Palavra de Deus e começando uma canção em nosso coração cada vez que pensamos nele, porque Deus enche nossa vida de paz. Ele, que tem o Universo inteiro em suas mãos, é o ser mais tranquilo que existe. Seu "coração" não conhece as preocupações nem o estresse. Nós somos Seus filhos e Ele quer que nos pareçamos com Ele, por isso não se preocupe, converse com Ele e peça que encha a sua vida de paz. O seu coração vai agradecer muitíssimo.

Oração

Pai, preciso estar contigo. Tenho em minhas mãos uma Bíblia, e necessito que fales comigo. Quero encher meu coração e minha mente com a Tua Palavra todos os dias. O que mais desejo é que fales comigo, quero te conhecer, amar, saber o que pensas e o que sentes.

E da mesma forma, quero te contar o que vai dentro de mim. Sem exceção. Não quero esconder nada. Quero estar perto de ti, que toda vez que estiver distraído me pegue conversando contigo.

Quero ter uma canção para ti em meu coração, quero adorar-te, que Teu Espírito me encha para que possa aproveitar da paz que tu me dás; a paz que vai além do que eu mesmo possa pensar.

Dá-me sabedoria para deixar as coisas que não posso fazer, para dizer "não" quando não posso fazer mais. Enche meu coração de paz e liberte-o da tentação de querer controlar tudo, de querer resolver tudo.

Tu, que cuidas de todas as ervas do campo e das aves do céu, cuidas também de mim, em cada momento.

Descanso em ti.

dia 21
Coração frágil

HÁ MUITOS ANOS, estava pregando ao ar livre em um parque na Galícia, quando vi na primeira fila uma menina numa cadeira de rodas. Era tetraplégica, e não podia utilizar praticamente nenhum membro de seu corpo. Quando terminei de falar, aproximei-me dela e lhe perguntei seu nome, e ela me disse: "Sara". Perguntei se ela sabia o significado de seu nome e ela negou. "Sara quer dizer princesa", disse-lhe. "Você é uma princesa para Deus, não se esqueça nunca." Ela olhou para mim e seus olhos começaram a brilhar, cheios de lágrimas.

Já se passaram alguns anos desde que a ciência descobriu que cada pessoa tem um código genético diferente. Todos nós somos especiais, únicos. Deus fez de cada um de nós um poema, de tal forma que todos somos incomparáveis. Inigualáveis. Ninguém pode ser o que nós somos. Deus quis que todos nós fôssemos amados igualmente, ouvidos da mesma forma, exclusivos desde Sua própria essência.

todos somos especiais, únicos e inigualáveis.

Algum tempo atrás, li que um professor levantou sua mão com uma nota de 100 reais, e disse a seus alunos: 'Quem quer?'; praticamente toda a classe gritou e levantou a mão. Então o professor fez algo raro, muito raro para eles. Pegou a nota e a pisoteou em cima dela, amassou, cuspiu e mostrou-a novamente. "Quem quer?" Voltou a perguntar, e todos continuaram gritando e levantando as mãos. Nada do que ocorreu fez a nota perder seu valor. Todos aceitavam a nota mesmo amassada, pisada e cuspida.

O professor então explicou que o valor da nota não varia pelas circunstâncias externas, é sempre o mesmo. Da mesma forma, não importa se nós somos desprezados, "pisoteados", considerados um fracasso, ou se "perdemos todos os concursos" porque pensam que não temos valor. Nosso valor como pessoas não são as circunstâncias que decidem. O que decide é o que temos dentro de nós, e isso ninguém pode nos tirar.

Sabemos disso e pensamos muitas vezes que é assim, mas as circunstâncias da vida, outras pessoas ou nossos próprios fracassos nos "ajudam" a esquecer o valor que temos. E nosso coração enfraquece. Começa a pensar que isso é só uma teoria e pouco a pouco caímos e nossa autoestima vai junto. Talvez não seja uma circunstância concreta, ou uma frase dita; mas a soma de várias situações, palavras e sentimentos fazem que um dia a gente perceba que temos menos valor do que pensamos. E o nosso coração começa a sofrer.

> Às vezes são as outras pessoas que enfraquecem nosso coração, quando dizem que não temos valor.

Muitas pessoas vivem assim, não são capazes de recuperar seu valor. Acabam não tendo personalidade nem ideias próprias. Suas vidas são controladas por outras pessoas e outras circunstâncias que não escolheram. Esquecem que Deus fez a cada um de nós e somos únicos. Esquecemos que o mundo jamais seria o mesmo se nós não fôssemos como somos.

Muitos vivem com rótulos que outros lhes colocam ao longo de suas vidas. Sempre são o "feio", a "inútil", o "quatro olhos", a "gorda" e centenas de outras crueldades que nunca esquecemos. Basta que alguém nos diga alguma delas quando somos pequenos, para ficarmos marcados. Basta que qualquer pessoa nos relembre disso para que todo nosso "mundo" venha abaixo.

Outras vezes, não são os insultos que nos fazem mal, mas as frases que as pessoas repetem: "Este menino nunca chegará a nada"; "Não pode estudar, não é inteligente." Alguém que está muito perto de nós, diz, e quase sem percebermos acreditamos; talvez foi um professor, um companheiro ou às vezes alguém da nossa própria família!

O mais triste acontece quando as pessoas que amamos começam a dizer coisas "somente como uma brincadeira", mas que nos ferem e marcam nossa vida para sempre. Quando um coração é frágil, qualquer coisa lhe fere e, muitas vezes, são outras pessoas que fragilizam nosso coração ao nos menosprezarem ou pensarem que não temos valor.

Às vezes, também são as circunstâncias que podem nos vencer. Algo que fizemos, uma má decisão, uma situação perdida ou a impossibilidade para superar o que temos diante de nós, nos fazem viver com autoestima baixa. Costumamos ser muitos cruéis conosco mesmos, desta forma, quase sempre nos comparamos com o que outros podem fazer e muitas vezes pensamos em nossos próprios fracassos, e então nosso coração se enfraquece. Convencemos a nós mesmos de que não podemos fazer algo e ninguém consegue nos fazer mudar de opinião.

Quando nosso coração começa a falhar

Os médicos nos dizem que um dos nossos órgãos mais importantes é o coração. Temos que cuidar dele o máximo possível para não falhar. Nossa vida está nele! Com a nossa vida interior também é assim, pode ser que fisicamente nosso coração esteja muito forte, mas observamos que a alma começa a falhar quando só nos deparamos com coisas más ao nosso redor. É aí que temos medo do que possa acontecer.

"Não têm conta os males que me cercam; as minhas iniquidades me alcançaram, tantas, que me impedem a vista; são mais numerosas que os cabelos de minha cabeça, e o coração me desfalece" (Salmo 40:12).

Essa sensação de que algo vai mal nos consome completamente. Quando sabemos que erramos, o nosso coração enfraquece. Quando percebemos que as coisas que nos acontecem podem ser nossa culpa, desfalecemos.

"Quão fraco é o teu coração, diz o SENHOR Deus, fazendo tu todas estas coisas" (Ezequiel 16:30).

Muitas vezes nós nos metemos em situações que nos limitam. Costumes que fazem mal ao nosso corpo, decisões que nos enfraquecem, substâncias que nos ferem e destroem nossa personalidade. O homem é especialista em se destruir e em continuar fazendo igual, mesmo sabendo que isto custa sua vida. Algumas das doenças mais mortais do nosso tempo vem do consumo de certas substâncias, mas para muitos não importa. Continuam enfraquecendo não só seu coração, mas também sua vida como um todo.

Quando nos destruímos, perdemos completamente o valor que Deus nos dá como pessoas. Quando damos as costas a Deus, perdemos o maior referente do nosso valor, e assim vamos pouco a pouco morrendo como pessoas. Nosso coração se fragiliza literalmente até a morte. Quando nos rebelamos contra Deus, nada parece ter sentido e desfalecemos completamente: "Por que haveis de ainda ser feridos, visto que continuais em rebeldia? Toda a cabeça está doente, e todo o coração, enfermo. Desde a planta do pé até a cabeça não há nele coisa sã, senão feridas, contusões e chagas inflamadas, umas e outras não espremidas, nem atadas, nem amolecidas com óleo" (Isaías 1:5-6).

Muitos tem um coração fraco porque foram maltratados, abusados ou assim chamados desde pequenos. Outros desfalecem porque as circunstâncias da vida os "esmagaram" em sofrimento e desespero. Muitos outros foram feridos e receberam golpes, porque não compreenderam que havia alguém que queria protegê-los, e lhe deram as costas. Rejeitaram o seu próprio Criador, quando mais necessitavam.

Da mesma maneira, que em muitas outras barreiras do coração, somos nós os que escolhemos se queremos continuar vivendo com um coração frágil e desfalecido, ou se ao contrário, queremos libertar nosso coração. Porque até nisso Deus é extraordinário, pois pode colocar um coração sem barreiras dentro de pessoas limitadas como nós.

Superando limites

Míriam e eu estamos casados há 19 anos. Uma das minhas brincadeiras favoritas é dizer que eu a tive em meus braços quando era um pouco maior que um bebê, porque nasci 11 anos antes dela. Sempre digo a ela que a quis antes de mais ninguém. Não é verdade, porque muito antes seus pais a conheceram, que a conceberam e mais particularmente sua mãe, que a levou em seu ventre... mas ainda assim, tampouco é de todo certo, porque quem primeiro a conheceu e a amou foi Deus mesmo, seu Criador. "Antes que eu te formasse

Antes que fôssemos concebidos, Deus nos ama muito, desde que estávamos em Seu coração.

no ventre materno, eu te conheci" (Jeremias 1:5), disse o Senhor. Deus nos conheceu e nos amou mesmo antes de sermos formados.

Deus nos ama com "loucura" muito antes que fôssemos concebidos. Antes que nossos pais nem sequer pensassem em nos ter, Deus já nos levava em Seu coração. Ele sabe quem somos, regozija-se com cada um de nós; nossa existência foi o primeiro e mais importante presente que Deus nos concedeu. Ele quis que nascêssemos e que nossa vida tivesse sentido. Ele nos deu tudo o que somos e isso é de um valor incalculável.

Não foram nossos pais que se empenharam em nos ter. Não fomos um acidente. Não foram outras pessoas que tomaram a decisão de que nasceríamos. Mesmo que tivesse alguma possibilidade de não nascermos, Deus escolheu dar-nos a vida, porque sabe que somos valiosos. Ele tinha planos impressionantes para nós, sonhos a cumprir, uma vida admirável para realizar, e essa é a razão pela qual quis que nascêssemos. Ele pensa que somos extraordinários, e nunca se engana.

"O SENHOR, teu Deus, está no meio de ti, poderoso para salvar-te; ele se deleitará em ti com alegria; renovar-te-á no seu amor, regozijar-se-á em ti com júbilo" (Sofonias 3:17).

Jamais imaginamos que Deus é assim. Poucas coisas causam tanto mal a nosso Criador, como aqueles que falam dele, dizendo qualquer coisa e, além disso, vivem de qualquer forma, desonrando Seu nome. Mas Deus é impressionante; Ele nos ama tanto que canta quando pensa em nós. Ama-nos de tal maneira que muitas vezes é impossível expressar com palavras o amor que sente; por isso Seu amor é silencioso. O Criador infinito e eterno se regozija em cada um de nós e festeja ao nos ver.

Nosso coração se fragiliza e desfalece muitas vezes por não conhecê-lo, por não estar ao Seu lado, por não ter aprendido a desfrutar de Sua presença.

Você não precisa ser outra pessoa. Não fique preocupado com o que os outros tem ou como vivem. Seja você mesmo. Não temos que mudar o que Deus colocou dentro de nós, porque para Ele somos valiosos. Um "Picasso" não tem valor pelo material com que foi feito, mas pela pessoa que o pintou. Pode ser que nosso corpo aparente ter o mesmo valor que o de muitas outras pessoas, mas Deus nos desenhou, e Sua assinatura é o que faz que nosso valor seja incalculável.

> Não temos que mudar o que Deus colocou dentro de nós, porque para Ele somos valiosos.

Deus poderia "simplesmente" ter-nos criado e mesmo com esse feito único, nosso valor seria infinito, mas não parou aí. Temos valor porque Ele nos fez, mas temos valor também porque somos amados. Há coisas que tem valor em si mesmas, mas outras tem muito mais valor porque as amamos. Há praias no Caribe ou no Pacífico que são as mais impressionantes do mundo, mas a praia galega onde pedi a Míriam em casamento e oramos juntos pela primeira vez é a que tem mais valor para nós dois.

A foto que ganhou o último prêmio internacional da imprensa é valorizada em todo o mundo. A foto que você sempre leva com você de alguém querido tem muito mais valor. Deus tem nossa "foto" em Sua casa. Deus se emociona ao nos ver e aprecia passear, falar conosco e nos ouvir. Quando estamos com Ele, nosso coração se fortalece e aprende que seu valor é incalculável.

Quanto vale o seu coração? O profeta Isaías escreveu que Deus é capaz de dar mundos inteiros por nós (Isaías 43), mas mesmo assim ficou faltando algo na explicação, porque Deus mesmo deu o melhor que tinha em favor de cada um de nós: Enviou a Seu próprio Filho para morrer para ganhar o seu coração. Você esperava por isso?

Dizíamos no início deste capítulo que, muitas vezes, são as outras pessoas que fragilizam o nosso coração com suas palavras ou atos. Se lermos o Salmo 73 nos identificaremos perfeitamente com o que o compositor sentia: orava a Deus para que castigasse as pessoas que tinham feito muito mal a ele. Mesmo que não seja um desejo muito

Você esperava que Deus enviasse Seu próprio Filho para a morte para ganhar o seu coração.

"cristão", Deus não nos reprova, ao contrário, se nos aproximarmos dele, vamos descobrir como Ele fortalece o nosso coração:

"Todavia, estou sempre contigo, tu me seguras pela minha mão direita. Tu me guias com o teu conselho e depois me recebes na glória. Quem mais tenho eu no céu? Não há outro em quem eu me compraza na terra. Ainda que a minha carne e o meu coração desfaleçam, Deus é a fortaleza do meu coração e a minha herança para sempre" (Salmo 73:23-26).

Se o nosso coração é frágil, temos que nos lembrar que Deus está sempre conosco. Se acreditarmos que não temos força para continuar, temos que saber que Ele nos toma pela mão e nos guia. Se nos sentimos tão desfalecidos a ponto de morrer, Deus continua nos dizendo que está conosco aqui na Terra e nos guiará até o céu; que nada nem ninguém pode nos vencer nem nos apartar dele, porque Ele é a fortaleza no nosso coração.

"Porque, quanto ao SENHOR, seus olhos passam por toda a terra, para mostrar-se forte para com aqueles cujo coração é totalmente dele" (2 Crônicas 16:9).

O segundo passo que temos que dar é pedir a Deus que faça nosso coração ser forte. Muitas vezes, as limitações, as indecisões e as dúvidas aparecem porque nosso o coração é fraco. Não sabemos tomar decisões, e se o fazemos, sempre duvidamos se deveríamos ter feito outra coisa. O segredo é colocar os olhos no Senhor.

A Bíblia diz que Deus percorre toda a Terra para fortalecer o nosso coração. Como se tivesse "digitalizando" o universo em busca de corações frágeis, que sejam completamente Seus. Não porque sejam perfeitos, mas porque decidiram entregar-se completamente.

Quando tudo o que somos está nas mãos de Deus, Ele nos fortalece, mesmo quando não queremos esconder nada; quando colocamos os desejos do nosso coração e os nossos pensamentos diante dele. Quando é assim, as indecisões e as dúvidas são bem menores.

Essa é a razão da nossa viagem. Precisamos fortalecer nosso coração na graça de Deus para quebrar as barreiras. "Não vos deixeis envolver por doutrinas várias e estranhas, porquanto o que vale é estar o coração confirmado com graça" (Hebreus 13:9). Essa é a maneira de curar o nosso coração, e também a base de tudo, a graça de Deus. Não devemos nos deixar levar de um lugar para o outro, de uma doutrina

> Quando nosso coração se fortalece na graça de Deus as barreiras desaparecem.

a outra; não é bom para nós que qualquer um possa nos convencer de coisas fora da graça de Deus. Muitos tentam diminuir, apagar e fazê-la inútil ou nos explicar que temos que fazer coisas erradas para nos aproximarmos de Deus. Ele continua nos esperando com os braços abertos, para nos fortalecer com Sua graça.

Nada pode nos fazer mais fortes, porque a graça nos mostra nossa fraqueza. É o grande paradoxo da vida cristã, a mesma que Paulo explicou várias vezes: quanto mais fracos sabemos que somos, mais fortes nos sentimos. Quando nosso coração se fortalece na graça de Deus, alcança a liberdade. Ninguém pode derrotá-lo. Ninguém pode nos fazer mal.

Oração

Pai, tu sabes que às vezes não tenho vontade de orar, por achar que não me ouves; que estás ocupado com coisas mais importantes para te preocupares pelo que sinto ou faço.
Às vezes, sinto como se estivesse falando com as paredes ou minhas palavras fossem levadas pelo vento. Necessito de ti. Faz-me ver qual é o meu valor. Ensina-me uma vez mais como foste capaz de dar quem mais amava, Jesus, somente por mim.

Pai, hoje quero descansar em Tua graça, de tudo o que faço e tentei fazer para que me consideres digno. Quero me lembrar para sempre que tu me amas e que a Tua graça me sustenta. Sem saber bem como explicar, sei sim que tu fortaleces meu coração com Tua graça e isto é suficiente para mim. Não preciso de mais nada.

Agradeço-te pelo valor que me destes. Agradeço porque não me abandonas jamais. Agradeço porque me tomas pela mão e me guias em minha vida. Não somente aqui, mas por toda a eternidade. Mesmo que às vezes me sinta fraco, desamparado ou só. Sei que estás comigo.

Senhor Jesus, eu te amo com todo meu coração. Sabes exatamente o que sinto e foste capaz de sofrer tudo por mim. Agradeço por Tua constante ajuda, fortaleza e descanso.

Basta uma frase, em minha oração, e me achego a ti. É suficiente para que eu tenha o desejo de falar contigo, pois a Tua graça é suficiente e minha fraqueza se vai. Agradeço a ti Senhor.

dia 22
Coração teimoso

"Porque, deveras, advertia vossos pais, no dia em que os tirei da terra do Egito, até ao dia de hoje, testemunhando desde cedo cada dia, dizendo: dai ouvidos à minha voz. Mas não atenderam, nem inclinaram o seu ouvido; antes, andaram, cada um, segundo a dureza do seu coração maligno; pelo que fiz cair sobre eles todas as ameaças desta aliança, a qual lhes ordenei que cumprissem, mas não cumpriram" (Jeremias 11:7-8).

Dizer algo sobre o nosso coração teimoso é complicado. A mesma teimosia chega a nos convencer de que não somos tão maus como pensamos. Talvez alguém passe para o próximo capítulo, pensando que isto não é com eles. Essa é a razão porque quis começar com uma advertência de Deus. Nada de medir palavras nem de relatar histórias. Nada de introduções ou explicações sobre o que há em nosso coração. Desta vez, é Deus mesmo quem fala e todos, sem exceção, temos que escutar. Da mesma forma como tiram uma fotografia nossa num lugar onde não deveríamos estar e não há maneira de negá-la.

O problema? Não costumamos obedecer da primeira vez que Deus nos diz algo e às vezes nem na segunda, terceira, quarta! Ele sempre tem que nos falar com insistência. Não é como um jogo de palavras dizermos que nossa teimosia delata bem rápido o quanto somos teimosos. Por culpa do nosso coração desobediente Deus tem que nos admoestar várias vezes, depois de ter lançado sobre nós ternura e amor infinitos. Por culpa do nosso coração insensível, acostumamo-nos não só a não obedecer, mas também a não escutar o que Ele diz; "Cada um andou na teimosia de seu coração malvado" porque, como muitas vezes não podemos nos controlar, nosso coração teimoso acaba sendo mau também. A linha de separação entre as duas "qualidades" é muito fina e nós a ultrapassamos quase sempre.

Teimosos por natureza

O nosso coração é teimoso quando nos empenhamos em algo e não somos capazes de viver se não conseguirmos o que queremos. É teimoso também quando queremos impor o que pensamos aos outros. A nossa teimosia é total quando já não nos importa justificar o que fazemos; simplesmente queremos passar por cima dos outros e de Deus mesmo ao preço que for. Nosso coração passa de teimoso a malvado quando queremos discutir por discutir. Tão somente por sentir o enganoso prazer de ser vencedor sobre qualquer outra pessoa.

Somos capazes de fazer mal aos outros e continuar fazendo, mesmo sabendo que sofrem. Não nos importa, nós temos razão. Nosso coração teimoso se torna insensível e mau, dando um passo mais até o nosso egoísmo. E chegamos a acreditar que somos felizes quando

A pessoa de coração teimoso chega a acreditar que é feliz vivendo assim. Até pensa que Deus esta do seu lado!

vivemos assim. E o que é mais grave, chegamos a acreditar que Deus está do nosso lado. A grande maioria dos ditadores, no decorrer da história disseram isso e creio que o melhor esforço que podemos fazer para lutar contra um coração teimoso é reconhecer que às vezes cada um de nós também é um pequeno "ditador".

> Os corações escravizados por sua própria teimosia costumam ser legalistas por excelência.

Quando alguém vive segundo a teimosia de seu coração acaba sendo um problema para todos os que o rodeiam. Sempre quer fugir com ela: na sociedade, no trabalho, na igreja, na família... é capaz de destruir a qualquer um que se coloque na sua frente sem se preocupar. Chega a pensar que está fazendo bem, porque "tem razão". Nos últimos anos, temos visto muitas famílias quebradas por culpa de corações teimosos. Igrejas feridas espiritualmente pela teimosia de alguns de seus membros ou de seus dirigentes, sociedades quebradas e/ou destruídas pela arrogância e maldade dos que tinham que tomar decisões. Querer ter razão sempre, ganhar a qualquer preço, ser infeliz se as coisas não vão como nós queremos ou simplesmente não querer escutar a nada nem a ninguém são as características de um coração teimoso e, portanto, escravo de sua própria maldade.

Em muitas ocasiões somos inconstantes em nossa vida porque somos teimosos para reconhecer o nosso problema. Não queremos dar o braço a torcer. Às vezes, preferimos perder tudo antes de perder nossa "razão", mesmo vendo que o caminho que seguimos não é adequado, que não dá resultados e que estamos errando. Mesmo percebendo que estamos causando mal a outras pessoas, continuamos agindo assim, porque o coração teimoso se torna insensível. Nada importa, só ter razão. Se outros são feridos, é problema deles; o coração teimoso sente-se satisfeito de "ter deixado as coisas em seu lugar" não importa os cadáveres que ficaram pelo caminho. Os corações escravizados por sua própria teimosia costumam ser os legalistas por excelência.

Deixa-me eu lembrar você só um pequeno exemplo: João foi chamado de "discípulo do amor" e damos graças a Deus por sua vida, porque seus ensinamentos e sua proximidade com Deus nos impressionam e abençoam. Mas em uma ocasião, a teimosia o venceu, está lembrado? Saíram com o Mestre para pregar numa cidade e foram rejeitados. João se voltou ao Senhor e perguntou: "Queres que oremos para que fogo do céu desça para consumi-los?" Esse é o coração teimoso. Não só quer manter o que acredita (o qual em si mesmo não é mau), mas quer impor a qualquer preço, inclusive "queimando" os outros.

> O coração teimoso quer impor o que acredita a qualquer preço, inclusive "queimando" os outros.

O coração teimoso diz "Viu como eu tinha razão?" quando algo errado acontece a alguém que não quis fazer o que ele aconselhou. Não lhe importa fazer alguém chorar que já o tenha feito silenciar. Não se preocupa em aumentar sofrimento de outros se isto trouxer a vitória.

Em nada se parece com Jesus, o coração mais limpo do universo, que foi capaz de perguntar aos Seus discípulos: "Porventura, quereis também vós outros retirar-vos?" (João 6). O coração teimoso nunca restaura, sempre fere e, sem perceber vai se afastando de quase todos, até os mais queridos ou próximos. O problema é que reconhece muito tarde que a quem mais fere é a si mesmo, porque nunca sabe o que significa desfrutar da graça de Deus e a sincera amizade dos outros. Quando um coração teimoso se torna legalista, despreza a graça e a alegria, torna-se escravo de si mesmo para sempre.

Espere! Ainda não terminamos! Ao cairmos na teimosia, somente admitimos como amigos pessoas que pensam como nós. Não temos companheiros, somente pessoas que nos seguem. Ninguém está ao nosso lado dando-nos o ombro, mas atrás de nós dizendo "sim" a tudo o que dizemos. O coração teimoso se torna soberbo porque sempre quer estar acima de todos. Não só quer ter razão, mas que os outros reconheçam. A vitória não é unicamente vencer, mas sempre que possível, humilhar as pessoas. E não importa se o "inimigo" é alguém de sua própria família ou alguém que nos ama. Quando somos soberbos, em nosso caráter está nossa desgraça, porque jamais somos felizes com ninguém. Sempre encontramos defeitos em todos, sempre queremos controlar a todos. A teimosia exige que seja assim.

Não gostamos de ser descobertos

O que fazemos ao sermos descobertos? Como reagimos quando temos que nos esconder? Creio que somos parecidos com o primeiro casal que existiu na terra. Às vezes, penso que sempre seguimos nesse modelo. Quando Adão e Eva desconfiaram e se rebelaram contra Deus, esconderam-se e procuraram folhas de figueira para se cobrir. Não buscaram a presença de Deus para uma solução ao seu problema. Não o chamaram para reconhecerem seu erro e perguntarem sinceramente sobre o que deveriam fazer. Certamente Deus teria uma solução preparada! Quando se sentiram nus, preferiram manter sua teimosia e se esconderam.

Nós também somos assim. Quase nunca buscamos a Deus quando caímos, mas nos escondemos e criamos as nossas próprias folhas de figueira. Às vezes, até as folhas "religiosas" e desculpas "espirituais"! Folhas que o vento leva a qualquer momento, para nos deixar nus quando menos esperamos. Parece que para nós serve qualquer coisa, menos nos aproximarmos do Senhor.

É impressionante que no livro de Provérbios, Deus diz que o "sábio em sua própria opinião" jamais alcançará a sabedoria, muito menos a liberdade!

O que acredita ser sábio e não quer aprender nada é o pior dos ignorantes. O coração teimoso chega a pensar que tem a razão acima do próprio Deus. Os escribas e fariseus falaram de tudo ao Senhor Jesus: que estava errado, que enganava as pessoas, que tinha um espírito mau e até que fazia milagres pelo poder do diabo!

> Somos capazes de criar folhas de figueira "espirituais" para não sermos descobertos.

Jamais devemos ultrapassar essa última linha. Deus é Deus e temos que aprender não somente a escutar, mas admirar e obedecê-lo. Ele nunca erra. Mas o próprio Deus não "pode" fazer o coração de um teimoso viver de outra forma se não a base de sofrimento e dor. Quando um coração soberbo é quebrantado, começa a pensar se realmente deve viver assim. Não tem muito sentido acreditar que é muito forte e sábio quando não pode nem se levantar da sua cama.

Superando limites

Você está lembrado do que falamos no início deste capítulo? "Um dos maiores problemas do coração teimoso é que jamais admite sê-lo." É muito orgulhoso para pensar que não tem razão. Por isso o que Deus quer, em primeiro lugar, que reconheçamos que necessitamos dele.

Não podemos continuar pensando: "Este capítulo é genial para alguém que conheço".

É interessante, mas a cura começa quando experimentamos o mesmo "sofrimento" que causamos aos outros. De repente, as coisas mudam, as pessoas já não escutam e ninguém se aproxima de nós pelo que somos... e então percebemos que talvez causamos muito mal. Então reconhecemos que fomos muito longe, que fomos teimosos até demais.

Não espere que isso aconteça. Deixe de discutir com você mesmo e peça a Deus que faça com que seu coração seja mais sensível.

Trata-se de buscar a Deus com todo o nosso coração. Se houve momentos em nossa vida em que não quisemos escutá-lo ou nossa teimosia nos impediu de obedecê-lo, temos que nos ajoelhar e nos prostrar diante dele. É o que Deus pediu a Seu povo escolhido, povo teimoso no mais alto grau (como nós!). "De lá, buscarás ao SENHOR, teu Deus, e o acharás, quando o buscares de todo o teu coração e de toda a tua alma" (Deuteronômio 4:29).

> normalmente o teimoso, por definição, não admite que tenha que mudar nada.

A Bíblia diz que Deus resiste aos soberbos e dá graça (enche de graça!) aos humildes. Quando somos teimosos de coração não só vivemos limitados, mas também nos afastamos do nosso Pai. Muitas vezes, Deus utiliza as circunstâncias, doenças, desilusões e, sobretudo, o tempo para falar ao nosso coração teimoso. Mais vale tomar uma decisão agora do que tomá-la quando estamos doentes, cansados, sozinhos ou envelhecidos pela nossa soberba, nosso querer controlar tudo e "saber" de tudo.

A enfermidade e a fraqueza costumam ser algumas das "ferramentas" que Deus utiliza com um coração teimoso. Não porque o teimoso precise do sofrimento, mas porque não é capaz de ouvir de nenhuma outra forma!

Essa é uma das razões porque Deus enche de graça aos humildes, aos pobres de coração, aos que acreditam que não merecem nada e pensam que talvez estejam errados. Aos que admitem que não podem controlar tudo e aos que sentem que precisam de seu Pai. Aos que buscam desesperadamente a sabedoria e, sobretudo, estar na presença de Deus porque sabem que nada podem fazer sem Ele.

O que Deus faz dentro de nós quando entregamos nosso coração teimoso não é torná-lo inconstante, fraco ou covarde. Pelo contrário, Deus o fortalece, enche-o de graça e de alegria. Torna-o indestrutível, muito mais do que tínhamos imaginado. Deus reaviva o nosso coração, fazendo-o radiante em suas ilusões e sensível em suas relações com os outros.

Mas lembre-se sempre que, nesse processo de liberdade, o coração se torna humilde. "Agora, estou resolvido a fazer aliança com o Senhor" (2 Crônicas 29:10).

A cura do nosso coração passa obrigatoriamente pela aproximação do Senhor e o desafio de tomar decisões diante dele. Necessitamos fazer pactos com Deus. Começando por pequenas coisas do dia a dia, decisões que pensamos que não tem importância. Fazer um pacto com o Senhor é deixar tudo em Suas mãos, rejeitar nossa teimosia de querer controlar tudo e a soberba de pensar que quase sempre temos razão. Buscá-lo com um coração desejoso de aprender, e ser preenchido por nosso Pai que está nos céus. Um coração que desfrute com a presença do Espírito de Deus guiando cada detalhe. Repito, cada detalhe mesmo.

O coração teimoso não quer escutar e muito menos obedecer. Deus nos fez lembrar no início deste capítulo: "Eu lhes mandei cumprir e não cumpriram." Continua sendo impressionante que, de alguma forma, que não compreendemos que Deus "depende" da nossa obediência para dar liberdade ao nosso coração. Como nós, que somos pais, Deus gosta de filhos obedientes. Da mesma maneira que poucas coisas "quebram" nosso coração como quando nossos filhos nos amam e nos obedecem, nada chega ao coração de Deus mais rapidamente do que um coração que o ama e obedece.

Oração

Pai, reconheço a teimosia do meu coração e a vontade de fazer quase sempre o que quero. Reconheço a minha maldade porque tenho sido teimoso sem razão. Perdoa-me por ter feito mal a tanta gente, querendo estar certo. Perdoa-me por ser insensível e fazer os outros sofrerem, ter estragado relacionamentos, simplesmente pela teimosia de meu coração.

Restaura a minha vida, meus relacionamentos, a vida de minha família, da igreja. Ensina-me a te obedecer e te amar sobre todas as coisas. Quero aprender a viver em humildade. Reconheço que não posso controlar sozinho a minha vida, nem querer saber sempre tudo que acontece, e muito menos querer passar por cima dos outros!

Quero ouvir Tua voz, ler a Tua Palavra e cumpri-la. Quero estar contigo com todo meu coração. Necessito de ti. Hoje, mais do que nunca.

dia 23
Coração desanimado, cansado

Eu tinha 24 anos e era uma das épocas mais complicadas de minha vida. Aparentemente tudo estava bem: eu servia a Deus na igreja e participava do Conselho Pastoral há cinco anos. Naquele momento restavam-me poucos meses para terminar minha tese de doutorado na universidade. Era jovem e Deus sempre me deu momentos incríveis servindo-o... mas em meu interior faltava algo. Não estava insatisfeito e me perguntava se o que estava fazendo valia a pena. Você sabe, creio que, às vezes, todos temos essa sensação de não saber se estamos desperdiçando nossa vida ou se o que estamos fazendo vale a pena.

Numa de minhas viagens de trem a Madri para estar com o orientador de minha tese, subi ao meu vagão completamente desanimado. Depois de alguns minutos, observei que ninguém mais subia no mesmo lugar, e comecei a orar, falando com Deus sobre a insatisfação que estava dentro de meu coração. Dava-me a impressão de que estava vivendo a vida de todo mundo menos a minha. Fazia o que me pediam, ajudava a todos, tentava servi-los em todas as coisas, mas meu coração se sentia incompreendido.

Depois de bastante tempo, o trem parou numa das estações e uma mulher mais velha subiu no mesmo vagão que eu. Começamos a conversar para passar as longas horas da viagem e, de repente, percebi que abria seus olhos, entusiasmada com tudo o que lhe contava. Perguntou-me o que eu fazia e depois de me ouvir, animou-me a continuar servindo a Deus, "Poucas pessoas podem fazer o que você faz", disse-me. Repetiu várias vezes que o mundo não seria igual se não houvesse pessoas que ajudassem os outros. Ao nos despedirmos, dei-lhe um Novo Testamento que levava comigo e ela sorriu como se estivesse esperando que fizesse exatamente isso.

Nunca mais pude encontrá-la. Mesmo com os dados que me deu, não encontrei o lugar que me disse que trabalhava. Todos os detalhes que falou de sua vida pareceram desaparecer num momento. Mais de uma vez pensei se foi Deus que enviou um anjo para libertar meu coração desanimado. Fosse o que fosse, agradeci ao Senhor por esse encontro.

Sei que muitos compreendem perfeitamente o que estou dizendo: uma das piores coisas que nos pode acontecer é viver com essa sensação de que nada está acontecendo, de que o que fazemos tem pouco valor; é como se os outros fizessem pouco caso de nós. Esse sentimento é perigoso, porque às vezes, leva-nos a abandonar e pensar que não queremos fazer nada, que melhor seria "enfiar-se na cama e dormir", ou ir a um lugar bem longe de onde estamos para não encontrar ou falar com ninguém.

É curioso como nosso coração pode ficar desanimado por muitas causas, mas nunca devemos ter uma primeira reação de culpa quando estamos assim, porque podemos cair na desilusão, tanto se fizemos o mal, como se fizemos o bem! Muitas vezes, nosso coração se desanima porque está cansado!

> **O impressionante é que podemos cair no desânimo tanto por termos feito o certo, como por termos feito o errado.**

Há vários anos, a história de um executivo numa empresa de Nova Iorque ficou muito conhecida, pois ele foi encontrado morto em seu apartamento após suicidar-se. Imediatamente, os investigadores vasculharam as contas, por medo de que tivesse cometido um desfalque, mas estava tudo bem. Depois de retirar alguns papéis, encontraram uma carta em que o homem explicava que sua vida não tinha nenhum sentido.

Ficamos desanimados quando fazemos o certo e ninguém agradece.

Sempre fez o certo, ajudou muita gente e sempre tentou fazer tudo de forma justa, mas nunca recebeu o agradecimento de ninguém e esse desânimo acabou com ele.

Desanimamos ao trabalharmos por muito tempo fazendo o bem e não recebermos uma recompensa ou agradecimento. Muitas vezes, até nos devolvem incompreensão e más palavras! Não somos os únicos: o apóstolo Paulo mesmo sofreu muitas vezes com isso; porque apesar de abrir seu coração para ajudar aos outros, muitas vezes, só recebeu problemas e desgostos. Sua forma de agir era limpa: "abrem-se os nossos lábios, e alarga-se o nosso coração!" (2 Coríntios 6:11), mas muitas vezes, o desânimo caia de uma maneira implacável sobre ele, ao ver o pouco que se davam conta. Ainda assim, continuou a dar tudo de si como se nada tivesse acontecido (2 Coríntios 12:15).

Nosso coração desanima também quando conseguimos tudo aquilo pelo que lutamos ao longo do tempo. Se não formos capazes de abraçar rápido outro sonho, sentimo-nos desiludidos porque percebemos que a conquista não era tão importante na vida. Apesar de ter levado anos para alcançá-la.

É quase inacreditável, mas esse grande triunfo pode nos desanimar, porque nada do que acontece depois se iguala ao extraordinário. É como se nosso coração tivesse se instalado no êxito e a partir desse momento, só as "coisas grandes" nos fazem sentir bem. Quando não aprendemos a desfrutar do dia a dia e das coisas simples, o nosso coração desanima.

Outra fonte de desânimo é ver que as coisas não mudam. Talvez, tenhamos feito o possível por ajudar aos outros e nos dá impressão que eles não compreendem nada. Passamos os anos trabalhando e tudo parece igual como no início. Chegamos a pensar que ninguém presta atenção em nós, ainda pior: que não entendem o que estamos fazendo! Às vezes até dentro da nossa família e outras, são os amigos. Em muitas ocasióes, em nosso trabalho nos sentimos menos compreendidos. Outros sentem-se mal depois de anos no ministério, é normal desanimarmos!

> Quando não sabemos desfrutar das coisas simples do dia a dia, o nosso coração desanima.

Caímos no desânimo também quando alguém nos acusa falsamente e outros entristecem o nosso coração com mentiras. "Com falsidade entristecestes o coração do justo" (Ezequiel 13:22).

Quando estamos desanimados por alguma destas razões não devemos nos sentir culpados. E mais, podemos chegar a estar tão cansados que nosso coração não tenha forças para nada (Salmo 143:4). Nunca compreendi essa sensação melhor que quando Iami, minha filha mais velha, a compartilhou comigo faz pouco tempo. Eu percebia que estava cansada, sem vontade de falar nem de brincar, só queria se atirar na cama. Perguntei a ela se estava esgotada e ela me respondeu: "Não, não estou cansada; o que acontece é que não me aguento."

Essa resposta foi genial, pois isso é exatamente o que o nosso coração sente algumas vezes: É verdade que há dias em que não podemos conosco. Não é que estejamos cansados, mas desanimados; talvez não se trate de nada concreto, mas sabemos que as coisas não vão bem. Sentimo-nos como se não pudéssemos dar um passo mais.

O problema é que o nosso coração desanimado nos leva à infelicidade. É uma sensação diferente, se a viveu sabe como é. Às vezes, o coração se sente infeliz sem saber a razão. Levanta-se pela manhã e parece que tudo vai ao revés. Veste-se com a sensação de que as coisas não vão bem e começa a caminhar pensando que é impossível vencer essa frustração. Nada de concreto acontece, mas esse sentimento começa a nos derrotar.

Quando vivemos assim, não percebemos que estamos desanimados. Pode ser que vivamos frustrados porque algum dos nossos sonhos não está se cumprindo, e inconscientemente chegamos a pensar que não vale a pena continuar. Nesses dias, qualquer coisa que acontece nos torna mais infelizes e não somos capazes de "levantar voo" pois costumamos ver tudo de uma maneira negativa. Às vezes, não temos paciência para esperar o momento em que se cumpra o que esperamos e isso nos desanima.

> Às vezes, sentimo-nos desanimados sem saber a razão. Isso é normal.

Por último, temos que falar do desânimo que vem por nossa culpa. O desânimo daqueles que deram as costas a Deus em sua vida, e mais cedo ou mais tarde, chega o momento em que não encontram sentido em suas vidas.

"Continuais em rebeldia? Toda a cabeça está doente, e todo o coração, enfermo" (Isaías 1:5).

Se estivermos afastados de Deus não devemos estranhar que nosso coração esteja enfermo. Nesse caso, a fraqueza vem quando estamos longe de quem pode nos dar as forças para seguir adiante. Ainda que não gostemos de admitir, não podemos nos rebelar contra Deus e depois viver como se nada tivesse acontecido, porque nosso coração irá arcar com as consequências.

O surpreendente é que esse "estar longe de Deus" pode chegar também à vida dos que nos cercam. Quando estamos servindo a Deus e no trabalho do cotidiano podemos esquecer de amá-lo de todo nosso coração com nossas atitudes e palavras; cedo ou tarde, perdemos o que realmente é importante. Muitas vezes, sem percebermos, o trabalho ou o ministério tomam o lugar do Senhor e são mais importantes para nós do que Ele! Nosso amor a Deus e à Sua Palavra, o relacionamento com nosso Pai, a oração, a dependência do Espírito Santo. Tudo parece acabar em um segundo diante do nosso trabalho para Ele. O ministério passa a ser nosso "deus": o planejamento, as atividades e as reuniões chegam a ser mais importantes que as pessoas, e o que é mais grave, mais importantes que o próprio Deus!

Planejamento, atividades e reuniões chegam a ser mais importantes que as pessoas, e o que é mais grave, mais importantes que o próprio Deus!

É muito difícil que alguém reconheça que esteja passando por isso, mas um dos sinais desse perigo é que nosso coração se desanima, torna-se infeliz e vive frustrado. Nada é importante, mas cumprir os objetivos e, cedo ou tarde, caímos na armadilha do desânimo, porque deixamos que as atividades ocupassem o lugar que só Deus pode ocupar em nosso coração.

Frustrações, impaciência, ingratidão, tristeza, cansaço, infelicidade... são muito peso para que um coração desanimado possa levar: limitam-no ao máximo, porque o fazem crer que não há solução, fazem-no viver com a sensação de que não haverá forças para seguir adiante. Acredito que quase todos conhecemos essa sensação, não é verdade?

Não pense que não há como voltar atrás. Mesmo no pior dos desânimos Deus pode libertar nosso coração.

Superando limites

Desanimados? Devemos buscar a face de Deus. Quando estamos cansados, só Deus pode aliviar o nosso coração. Pode parecer muito espiritual, mas Ele se encarrega de encontrar situações e pessoas que vão fortalecer nosso coração. É uma de Suas maneiras favoritas de nos ajudar. Precisamos ter os olhos abertos para encontrá-lo e ver Seu sorriso. Ele não só irá nos falar de muitas formas diferentes, como também fará que o sintamos bem perto de nós. Nossa vida é completamente diferente quando estamos perto dele, repletos de Sua presença. "Ao meu coração me ocorre: Buscai a minha presença; buscarei, pois, Senhor, a tua presença (Salmo 27:8). Davi sabia exatamente o que fazer quando estava desanimado, porque se sentiu assim muitas vezes. Esse era seu "segredo" e esse é o melhor desejo que podemos ter.

Abatidos? Temos que buscar a face de Deus. Quando estamos tão cansados que quase não sentimos nosso próprio fôlego, necessitamos esperar no Senhor. Ele nos encoraja e nos conforta.

Mais uma vez precisamos nos lembrar de um dos salmos: "Sede fortes, e revigore-se o vosso coração, vós todos que esperais no Senhor" (Salmo 31:24). Temos que fazer a nossa parte para não estarmos desanimados: esperar em Deus porque Ele vai confortar nosso coração... mas jamais devemos esquecer que somos nós que temos que tomar a decisão de deixar as coisas em Suas mãos e esperar nele.

Talvez outros nos desanimaram, esperávamos que fizessem algo e não foi assim. Talvez disseram mentiras ou nos acusaram de algo injusto. Muitas vezes, não podemos solucionar tudo, esclarecer tudo e buscar desesperadamente "que se faça justiça". Não, só vamos ficar bem quando esperarmos no Senhor.

Sentimos que quase não temos forças? Precisamos buscar o rosto de Deus. Quando estamos fracos, lembramos que o Espírito Santo inspirou o apóstolo Paulo em um dos momentos mais difíceis de sua vida: estava no cárcere, muitos o

Só ficamos bem quando aprendemos a esperar no Senhor.

haviam abandonado e aparentemente não tinha nem forças (era quase ancião), nem dinheiro, nem futuro porque não sabia se sairia da prisão. Sua resposta a todas as circunstâncias foi um cântico de vitória impressionante, a carta que fala mais vezes da alegria da presença do Senhor Jesus é dirigida aos filipenses. Quase ao final da carta, um brado de júbilo: "Posso todas as coisas naquele que me fortalece" (Filipenses 4:13).

Costumamos mudar os termos e pensamos que o poder é o importante. Procuramos ter poder e admiramos as pessoas poderosas. Deus enxerga as coisas de outra forma: Deus põe em nós as forças a todo instante para vivermos segundo o Seu poder. De fato, algumas versões traduzem o versículo ao contrário, sem perceber que no original grego a ênfase está em que não depende do nosso poder, mas no Seu. Se confiarmos em nosso poder, logo ficaremos abatidos, pois é muito pequeno. Quando compreendemos que vivemos com nossas forças mas descansando completamente em Jesus, que nos dá o poder, aprendemos a viver como vencedores, porque o Senhor tem em Suas mãos o poder de uma vida indestrutível (Hebreus 7:6).

Para que possamos entender, é bom ler todo o capítulo 40 do livro de Isaías. Nos dois últimos versículos, Deus deixa escrito uma frase que, aparentemente, parece um contrassenso: "Deus multiplica as forças ao que não tem nenhuma." Poderia se dizer que isso é uma impossibilidade matemática (multiplicar por zero é sempre zero), mas Deus faz esse milagre em nossa vida. Quando sabemos que não temos forças, Deus as multiplica.

Cansados? Precisamos ir à presença de Deus. "Desde os confins da terra clamo por ti, no abatimento do meu coração. Leva-me para a rocha que é alta demais para mim" (Salmo 61:2). Quando nosso coração desfalece e se sente desanimado, Deus o eleva. Quando nos encontramos afundados e acreditamos não poder continuar, Deus nos eleva ao mais alto de uma rocha.

Se outros nos feriram com suas palavras e pensamos que não podemos cair mais baixo do que estamos, o Senhor nos conduz para Ele mesmo, a rocha que é mais alta que cada um de nós. Coloca-nos em Sua presença, eleva-nos até Sua altura para que possamos ver as coisas de outra forma, para que não nos deixemos levar pelos que querem nos afundar. Invocamos a Deus desde as profundezas ao mais distante (os confins da terra) e Ele restaura nosso coração abatido. Por favor, leia com muita atenção:

"Considerai, pois aquele que suportou tal contradição dos pecadores contra si mesmo, para que não vos canseis, desfalecendo em vossas almas" (Hebreus 12:3).

Jesus suportou absolutamente tudo por nós, não só para nos ajudar, como também para nos compreender. Ele não só quer que não desanimemos, mas também que não nos cansemos! O Senhor é o único que pode tirar todo o peso da nossa vida; todas as coisas que nos cansam ou nos desanimam, sejam palavras, circunstâncias, frustrações... seja o que for. Quando vivemos atravessando o deserto do desânimo e não compreendemos o

> Quando estamos cansados e sem ânimo, Deus multiplica as nossas forças.

que está acontecendo, Ele está conosco. Quando não sabemos a razão pela qual as portas não se abrem e talvez continuem sem abrir durante meses ou anos, o Senhor está conosco. Ele suportou voluntariamente toda a inimizade, a hostilidade que nós possamos sentir.

Infelizes? Precisamos estar face a face com Deus. Ele é o ser mais criativo que existe, sempre busca circunstâncias e "presentes" para nós, dando-nos a felicidade.

Quando Deus sorri para nós, aprendemos a descansar. Nosso coração quebra os limites da infelicidade. Você se lembra das palavras do Senhor Jesus? "Vinde a mim, todos os que estais cansados e sobrecarregados, e eu vos aliviarei" (Mateus 11:28). Não se desespere. Não se preocupe pelas provas porque às vezes, são dons de Deus; nossos momentos a sós com Deus, muitas vezes, são repletos de lágrimas, mas estamos seguros de que Ele sempre nos ouve.

"Espera tu pelo Senhor; anima-te, e fortalece o teu coração; espera, pois, pelo Senhor" (Salmo 27:14).

Tudo deve começar e terminar com o Senhor. Quatro passos tão simples como fáceis de lembrar. E nos assusta que o primeiro passo e o último sejam idênticos.

1. "Espera no Senhor". Buscar a Sua face e nos entusiasmarmos com Ele. Lembrar que Ele tem um tempo para tudo e não devemos desanimar.
2. "Seja forte". Seguir ao Senhor não é estar prostrado, esperando Seus "milagres" cada dia da nossa vida. Mesmo quando ficamos sem forças, Ele vai multiplicá-las. Temos que continuar e lutar.
3. "Fortaleça seu coração". Confiar no Senhor é não permitir que nosso coração se enfraqueça, nem pensar que o que fazemos não serve de nada. Temos que acalmar nosso coração com a Palavra de Deus e o poder do Espírito Santo.

4. "Sim, espera no Senhor". Buscar a face de Deus continuamente e esperar nele, porque Ele tem sempre a primeira e a última palavra em tudo. Não são as circunstâncias, atitudes ou as pessoas que decidem, senão Deus.

Quando esperamos nele, aprendemos a descansar. E o desânimo terá deixado de limitar nosso coração.

Oração

Pai que estás nos céus, sinto-me desanimado. Aparentemente, ninguém se preocupa pelo que estou passando e, às vezes, creio que estou sozinho. Tenho muitas coisas que gostaria de fazer, mas penso que me restam poucas forças. Às vezes, penso que poucas coisas valem a pena e isso me abate cada vez mais.

Olha como meu coração desfalece, porque parece não haver nada nem ninguém que possa compreendê-lo. Tu sabes o que sinto, sabes de meu cansaço, de meu desânimo. Toca meu coração com a Tua Palavra e que o Teu Espírito sustente minha vida.

Pai, tu sabes que às vezes fico cansado de fazer as mesmas coisas todos os dias. Parece que nada muda e é como se vivesse na mesma rotina todos os dias. Renova o meu coração. Ensina-me a ver que o que faço tem valor e que tu te alegras em me ver. Talvez alguns não prestem atenção em minha vida ou em meu trabalho, mas para ti cada coisa que faço, cada palavra que digo e cada pensamento que tenho valem muito.

Obrigado pela vida que me deste. Mal posso sentir o meu coração batendo, e como cada um de meus membros foi perfeitamente desenhado por ti e funciona com o Teu fôlego de vida, me maravilho que quase tudo seja assim. Que mesmo em meu cansaço tu me sustentas. Mesmo atravessando o deserto, tu me concedes forças e me sinto feliz contigo.

Quero que meu amor por ti seja eterno e que todas as minhas ações me inspirem a buscar-te mais, vivendo em Tua presença.

dia 24
Coração ferido, partido

NATE DAVIS FOI UM jogador de basquete nascido nos Estados Unidos, que foi para a Europa nos anos 1980 para jogar. Por mais de dez anos, apreciamos o seu jogo na Espanha, como um dos melhores jogadores da história. Cinco vezes artilheiro, Nate foi sempre um jogador próximo de todos, principalmente das crianças. A verdade é que se tornou querido pelo seu caráter e seu jogo espetacular. Profundamente cristão, sempre falou do que Deus significava para Ele: "Deus é o mais importante em minha vida, nada pode comparar-se a Ele, com Deus tudo é possível", dizia a todos que quisessem ouvir. Realmente, cria que o Senhor lhe ajudava em tudo, chegou até a jogar com uma mão enfaixada em uma partida, mas marcou 28 pontos com uma só mão.

De repente, nos últimos anos de sua carreira, tudo pareceu mudar: uma lesão de clavícula o tirou repentinamente do esporte profissional, quando tinha 33 anos, ao mesmo tempo em que sua mulher, Annie, ficou doente pouco depois de ter dado à luz ao seu segundo filho, Nate Jr. Infelizmente para ele, nenhum médico podia descobrir a causa da enfermidade de sua mulher, de modo que os meses foram passando sem que ela melhorasse. Nate perdeu absolutamente todo seu dinheiro levando Annie de médico em médico, por diferentes hospitais dos Estados Unidos. Enfim, alguém descobriu a doença que tinha, chamava-se síndrome de imunodeficiência (AIDS) e era uma doença "nova" e mortal com a qual Annie havia sido infectada com uma transfusão de sangue no hospital onde deu à luz.

Pouco tempo depois, Annie faleceu, e Nate se encontrou sozinho, com dois filhos e sem dinheiro. Tentou fazer algo no basquete, mas um de seus "amigos" que havia se comprometido com ele para transferir todas as suas coisas para sua casa no estado da Geórgia, ficou com tudo e nunca mais o viu. Nate perdeu todos os seus troféus, as camisetas, as fotos. Seus filhos não puderam ter nenhuma recordação de tudo o que seu pai fora. Nate teve que começar uma nova vida como trabalhador numa pequena empresa de segurança.

Quando o encontramos em Atlanta em 1996, recordamos muitos momentos juntos na Espanha. Não sabíamos nada dele há quase dez anos. Conversamos por muito tempo, passeamos, levei algumas fotos que tinha, em que ele estava jogando basquete, e ele as mostrava a seus filhos, agora mais velhos, para que soubessem quem tinha sido seu pai. Quando falamos de Deus, olhou-me e me disse sem duvidar um só instante: "Minha confiança nele não mudou" "Deus é bom sempre, nada pode comparar-se a Ele." As circunstâncias da vida haviam partido seu coração, mas ele se manteve nas mãos de Deus e Deus lhe devolveu a confiança.

"Ferido como a erva, secou-se o meu coração; até me esqueço de comer o meu pão (Salmo 102:4). Poucas vezes nos sentimos tão mal como quando nosso coração está ferido. Às vezes, são as circunstâncias que nos fazem mal e não sabemos como agir, outras vezes são as pessoas que nos machucam. Ferido

> Poucas coisas nos fazem sentir tão mal como quando o nosso coração está ferido.

como a erva que seca, sem vontade de comer nem fazer nada, o mundo vem por cima de nós, e nada parece ter sentido. Não podemos dormir pensando no que perdemos, ou numa doença que veio de repente. Talvez as imagens se aglomerem em nossa mente ao nos lembrarmos das pessoas que nos machucaram, gente em quem confiávamos e as que aparentemente não lhes importa nos causarem o mal.

Um dia, uma menina veio à frente depois de uma pregação para orar comigo. Quando a vi, antes de lhe perguntar se queria entregar sua vida ao Senhor, logo percebi que algo "raro" acontecia; não só estava distante, como também não permitiu que essa medida de segurança se quebrasse literalmente, porque dava um passo para trás cada vez que eu tentava me aproximar. Tinha uns 17 anos e um coração machucado. Perguntei-lhe o motivo. Sem permitir que eu me aproximasse, começou a chorar e me contou que desde muito pequena era abusada sexualmente por seu pai e irmãos mais velhos. Não podia e nem queria confiar em ninguém, muito menos que nenhuma pessoa se aproximasse dela. Quando começamos a orar, pedi sinceramente ao Senhor que lhe fizesse enxergar o valor que ela tinha e que restaurasse o seu coração. Nós dois choramos juntos quando orávamos porque quando nosso coração está quebrado, Deus costuma usar o pranto para curá-lo.

Quando terminamos de orar, ela sorria pela primeira vez em muito tempo e fez algo que nunca esquecerei: quebrou a barreira de sua "distância segura" e se aproximou de mim para me dar um abraço. Disse-me que era a primeira vez que fazia isso em muitos anos, porque o seu coração ferido não se permitia aproximar de ninguém. Explicou-me que enquanto orávamos, sentiu como se Deus estivesse abraçando-a e curando seu coração. As más recordações do passado iam desaparecendo pouco a pouco, e agora sentia que sua vida realmente era valiosa para o Senhor. Hoje, é uma mulher que fala do Senhor a todos, e Deus a usa para levar Seu reino a outras pessoas feridas.

Coração ferido, quebrado, que parece sangrar pelas feridas do passado, pelas situações que não podemos solucionar. Coração dilacerado pela maldade dos outros. Quando o tempo passa e não curamos essas feridas, acabam destruindo nossa vida de uma maneira cabal. Sentimo-nos como se o presente e o futuro não existissem porque não podemos restaurar nossas lembranças.

> As feridas do passado, quando não se curam são capazes de partir o nosso coração para sempre.

Amargura, solidão, incompreensão, falta de carinho... pessoas que nos fizeram mal em nossa infância ou na juventude. Pessoas que nos feriram nos últimos anos. Todos passamos por situações diferentes que podem fazer com que nosso coração seja destruído. É curioso que quase sempre se fala desta maneira quando os "males" do amor são mencionados e quando somos rejeitados por alguém que amamos; mas é muito mais que isso, porque um coração pode ter sido ferido por alguém sem ser consciente ou por maldade. As feridas inesperadas da vida costumam ser as que mais nos fazem mal.

Há pessoas que dizem que o tempo cura os corações quebrados; mas creio que a única coisa que o tempo faz é cicatrizar as feridas abertas. Quando é assim, o coração deixa de desfrutar de tudo aquilo que pareça se aproximar de sua ferida: se a dor que sente é por ter sido rejeitado, deixa

> Quase sempre que se fala de um coração quebrado, pensa-se nos "males" do amor.

definitivamente de amar. Se a ferida foi causada por circunstâncias, deixa de confiar e de acreditar que Deus está guiando todas as coisas. Quando o coração se quebra pelo que outras pessoas fizeram ou falaram, imediatamente se afasta dos demais e se isola. São feridas que não se curam porque se fecham e deixam no interior a causa de seu mal.

Essa é uma das razões porque as lágrimas são as companheiras do coração partido durante muito tempo. Às vezes, essas lágrimas saem, mas outras vezes ficam dentro do coração e fazem ainda mais mal. É algo superior a nós. Se o nosso coração está machucado, arruma mil maneiras de se comportar como se nada tivesse acontecido, mas é impossível. Temos a intenção de esquecer, mas percebemos que estamos nos enganando. Cada vez que pensamos no que o futuro pode trazer, podemos vê-lo rodeado de tristeza porque somos incapazes

> às vezes, o coração fecha as feridas e deixa no interior a causa de seu mal.

de sorrir outra vez. Aparentemente, tudo está bem, mas em nosso interior, no nosso coração, há feridas impossíveis de serem curadas por isso decidimos viver nossa vida com elas. Acostumamo-nos ao sofrimento, e, de certa forma, como um mecanismo de defesa gostamos de viver assim.

O segundo perigo de não restaurar um coração partido é que, com o tempo, chega a isolar-se. Absorve tudo e se fecha; perde voluntariamente todas as possibilidades de se libertar ou desfrutar a vida. Torna-se amargo, distante, melancólico, até cruel. As feridas do coração nos fazem mal porque nos impedem de sermos nós mesmos. Somos capazes de abandonar qualquer coisa ou qualquer pessoa, por melhor que seja, contanto que não volte a sofrer. "Fizeram-me mal uma vez, e não voltarão a fazê-lo", é o que costumamos dizer, e o dizemos com razão porque ninguém gosta que lhe machuquem o coração.

Nós andamos longe de tudo e de todos e, desta forma, sentimo-nos seguros. Nossas decisões não têm a ver com o que acreditamos que seja bom ou não, com o que gostamos de fazer ou não, mas simplesmente com o que não nos faz mal. "Tudo está acabado" dizemos várias vezes, e o problema mais grave, sem nenhuma dúvida, é a decisão que alguns tomam quando pensam que sua vida não tem sentido. Muitas pessoas que se matam fazem isto por sentirem que seu coração se partiu para sempre. Outros tantos são "mortos-vivos" porque no processo de não querer que lhes façam mal mais vezes, perderam todas as ilusões na vida. Coração ferido, partido. Coração que aparentemente ficou limitado para sempre.

À primeira vista, isolado. Continue lendo um pouco mais adiante, porque mesmo para um coração feito em pedaços há restauração.

Superando limites

O Messias se levantou para ler pela primeira vez na sinagoga. Ele tinha começado a ensinar e muitos diziam que falava de uma maneira extraordinária. Escolheu vários discípulos para instaurar o reino dos céus e muita gente o seguia admirada não só por Suas palavras, como também por Sua vida e poder. O sábado era para ser um dia especial na história de Israel (e do mundo inteiro), porque o próprio Filho de Deus falaria na sinagoga e todos os mestres da lei, escribas e fariseus, sábios... todos conheceriam o plano de Deus para os homens. E Jesus abriu o livro do profeta Isaías e começou a recitar:

"O Espírito do SENHOR Deus, está sobre mim, porque o SENHOR me ungiu para pregar boas-novas aos quebrantados, enviou-me a curar os quebrantados de coração, a proclamar libertação aos cativos e a pôr em liberdade os algemados" (Isaías 61:1; Lucas 4:18).

No plano de Deus para este mundo, curar aos que tem o coração partido é uma prioridade. O Senhor Jesus deu Sua vida na cruz por eles e por nós. Deus quer curar as nossas feridas, quer que o nosso coração não só seja restaurado, como refeito completamente. Você sabe como Ele faz? Deus cura nossas feridas.

Deus cura as nossas tristezas

Sim, cada uma das nossas feridas. A Bíblia diz que Deus cura nossas "tristezas" porque sabe que o coração está partido por lágrimas e dor (Salmo 147:3). Deus sara os que têm o coração em pedaços e cura as suas feridas. Conhece cada uma das nossas tristezas e as toma em Suas mãos da maneira mais terna que podemos imaginar, para restaurar nosso coração. Podemos dizer que Deus não deixa que cicatrizem com o tempo, mas que é especialista em curar no "hoje", no "agora" e no momento em que mais estamos sofrendo.

Se algumas vezes você acredita que o sofrimento nos afasta de Deus, deixe-me dizer que Ele pensa o contrário, "Perto está o Senhor dos que tem o coração quebrantado e salva os de espírito oprimido" (Salmo 34:18). Muitas vezes, temos uma imagem errada do nosso Pai. Tendemos a pensar que se tudo vai bem e estamos alegres, Ele estará ao nosso lado. Dizemos aos outros que não podemos chorar ou nos desanimar porque é uma falta de confiança em nosso criador. Cada vez que pensamos isto, a única coisa que fazemos é quebrar mais o nosso coração. E com isso nos afastamos de Deus.

Deus está perto quando sofremos. Ele salva os abatidos, os que tem o coração partido. Veio fazer-se homem precisamente para isso: Quis provar o sofrimento de uma forma direta e real, para restaurar nosso coração. Chegou a ensinar que os que choram são felizes, porque Ele mesmo os consola. Viveu próximo dos pobres, dos desprezados, dos que abandonaram seus sonhos, pelos que tinham seu coração partido. E não pense que o fez assim porque eles o buscaram. Foi Ele que os buscou! É Deus quem nos busca quando sofremos.

> Viveu [Jesus] próximo dos que tinham coração partido. Foi Ele que os buscou!

"Um dos soldados lhe abriu o lado com uma lança, e logo saiu sangue e água. [...] E isto aconteceu para que se cumprir a Escritura: Nenhum de seus ossos será quebrado. E outra vez diz Escritura: Eles verão aquele a quem traspassaram" (João 19:34,36,37).

Só houve Um que permitiu que Seu coração se partisse de propósito, foi Jesus. Ele partiu Seu coração em nosso favor. Ao fazer um corte no corpo de alguém que acaba de morrer e sair sangue e água significa que a morte ocorreu por insuficiência cardíaca: física e literalmente. A Bíblia diz que Jesus levou sobre si o pecado e o sofrimento de todos nós voluntariamente. Ninguém foi capaz de dar a vida, Ele a deu por cada um de nós, por cada pessoa da humanidade no passado, presente e no futuro. Seu sofrimento foi que partiu Seu coração, literalmente por você e por mim.

> Para vencermos a nossa tristeza, temos que deixar de amá-la.

O que Deus faz para curar nossas feridas? Em primeiro lugar, espera que lhe entreguemos nosso coração. Não adianta muito saber que Ele cura nossas tristezas se queremos continuar com elas.

É curioso que algumas vezes parece que gostamos de viver no sofrimento. Fazemo-nos de "mártires", porque alguém (ou circunstâncias) nos machucaram, e pensamos que podemos viver felizes lembrando e sentindo pena de nós mesmos.

> **Para vencer a tristeza é necessário desprezá-la.**

Esperamos que todos se compadeçam de nós, por nosso sofrimento e isso nos faz sentir bem, porque nos sentimos "desgraçados" e assim todos se aproximam de nós.

Devemos abandonar essa sensação. A primeira decisão que Deus "necessita" para restaurar um coração é a decisão de ser renovado. Temos que fazer nosso o desejo do salmista:

"O opróbrio partiu-me o coração, e desfaleci; esperei por piedade, mas debalde; por consoladores, e não os achei"
(Salmo 69:20).

Essa sempre será a nossa experiência, porque mesmo que tentemos "ir em frente" de qualquer outra forma, com a ajuda de qualquer outra pessoa ou com qualquer outra motivação só Deus pode nos ajudar. Somente Ele nos conhece por dentro e sabe como curar nossas lágrimas. Podemos buscar durante muito tempo confiar em outras pessoas, mas, cedo ou tarde, perceberemos que não há consolo senão em Deus. Não há restauração a não ser naquele que veio para sarar aos que têm seu coração partido.

Por isso não se trata apenas de Ele curar o nosso coração. Trata-se de entregá-lo completamente. Deus não quer recompor o nosso coração partido se não entregarmos a Ele todos os pedaços. Precisamos descarregar tudo o que está dentro de nós e nada esconder.

Se quisermos que Deus restaure nosso coração devemos entregar-lhe tudo, absolutamente tudo.

> Se entregarmos a Deus nosso coração partido, Ele vai restaurar todos os "pedaços".

Muitas vezes, o problema não é que falhemos ou que nosso coração se parta, mas simplesmente que nos damos por vencidos muito rápido e não deixamos que Deus continue trabalhando em nossa vida. Pense por um momento em todas as coisas que aconteceram; em todas as rejeições que sofreu.

- "Fracassos" em nossa vida, quando nos rejeitaram por alguma coisa;
- Gente que caçoou de nós, pessoas que disseram coisas que nos machucaram;
- Oportunidades que perdemos por não fazer bem as coisas ou por não saber o que fazer ou simplesmente por não percebermos o que estava acontecendo;
- Falhas de caráter, situações nas quais agimos mal e "colocamos tudo a perder";
- Quedas em tentações que não soubemos resistir;
- Equívocos ou palavras ruins sobre outras pessoas, coisas que tínhamos que nos calar não o fizemos;
- Provas que não soubemos enfrentar;
- Dificuldades que acreditamos não poder vencer;
- Sonhos que abandonamos completamente;
- Amargura no coração por más decisões.

Você pode continuar a lista. Peço que faça algo muito simples: Pegue cada um dos "pedaços" do seu coração e escreva-os em algum lugar. Escreva todas as circunstâncias, os detalhes, as situações que fizeram você sofrer e que partiram seu coração. Ore "despindo" todos os seus pensamentos diante de Deus e quando tiver deixado todas as coisas em Suas mãos, rasgue as folhas em que escreveu porque Deus cura cada uma dessas feridas.

Muito em breve você perceberá que Deus vai restaurar a sua vida, lembrando-o das coisas e levando-o aos lugares onde o coração foi ferido. Deus faz assim quase sempre. Devemos ter os olhos bem abertos quando estamos em certas circunstâncias, ou quando voltamos a circunstâncias e lugares que Ele nos leva, nos quais sofremos no passado. Muitas vezes, Ele age assim simplesmente para sarar as nossas feridas, para que recordemos alguns lugares não só pelo que sofremos, mas para ver que Ele se preocupa conosco e nos cura. Deus nos sara completamente, de uma forma definitiva curando as nossas tristezas.

Oração

Pai, o meu coração está partido. Tentei seguir em frente, mas sempre vem à minha mente situações e pessoas que me fizeram mal. Preciso aprender a perdoar. Preciso perdoá-las, mas também me perdoar.

Restaura o meu coração. Olha minhas tristezas e põe Tua mão sobre elas.

Tu conheces todas as minhas lágrimas e minhas feridas Tu sabes a razão de meu sofrimento. Toma o meu coração e livra-me de me sentir bem só ao fazer-me passar por vítima de tudo o que me acontece. Não quero sentir-me ferido, se não é para ajudar aos outros.

Senhor Jesus, tu conheces perfeitamente como me sinto, porque no Getsêmani tu sentiste muita tristeza. Sou grato por permitir que Teu coração fosse partido por cada um de nós, por mim. Agradeço por sofrer muito mais do que nenhuma outra pessoa sofreu por amor a mim.

Entrego-te o meu coração. Tudo o que há nele, sem condições, sem querer esconder algo. Tudo é Teu, para que faças Tua vontade. Entrego-te todas as coisas que escrevi e as deixo em Tuas mãos. Sei que irás restaurar meu ser, não quero continuar vivendo assim. Sou grato por me dar um coração renovado. Agradeço-te por curar meu coração.

dia 25
Coração entediado, insatisfeito

A MAIORIA DOS LIVROS que ocupam os primeiros lugares de vendas nos últimos anos tem a ver com metas, satisfação pessoal e obtenção de sucesso. Vivemos numa sociedade que adora os vencedores e, praticamente, todas as pessoas procuram a maneira de ser um deles. O engraçado é que conseguimos muitas coisas inimagináveis, já que a nossa vida é quase infinitamente melhor do que a de qualquer pessoa bem-sucedida que viveu centenas de anos atrás, mas o nosso coração está insatisfeito. Conseguimos muitas coisas, mas mesmo assim sempre pensamos no que não temos, no que nos falta alcançar; e enquanto agimos assim, somos escravos da nossa própria insatisfação.

Há mais de 50 anos que uma canção se tornou popular na Espanha. O seu refrão dizia:

"Todos queremos mais
O que tem cinco quer dez
O que tem vinte quer os cinquenta
E o dos cinquenta quer ter cem".

Qualquer pessoa teria sido "feliz" em 1960 se tivesse, como nós, um lugar onde viver com aquecedores, água corrente, alimentos abundantes, comunicação com todo o mundo, música, as possibilidades de viajar dentro e fora do país. Para nós, tudo isso parece "normal" porque desejamos muito mais. Nosso coração vive insatisfeito porque queremos mais, queremos provar tudo, viver tudo, ter tudo. Mas com o passar dos dias, vivemos frustrados porque sempre pensamos o que nos falta.

Há vários meses, tive a oportunidade de ir a um treinamento do time de futebol do Barcelona F.C., na Espanha. Um dos jogadores é cristão e um grande amigo, então decidi acompanhá-lo durante uma manhã e cumprimentar os outros jogadores. Quando entrava no estádio, vi uma mãe com seu filho, um menino de uns 10 anos, que não parava de olhar seus "ídolos" e tirar fotos com eles. Pensei que talvez esse fosse um dos dias mais felizes da vida do menino, quando vi que falava ao ouvido de sua mãe, como se quisesse dizer algo muito importante.

Começou o treino e voltei a olhar o menino com sua camiseta autografada, percebi que não deixava de falar com sua mãe e pedir mais alguma coisa. No final, a mãe foi a um dos empregados do clube, e ele lhe trouxe uma bola autografada pelos jogadores. Eu pensei: "o que mais será que ele vai pedir? O estádio?" Qualquer menino teria ficado imensamente feliz com a foto dos jogadores, muito mais com a camiseta, ainda mais com o autógrafo, a bola.

> Vivemos com corações insatisfeitos, tenhamos o que for.

Nesse momento, percebi que esse menino era um espelho da nossa sociedade: Corações insatisfeitos independente do que tenham. Alguém já disse que somos uma sociedade de consumo, e não poderia ter dito melhor, porque quase todos "consumimos" querendo ter coisas que não nos servem para nada; que não precisamos e que nem mesmo vamos poder desfrutar, ver ou ter, por mais que nos empenhemos. Se há algo que tem gerado o nosso estilo de vida são os corações escravizados pela insatisfação.

"*Porque o sol se levanta com seu ardente calor, e a erva seca, e a sua flor cai, e desaparece a formosura do seu aspecto; assim também se murchará o rico em seus caminhos*" *(Tiago 1:11).*

Muitas vezes, admiramos pessoas que têm muito, e essa admiração nos faz insatisfeitos. O que Deus nos diz sobre essas mesmas pessoas que admiramos é impressionante, ele fala "da beleza da aparência que perece", mesmo que essa pessoa rica seja cristã! Quando queremos tudo, o nosso coração vive insatisfeito e continuará assim, porque se não o tratamos, um dia "definhará".

Com a insatisfação chega o tédio, porque acreditamos que nada vale a pena.

Coração insatisfeito, coração entediado. Quando vivemos "entediados", muitos dias nos parecem horríveis. Você sabe o que muitos consideram horrível? Que seu cabelo não esteja bom, que alguém apareça com a mesma roupa, que saia mal num exame, um congestionamento, que alguém nos "olhe torto". Se nos acontece alguma dessas coisas ou outras parecidas, começamos a "sofrer". Às vezes, vivemos muito confortáveis, muito centrados em nós e nos despreocupamos com o verdadeiro sofrimento de milhões de pessoas em nosso mundo. A um coração entediado e insatisfeito lhe preocupa mais a cor de seu cabelo que os dois milhões de pessoas que vivem absolutamente pobres no mundo.

É como se fosse uma moeda de duas caras, acreditamos que podemos curar a insatisfação sem fazer nada. Tudo o que acontece em sua vida é culpa dos outros ou das circunstâncias, porque acreditam que a liberdade de seu coração nasce no "deixar-se levar". Alguns dizem que como bem poucas coisas têm remédio, o melhor é não fazer nada. O *dolce far niente* (vida boa) que dizem os italianos, mas que só vale a pena quando realmente você está cansado de tudo o que faz, não quando não sabe o que fazer, ou está entediado.

Com a insatisfação, chega o tédio, porque podemos pensar que nada tem valor. Temos mil coisas por fazer, mas o nosso coração não encontra nada que seja agradável. Tudo cansa, provoca o tédio. Tudo sobra ou tudo falta, nem sequer sabemos o que pensar ou o que sentir.

Um atraso, um plano frustrado, uma pessoa que faz o que não deve. Tudo pode ser transformado, tudo pode ser resgatado nos planos de Deus. Às vezes, ao buscar o extraordinário, perdemos muitíssimas coisas no decorrer do caminho. Perdemos a beleza das coisas simples. Perdemos a felicidade de cada momento.

nosso coração tem que aprender a viver acima dos limites da aparência.

Não é estranho quando você pergunta a alguém: "Como você está?" e ele responde: "Entediado". Um coração insatisfeito ou um coração preguiçoso só o levará ao tédio. O coração vive desta forma por não poder alcançar tudo o que quer (isso sempre é impossível) e entediado por não querer fazer o que precisa ser feito.

Você sabe qual é o perigo? Um coração insatisfeito pode se fartar de tudo. Que contrassenso! Só nós podemos fabricar incongruências assim. Salomão descreveu de uma forma sublime: "O infiel de coração dos seus próprios caminhos se farta, como do seu próprio proceder, o homem de bem" (Provérbios 14:14). Mesmo escrevendo inspirado no Espírito de Deus, ele sabia do que estava falando. Provou absolutamente tudo e compreendeu que tudo era como correr atrás do vento. Vaidade sem limites. Salomão descobriu muito tarde que cada nova emoção e cada novo prazer que buscava só acrescentavam tédio e enfado. Quando alguém se perde em seu coração, pretendendo fazer o que quer e ter tudo que quer, acaba se fartando de seus próprios caminhos, porque jamais se satisfaz. E nada farta mais do que um coração insatisfeito.

Quando nos sentimos enfadados de tudo, entediados, tentados a nos deixar levar pela falsa doçura da preguiça, devemos recordar que nosso coração não será livre até que encontre o caminho que Deus tem preparado para ele. Não se trata de "desaparecer" deste mundo, mas de algo tão simples e complicado ao mesmo tempo como viver muito acima dos limites da aparência. Trata-se de viver satisfeito.

Superando limites

Qual é o motivo da nossa satisfação? "Não posso estar satisfeito mesmo que eu tente", cantavam nos anos 1960 os *Rolling Stones*, e continuam cantando 50 anos depois (isso sim, um pouco mais velhos), porque o coração insatisfeito não pode encontrar liberdade em posições, experiências, pessoas, fama, poder ou dinheiro. Voltemos à pergunta, pois precisamos respondê-la para que o nosso coração vença seus limites: "qual é o motivo da nossa satisfação?"

Se colocarmos o nosso coração em algo material, jamais estaremos satisfeitos. Nosso coração é muito grande para que algo material possa satisfazê-lo. Se o mais importante para nós forem nossas metas, objetivos, planos ou conquistas, nunca venceremos o tédio, porque nosso coração é muito profundo para preenchê-lo assim. "O fundo do coração está mais longe que o fim do mundo" diz um provérbio dinamarquês, e acredito que com muita razão. Se olharmos para dentro de nós, entenderemos que é assim mesmo.

Sentimo-nos insatisfeitos também quando confiamos "cegamente" em outras pessoas e mesmo quando ajudamos, servimos ou trabalhamos para outros, ainda que seja um serviço espiritual! Nosso coração é muito amplo para que outras pessoas o preencham. Sentimo-nos insatisfeitos quando nos comparamos aos outros, por dentro e por fora, em vez de sermos nós mesmos. Quando não somos nós mesmos, sentimos um vazio por mais que tenhamos muito.

Ficamos entediados porque não aprendemos a viver e desfrutar cada dia mas, quando encontramos a vontade de Deus em nossa vida, sabemos o que significa estar satisfeitos. Não porque tenhamos tudo ou conseguimos realizar os nossos sonhos, mas porque damos a Deus o lugar mais importante em nosso coração. Davi experimentou isto em sua vida e escreveu: "agrada-me fazer a tua vontade, ó Deus meu; dentro do meu coração, está a tua lei" (Salmo 40:8).

> Em primeiro lugar, Deus enche o nosso coração com Sua presença, e depois, com tudo que Ele criou.

Deus é o único que pode preencher o vazio do nosso coração. Só o Deus Eterno pode satisfazer a dimensão infinita do nosso coração. Com Ele, todas as outras coisas ocupam lugares diferentes. Nosso coração se encontra, nós compreendemos quem realmente somos e tudo o que fazemos e temos. Todas as pessoas que conhecemos encontram um lugar muito mais importante que antes em nosso coração, porque não vivemos mais insatisfeitos. Deus nos preenche completamente.

Deus satisfaz o nosso coração com Sua presença e nos ensina a viver. Mostra-nos como vencer o tédio, não buscando coisas espetaculares, mas desfrutando do que é mais simples de cada dia. Deus põe em nosso coração a sensação de contentamento quando despertamos a cada manhã e sabemos que cada novo dia é uma dádiva Sua. Ele nos enche com Sua presença e encontramos satisfação ao Seu lado, com cada coisa que fazemos, com cada detalhe; com cada pessoa que encontramos e com as coisas simples de cada dia.

Posso propor a você uma lista de "satisfações" que são importantes quando amamos a Deus, mas espero que você possa escrever e experimentar a sua:

- Dizer "te amo" sinceramente às pessoas amadas;
- Falar aos outros olhando nos olhos;
- Amar profunda e apaixonadamente;
- Ser agradecidos aos seus pais;
- Aprender a aproveitar de passeios sem pressa;
- Ouvir músicas;
- Observar como a chuva cai, observar os animais, descansar admirando a natureza;
- Aprender a desfrutar de Deus e de todos Seus presentes. Lembrar-se de todas as coisas boas que já viveu;
- Conversar com alguém que faz tempo que não se fala;
- Falar com Deus todas as vezes que puder, em todos os lugares possíveis;
- Assistir o nascer e o pôr do sol;
- Agradecer a Deus cada manhã pelo nascimento de um novo dia;
- Rir e aproveitar tudo que puder.

Você pode fazer com que esta lista seja interminável, porque o que Deus nos dá é para que aprendamos a desfrutar da vida. "Agrada-te do SENHOR e ele satisfará os desejos do teu coração" a cada dia (Salmo 37:4). Quando Deus enche o nosso coração, não só enxerga os nossos desejos, como os cumpre. Os sonhos impossíveis já não nos causam frustração porque Deus nos mostra outros maiores. O Senhor sempre nos anima a ter novos sonhos, impulsiona-nos a criar, a usar nossa imaginação e a apreciá-los.

Porque os maiores desejos não vêm de nós mesmos, mas dele. Deus enche a nossa vida de desejos de criar e fazer coisas que valham a pena. Não tem nada a ver com a idade: seja qual for a sua idade, continue usando a imaginação que Deus lhe dá. Essa é uma das razões que faz o nosso coração encontrar sentido em Deus, porque Ele sempre nos pergunta: O que você pode fazer? Quais são os seus sonhos? Que coisas você gosta de criar? Quando pensamos no que Deus tem preparado para nós no futuro, o nosso coração não se prende ao passado.

Quando Deus satisfaz o nosso coração, sentimos desejo de ajudar aos outros, queremos trazer o céu à terra, vivendo de uma maneira diferente e nos colocando ao lado dos que necessitam restaurar as suas vidas. De repente, encontramos mil projetos que Deus tinha preparado; começamos a ter uma capacidade ilimitada para amar e descobrir sonhos. Logo percebemos que nossa vida não só é diferente a cada momento, como não acaba jamais, porque a eternidade vive no coração de Deus, e, portanto, no nosso coração. Quando reconhecemos algo tão simples como isto, aprendemos a viver, porque sabemos que nosso futuro está nas mãos do Todo-poderoso. Nada e ninguém pode vencê-lo.

> O que Deus tem para nós no futuro é tão impressionante que viveremos sempre admirados!

Quando Deus habita em nosso coração, nos anima, nos dá vida. Nesse contexto animar significa a vida de Deus em nós. Quando abrimos completamente o nosso coração a Deus e Ele o "toma" por inteiro e a insatisfação e o tédio desaparecem, não há lugar para eles.

Oração

Pai, às vezes me sinto mal por ser eu mesmo. Parece inacreditável, mas quase qualquer coisa pode me deixar de mau humor e "estragar" o dia. Não quero viver assim. Quero descansar em ti e que meu coração seja Teu completamente.

Quero me lembrar várias vezes que nada me faz tão feliz como estar contigo. Eu o conheço e o sinto milhares de vezes em minha vida. Cada vez que te busco, cada vez que me aproximo de ti, é como se tudo recobrasse vida e a imaginação e os sonhos desabrochassem.

Não quero prender-me às circunstâncias ou aos momentos que estou passando. Não quero que qualquer coisa me faça sentir mal. Preciso de ti, Senhor Jesus. Quero viver como tu vives: amando, servindo, criando, apreciando tudo o que tu és e o que nos dás. O meu coração está completamente satisfeito contigo e precisa cada dia animar-se mais com tudo o que és: com Tua Palavra, com tudo o que fazes, com o que temos pela frente. Com tudo o que será a eternidade contigo.

Amo o Senhor e preciso da Tua presença a cada dia. Em nome de Jesus.

dia 26
Coração ingrato

Ao final das minhas mensagens no culto, reservo um momento para que as pessoas que desejem, venham à frente para orar. Muitos vêm para tomar uma decisão diante de Deus, para colocar toda a sua vida em Suas mãos, outros necessitam de ajuda para uma situação concreta; muitos vêm para orar por sua família. Alguns querem o perdão de Deus para suas vidas, ou que possam perdoar outras pessoas. Os motivos são quase incontáveis e já orei com muitas pessoas nesses últimos 30 anos. Certa mulher foi diferente de tudo que presenciei: Teve a valentia de atravessar toda a igreja para vir orar por uma só razão: "Quero agradecer a Deus", disse-me "Ele é tão bom comigo, tem me dado tantas coisas, que só quero vir orar para agradecer, nada mais." Estive muitos dias pensando nela: nunca antes me havia acontecido algo parecido, e a verdade é que me impressionou.

Jamais alguém havia tomado essa decisão. Em nenhum lugar do mundo, uma pessoa foi à frente, diante de todos, para orar e agradecer. Eu lhe agradeci, porque me ensinou que também é necessário ser corajoso diante do Senhor e dos outros, para reconhecer que lhe devemos gratidão em nossa vida. Uma imensa gratidão.

Um exemplo entre milhares. A única pessoa que quis ser agradecida. A única que não quis pedir nada a Deus, somente agradecer. Não houve ninguém, em 30 anos, que tivesse motivos para agradecer a Deus? Ninguém a quem a vida lhe sorriu de tal forma que só quisesse agradecer? Ou o que é mais importante? Ninguém que apesar de tudo que estivesse ocorrendo em sua vida, quisesse agradecer a Deus, porque são muito mais as coisas que recebem do que as que necessitam?

Quando voltava para casa, lembrei-me de algo que me aconteceu. Deus quis ensinar-me uma das lições mais importantes, de uma forma extraordinária. Passo muito tempo dirigindo meu carro, viajando aos diferentes lugares para pregar e visitar as pessoas necessitadas do Senhor. Uma das estradas

> Poucas vezes, demonstra-se tanta coragem como quando se é imensamente agradecido.

que mais vezes percorro é a que sai da Galícia, minha terra, até Madri. Numa dessas viagens, o carro estragou e tive que pegar uma saída para ver o que sucedera. Parei ao lado de uma estrada justo onde se encontrava um monumento. Aproximei-me por curiosidade e li a inscrição; era um monumento que uma mulher e suas três filhas haviam dedicado ao marido e pai, falecido em um acidente de trânsito naquele mesmo lugar.

Por um instante, esqueci-me do meu carro estragado e agradeci a Deus por me dar a vida e por me guardar sempre na estrada. Depois de quase um milhão e meio de quilômetros percorridos por todo o mundo, percebo que Deus fez autênticos milagres para que eu continue desfrutando de minha família. O mais interessante é que depois de levantar meus olhos ao céu e agradecer a Deus, liguei o carro e, milagrosamente, funcionou sem rastro algum de dano. Durante as horas da viagem, só podia lembrar-me daquele momento e agradecer a Deus por cuidar sempre de mim.

O mais impressionante aconteceu mais ou menos um ano depois. Justo quando estava chegando àquele monumento, o carro voltou a parar e tive que pegar a mesma saída e parar no mesmo lugar! Vi a inscrição e voltei a orar e agradecer ao Senhor tantas coisas em minha vida. Sim, já sabe o que aconteceu depois: o carro ligou "como um milagre" e, ao levá-lo à oficina depois de voltar de uma viagem de vários quilômetros, disseram-me que ele não tinha absolutamente nada de errado.

Agora, quando passo por essa estrada, eu mesmo me detenho ali, para agradecer a Deus. Compreendi a lição de gratidão: cada dia da nossa vida é uma dádiva de Deus e, nosso coração encontra a felicidade quando aprende a ser agradecido em tudo. É curioso, porque quase sem percebermos, podemos passar nossa vida agradecendo ou exigindo, agradecendo ou nos queixando de tudo.

Nosso coração estará sempre ligado a queixas e exigências. O negativo prende porque busca algo mais, nunca está satisfeito. O mesmo coração se sentirá completamente livre quando souber agradecer por tudo o que lhe acontece. A gratidão liberta, as queixas e as exigências nos fazem escravos.

> Podemos passar nossa vida agradecendo ou exigindo, nós escolhemos.

Às vezes, a vida é muito complicada. A um dos nossos amigos tudo pareceu vir por cima dele, quando com pouco tempo de casamento, um de seus filhos, com só oito meses sofreu uma doença que o deixou com 97% de deficiência física e mental. De repente, muitos dos planos que podiam ter em suas vidas vieram abaixo, mas ele e sua esposa, com uma profunda fé em Deus, reconheceram que se o Senhor permitiu aquilo era porque eles podiam viver com aquela "carga" e aprenderam a agradecer. Para eles, seu filho jamais foi um peso, mas sim uma oportunidade de alardear amor e atenção. Faz mais de 30 anos que isso aconteceu e continuam cuidando de seu filho, agora mais velho e com muito mais dificuldades. E para eles, esse filho é um dos maiores motivos de gratidão a Deus.

> Um coração grato é um coração livre, feliz.

Agradecer ou exigir. Essa é a escolha que todos fazemos. Desde o início da história da humanidade, nosso relacionamento com o Criador, com a vida e em nossa vida particular está sempre marcada por uma dessas duas atitudes.

"Porque os atributos invisíveis de Deus, assim o Seu eterno poder, como também a sua própria divindade, claramente se reconhecem, desde o princípio do mundo, sendo percebidos por meio das coisas que foram criadas. Tais homens são, por isso, indesculpáveis; porquanto, tendo conhecimento de Deus, não o glorificaram como Deus, nem lhe deram graças; antes, se tornaram nulos em seus próprios raciocínios, obscurecendo-se-lhes o coração insensato" (Romanos 1:20-21).

Quando não agradecemos, o nosso coração se enche de escuridão. O próprio Deus nos ensina que a raiz do nosso pecado foi a ingratidão e, de certa maneira, continua sendo a raiz de todos os pecados também nos dias de hoje. É o primeiro passo em todos os nossos erros.

Da ingratidão procede o desejo de ter mais, de querer passar por cima dos outros; a sensação de não sermos felizes com o que somos e não enxergar o que Deus quer fazer. Da ingratidão vem a inveja, o orgulho, a amargura, a insatisfação, a ira, a desconfiança, o egoísmo. Quando somos ingratos, o nosso coração se enche de trevas.

Toda a vida cristã pode reduzir-se a duas palavras: graça e gratidão. Duas palavras que vêm da mesma raiz. Duas palavras que marcam o nosso relacionamento com Deus e com os outros. Graça de Deus para nós é graça no nosso trato com as pessoas. Gratidão a Ele e aos que nos cercam. As duas andam juntas, são necessárias uma a outra. Quanto maior é a gratidão maior é a graça, mais agradecidos somos e mais graça recebemos, porque mais enxergamos nossa indignidade, Quanto mais ingratos somos, menos graça temos porque só pensamos no que nos falta. O nosso coração se isola ao viver sob suas exigências.

Nesse processo de ingratidão perdemos nossos amigos que nos cercam; as bênçãos e as coisas boas que os outros podem nos dar. Deixamos de nos relacionar porque sempre exigimos e afastamos todo mundo do nosso lado, porque sempre os "usamos" para nossos propósitos e, mais cedo mais tarde, todos captam a nossa atitude. A "graça" e a "gratidão" desaparecem juntas da nossa vida quando damos mais importância a exigir e demandar.

O interessante é que a gratidão nasce quando uma pessoa aprecia o que ganha, ou a ajuda que recebe. Quanto mais valor damos ao que fizeram por nós, ou ao que nos deram; mais agradecidos seremos. Quanto mais consciência tiver a pessoa que necessitar o que recebeu, mais grata ela será. Você se lembra das palavras de Jesus sobre a mulher que ungiu os Seus pés com lágrimas? "...pois ela muito amou. Mas aquele a quem pouco se perdoa, pouco ama" (Lucas 7:47).

Muitos não são gratos porque pensam que não precisam de nada. São muito orgulhosos para receber algo dos outros, pois pensam que

> A graça e a gratidão desaparecem da nossa vida quando damos mais importância a exigir e a obter o que é nosso.

quem recebe é sempre inferior ao que dá. Às vezes, não temos a humildade suficiente para reconhecer que precisávamos do que recebemos e, é engraçado como até chegamos a nos esconder ou evitar as pessoas que nos fizeram bem, porque pensamos que é uma "humilhação" agradecer. É a maior demonstração de orgulho do ser humano não querer reconhecer que num momento precisou que alguém lhe ajudasse... e o triste é que por essa mesma razão o homem rejeita a Deus. Sente-se muito seguro em si mesmo para ter que olhar para cima. Imagina-se muito bom para que tenham que perdoá-lo de algo.

O coração que não agradece morre aos poucos em sua própria vaidade. Não quer lembrar o que recebeu de outros, mas deseja que os outros lhe sejam gratos, porque o orgulho cega os nossos olhos, focando-os sempre numa mesma direção e obrigando-nos a olhar para nós. Por essa razão, muitas pessoas ainda acreditam que não precisam de nada, e podem viver à sua maneira e assim ser imensamente felizes.

> Um coração ingrato é sempre a fonte de uma vida desgraçada.

Enquanto vive assim, o ser humano do século 21 destrói-se em seu interior pouco a pouco. Desde sua ingratidão e seu afastamento de Deus, segue até chegar à sua própria morte, física e espiritual.

Superando limites

"Em tudo, daí graças" (1 Tessalonicenses 5:18).

Podemos terminar este capítulo porque uma só frase explica o que temos que dizer e fazer. É simples assim: agradecer sempre, dar graças em todas as circunstâncias mesmo sem as compreender ou achar que não podemos suportá-las. Podemos passar ao capítulo seguinte.

Deus diz que isso é o que Ele espera: o mesmo que dizer que quando damos graças a Ele em tudo estamos seguros, pois estamos vivendo em Sua vontade. Simples, claro, curto e irrefutável. Podemos procurar mais palavras para explicar, mas isso não significa que o compreendamos melhor.

Para quebrar as barreiras do nosso coração ingrato, simplesmente temos que dar graças em tudo. O problema é que ser grato não é só nossa atitude "de vida", mas também a única maneira de entrar na presença de Deus. Creio que todos nos lembramos da frase-chave do Salmo 100:

"Entrai por suas portas com ações de graças e nos seus átrios, com hinos de louvor; rendei-lhe graças e bendizei-lhe o nome" (Salmo 100:4).

Chegamos à casa de Deus com a nossa gratidão. "Batemos" a porta para entrar sendo gratos. Derramamos o nosso coração diante dele e lhe contemplamos face a face quando damos graças em tudo. Quando bendizemos, agradecemos e louvamos de coração, Deus abre as portas de Sua casa. Nossa atitude é a gratidão, e o Seu trabalho é colocar as coisas no lugar apropriado. Nós agradecemos em tudo, mesmo que às vezes seja difícil, não precisamos nos preocupar com nada mais.

> Para quebrar as barreiras do nosso coração ingrato, simplesmente temos que dar graças em tudo.

Se a essência do pecado foi não agradecer a Deus, a liberdade do nosso coração chegará quando dermos graças:
- Quando agradecemos a Deus;
- Quando lhe agradecemos pelas circunstâncias da nossa vida. Muitas vezes, não as compreendemos, mas sempre podemos bendizer o que acontece, porque será para nosso bem;

- Quando aprendemos a agradecer ao que os outros fazem por nós, com muito mais que uma simples palavra. Se vivermos numa atitude de gratidão com todos, isso fará com que vejam que são valiosos para Deus e para nós.
- Quando, além disso, sabemos dar graças por nós mesmos, ainda que erremos. Sem nos preocuparmos pelo que poderia ter sido se tivéssemos feito alguma outra coisa. Sem querer ser como outra pessoa ou ter o que outros têm. Sem lançarmos a culpa em nós, mas agradecendo que Deus nos fez como somos.

Um coração que agradece quebra suas barreiras e torna-se indestrutível: "Render-te-ei graças, SENHOR, de todo o meu coração; na presença dos poderosos te cantarei louvores" (Salmo 138:1). Um coração que louva aprende a viver, porque só quando adoramos a Deus podemos estar face a face com o Altíssimo, o Infinito, com o Eterno e, quando acontece isto, nossa vida envolve-se de eternidade. Não se trata de cantar por cantar e nem é questão de ritmos, estruturas, canções ou modismo. Estamos falando de aproximar-se da presença de Deus e animar-se com Ele.

Falamos de adorar com todo nosso coração, com toda nossa mente, com todo nosso corpo e com todas as nossas forças. Estamos falando para que Deus transforme radicalmente a nossa vida.

A mudança mais radical em nossa vida começa quando somos gratos.

Comece a agradecer. Viva de maneira completamente diferente: louvando a Deus por tudo o que Ele é, adorando-o na formosura de Sua Santidade. Falando e desfrutando de Sua presença. Leia a sua Bíblia e agradeça a Deus por todas as palavras. Escreva na sua Bíblia tudo o que Deus falar ao seu coração.

Reconheça em seu coração que nada há mais importante do que bendizer a Deus. Muitas vezes, precisamos falar a nós mesmos para quebrar as nossas barreiras. Passamos grande parte da nossa vida dizendo coisas negativas a nosso interior, preocupando-nos pelo que os outros fazem ou pensando no mal que possa vir no futuro. Uma vida de gratidão começa quando falamos a nossa alma para que bendiga a Deus, para que não se esqueça de todas as coisas boas que Deus nos deu. Um coração sem barreiras nasce quando nos "obrigamos" a dar graças ao Criador.

Dê graças em tudo e seu coração será livre da escravidão da ingratidão e da exigência. Dê graças em tudo e a graça de Deus transbordará em sua vida.

Oração

Pai, quero dar-te graças pelo que tu és e por Teu amor por mim. Quero dar-te graças pelo Senhor Jesus, porque Ele morreu voluntariamente por amor a mim.

Quero dar-te graças por Teu Santo Espírito, que vive dentro de mim e compreende perfeitamente todos meus sentimentos e pensamentos.

Quero agradecer por Tua Palavra e pela vida que me tens dado. Por minha família. Pelo lugar em que estou. Quero dar-te graças por...

Hoje, você deve continuar orando, pois não posso agradecer por você. Ore e fale para Deus os seus motivos de gratidão. Escreva para lembrar o que Deus faz por você, porque pode ser um dos dias mais importantes da sua vida.

dia 27
Coração ansioso

Um dia, na volta da escola, encontramos uma pomba doente atirada diante do portão da nossa casa. Minhas filhas queriam pegá-la e a levar para casa, para ficar boa (as crianças sempre querem pegar todos os animais que encontram), mas nós explicamos a elas que, muitas vezes, as doenças dos animais podem contagiar as pessoas e que era melhor deixá-la ali, porque Deus cuidaria dela. Para as nossas filhas, essa foi uma lição que jamais esquecerão.

Durante dois dias, cada vez que saíamos de casa, encontrávamos a pomba, vomitando e tremendo. Várias vezes lembramos a nossas filhas que Deus iria cuidar da pombinha, mesmo que no fundo nos perguntássemos se realmente seria assim, (é engraçado como somos incrédulos às vezes). Três dias depois, a pomba começava a caminhar dando pequenos passos e em poucas horas tinha recuperado toda sua força para voar e partir com suas companheiras.

Quando as meninas viram aquilo, lembraram-nos o que tanto lhes asseguramos: "Deus cura os animais, Ele sabe o que faz." Enquanto falávamos, pensei numa de minhas canções favoritas: "Deus cuida das aves, cuidará também de mim", baseada na promessa de Jesus. Durante muitos dias, não podia deixar de pensar naquela pomba. Dei graças a Deus não só por curá-la e recuperá-la completamente, mas por me ensinar como Ele nos renova, muitas vezes, sem que ninguém saiba nem se preocupe conosco.

Muitas vezes, quando já não encontramos outro remédio, a não ser Seu poder.

Quando parece que já não podemos mais, Deus nos faz voar como nunca antes. Como nem sequer imaginamos.

Cada vez que penso nessa pomba, lembro-me de vários anos difíceis em minha própria vida. Desde 2002, e por um problema de extremo cansaço e esgotamento pelo trabalho, cheguei a pensar que era incapaz de continuar, de ser curado, de "voar" novamente. Todos os dias tentava fazer minhas coisas, mas o cansaço era cada vez maior; tanto que, com o passar dos dias, acabei com ansiedade. Foi muito interessante, porque tudo ia bem, meu coração estava feliz, Deus nos abençoava em todas as situações em família e no ministério. Mas o cansaço e essa sensação que fica na mente e no coração de que "não vai poder seguir em frente", estavam me matando.

Sempre me lembrarei de um domingo de manhã que estava pregando em uma igreja do sudoeste da Espanha e estava tão cansado que acreditei que não terminaria a pregação. "Vou morrer aqui mesmo assim, no meio de todos" pensei enquanto lia a Palavra de Deus. Nossa mente é tão cruel

> Em uma "aliança" rara, o nosso coração e nossa mente entram em acordo para tentar nos destruir.

às vezes, que é capaz de nos fazer acreditar em coisas que nunca acontecerão. Nesse momento, orei ao Senhor em meu interior e lhe disse: "Perfeito Senhor, minha vida é Tua, por isso se queres me levar agora, estou disposto." O mais impressionante de tudo é que quando eu estava orando, dizia às pessoas "Em nossa fraqueza somos fortes, quanto mais fracos somos, mais compreendemos que Deus é fiel e que nunca nos deixará". Senti-me como se

Deus mesmo estivesse respondendo a minha oração com as palavras que saíam da minha boca.

É interessante que mesmo que todas as coisas vão bem se o nosso coração estiver ansioso, ele escraviza-nos completamente. Sei que muitos entendem perfeitamente isso, porque se trata dessa rara "aliança" que o nosso coração e nossa mente fazem para tentar-nos "destruir". Seja pelo cansaço, uma má notícia, o desespero ou qualquer outra razão conhecida ou desconhecida; de repente começamos a pensar que não há saída, que a vida acabou, e que não importa que nos sintamos bem por fora, nossa vida vai acabar de um momento para outro. Sentimo-nos mais fracos que nunca, mais carentes e mais destruídos. Pensamos que vamos cair a qualquer momento.

> A vida não se resume a fazer mil coisas e correr de um lado para outro, mas, sobretudo a desfrutar de Deus e amá-lo.

No meu caso, o problema foi o cansaço. Deus teve que trabalhar em mim e ensinar-me que a vida não se resume em fazer mil coisas e correr de um lugar para outro para servi-lo, mas, sobretudo, desfrutar de Sua presença e amá-lo. Foi uma das lições mais importantes em minha vida, porque agora, entendo que Deus nos ama em primeiro lugar, não o que fazemos para Ele. Isso é uma consequência do nosso amor e fidelidade, mas não é o mais importante. Deixando de lado o cansaço, tenho amigos que ficaram ansiosos por um problema de medo do futuro, do desconhecido, das coisas que possam acontecer.

Para outros, a ansiedade nasce quando aparecem circunstâncias difíceis, mudanças inesperadas; familiares ou amigos que falecem, más notícias na saúde ou qualquer tipo de situação que nos leve ao extremo de desconfiar de nós mesmos e fazer-nos acreditar que não somos capazes de superar esse momento. Pode até acontecer que um coração ansioso seja o resultado de uma vida aparentemente "normal", mas que ultrapassa nossas forças. Às vezes, até o "cotidiano" pode levar-nos a uma situação de limite! Pode chegar a acontecer quando caímos em outro tipo de cansaço: aquele que nos faz perder pouco a pouco os nossos sonhos.

Quando acreditamos que podemos fazer tudo e temos todas as coisas sob controle, somos os nossos piores inimigos, porque se nos acostumamos a viver desta maneira, quando algo escapa das nossas mãos, toda a nossa vida se descontrola e, a partir desse momento, somos nós que não podemos fazer nada para consertar a situação.

Não podemos nos esquecer que pode haver razões físicas pelas quais nosso coração esteja ansioso; sei que me entenderá se disser que, de certo modo, as causas não são o mais importante (mesmo que seja crucial conhecê-las!), mas o saber como lutar contra essa situação.

> O problema começa quando o nosso coração e a nossa mente são incapazes de lutar contra esses sentimentos e pensamentos.

Se você já passou por uma situação assim, concordará comigo quando digo que a mente humana é um dos maiores mistérios do universo e, sem dúvida alguma, o mais difícil de controlar. Quando a ansiedade reina em nosso interior, vivemos sob a permanente sensação de que nossa vida já não tem mais jeito. E não importa o que ocorrer, o que outros irão dizer ou até as boas notícias que puderem chegar ao nosso coração ansioso. Tudo se vê sob o prisma de que não se pode solucionar.

A ansiedade aprisiona o nosso coração porque a mente lhe diz várias vezes que não pode sair de sua prisão e que não há solução. O coração passa a acreditar realmente que ninguém pode ajudá-lo.

Quando ambos, a mente e o coração, entram em acordo de que não há saída, sentimo-nos incapazes de lutar contra esses sentimentos e pensamentos. Cremos firmemente que não há saída e que vamos morrer, chegamos a sentir, saber e comprovar que não existe volta, que não há remédio para nós. O sábio Salomão definiu essa situação de uma maneira perfeita: "a ansiedade no coração do homem o abate, mas a boa palavra o alegra" (Provérbios 12:25).

Se deixarmos a ansiedade governar nossa vida, cedo ou tarde cairemos em depressão. Quero lembrar a você de que a ansiedade é uma barreira do coração, a depressão é uma doença da alma. Quando estamos ansiosos, parece-nos impossível controlar nossa mente e nossos pensamentos. Se cairmos em depressão é a vida inteira que nos parece não ter sentido. Às vezes, ansiedade e depressão estão relacionadas: quando você se vê incapaz de viver de uma forma "normal", porque a qualquer momento terá uma crise de ansiedade, começa a pensar que nada tem sentido e que a vida não vale a pena ser vivida. A alma começa a adoecer e por isso é melhor pedir ajuda o quanto antes.

Precisamos da ajuda de Deus, para libertar o nosso coração ansioso antes que seja tarde.

Superando limites

Davi escreveu um dia: "Tira a minha alma do cárcere" (Salmo 142:7). Os que estão passando ou passaram por momentos de ansiedade, entendem perfeitamente essa expressão. Davi não estava numa prisão "física", mas se sentia pior que um prisioneiro. Ele amava ao Senhor de uma maneira incondicional, mas as circunstâncias e algumas más decisões o levaram a sentir-se preso emocionalmente. Foi perseguido por seus inimigos em muitas ocasiões, porém compreendeu que é melhor estar preso fisicamente do que em uma prisão espiritual.

Muitos não entendem e podem até zombar dos que estejam passando por uma situação dessas. A primeira coisa que dizem a você é "Anime-se, quando cremos em Deus, não podemos ficar desanimados. Se alguém segue a Deus é mais que vencedor e nada de mal pode lhe acontecer jamais." Nestas e outras frases parecidas, a única coisa que demonstram é que a pessoa que as diz é no mínimo bastante insensível. Praticamente todos os homens e mulheres de Deus, na Bíblia, já passaram por momentos de cansaço e provas, e sabem do que estamos falando.

Lembre-se de que o próprio Senhor Jesus foi capaz de exclamar no Getsêmani "A minha alma está profundamente triste até à morte" (Mateus 26:38). Para compreendermos, o original explica as palavras do Senhor assim: "Uma tristeza mortal está sobrecarregando e cercando minha alma". Não é verdade que é assim que sentimos às vezes?

> Sentir-se tão triste que você acredita que irá morrer não é ruim. O problema é viver assim.

Deixe-me dizer que o Senhor sabe perfeitamente o que isso significa já que Ele viveu primeiro. É possível sair da prisão porque Ele o fez, nos dá o poder por meio de Seu Espírito para que também nós possamos fazer.

Falamos de reconhecer o motivo porque caímos na "prisão". Se for difícil perceber por você mesmo, peça ajuda. "A esperança que se adia faz adoecer o coração, mas o desejo cumprido é árvore de vida" (Provérbios 13:12). Deus ensina que o que demora a chegar, se o desejamos muito, adoece o nosso coração: Não devemos dar muita importância às coisas que esperamos, nem basear nossa vida em que tudo saia como queremos e colocar-nos a trabalhar e correr de um lugar para outro para conseguir o que acreditamos ser importante. É bom ter sonhos, mas eles não devem nos levar à ansiedade.

Creio que é fácil entender: se sonhamos muito com uma casa e depois não podemos comprá-la, iremos nos sentir frustrados. Mesmo que tudo vá bem, nascerá a ansiedade em nós porque um desejo muito importante não foi satisfeito. Essa é a razão pela qual não devemos basear toda nossa vida num relacionamento, num amigo, no nosso namoro e mesmo nas pessoas da igreja! Muito menos em coisas materiais! Se esperarmos muito, é mais fácil cairmos em ansiedade quando não recebemos o que esperamos.

Além disso, para que o nosso coração quebre seus limites, temos que aprender a não querer tudo sob controle. Deus é o único que pode fazer isso e permanecer tão tranquilo, porque Ele é Todo-poderoso. Se você quiser controlar sua vida, lembre-se que estará num lugar muito frágil. Quando adoecer, seu interior adoecerá com você. Quando se sentir derrotado, seu interior estará assim também. Quando não souber o que fazer, não será só por um momento, será uma completa dúvida existencial.

> Quando você se sentir derrotado, seu interior estará assim também.

Deus nos ensina a descansar nele e a não viver com a sensação de que temos que ser perfeitos em todos os momentos. É impressionante que Jesus era perfeito, e jamais viveu com essa sensação de querer controlar tudo: muitas vezes, deixou que outras pessoas tomassem decisões, mesmo sabendo o que iria ocorrer.

Lembre-se que até quando decidimos algo em nossa vida e não estamos seguros, é melhor seguir adiante e pedir sabedoria a Deus do que ficarmos eternamente preocupados. Às vezes, nós nos tornamos ansiosos. Mesmo que não seja uma "lei universal", sempre penso que é melhor tomar uma decisão, talvez errada, tendo orado e descansado no Senhor, do que passar dias inteiros pensando no que poderia ter acontecido se tivéssemos tomado outra decisão. Alguém disse que se cada decisão simples que tomamos em nossa vida é para nós uma questão de vida ou morte, precisamos recordar que o que entregamos nas mãos de Deus não se perde nunca, já o que queremos controlar, sim. O apóstolo Paulo escreveu: "E, por isso, estou sofrendo estas coisas; todavia, não me envergonho, porque sei em quem tenho crido e estou certo de que ele é poderoso para guardar o meu depósito até aquele Dia" (2 Timóteo 1:12). Não permita que a ansiedade invada o seu coração pelo que possa perder ou outros que queiram lhe roubar. Deus não permite que lhe falte nada, Ele é poderoso para guardá-lo totalmente por toda a eternidade.

Outro dos nossos maiores problemas é o cansaço. Se trabalharmos tudo o que podemos ou o que é necessário, temos que aprender a descansar também. Deus nos mandou descansar porque sabe que precisamos, mas mesmo sendo um dos mandamentos da lei, fazemos pouco caso. Não quero nem pensar o que faríamos se Deus não tivesse dito nada! Ele descansou, não porque precisasse, mas para nos dar um exemplo completo como Pai, que está nos céus e que domina todas as coisas. Não somos bons filhos quando estamos cansados, costumamos gritar, nos entediar, querer fazer tudo rápido, culpar os outros e coisas parecidas. Ninguém é bom cristão quando tem uma forte dor de dentes. Se deixarmos que o cansaço nos domine o nosso coração ficará ansioso aos poucos.

> As boas-novas fortalecem até os ossos.

"O olhar de amigo alegra ao coração; as boas-novas fortalecem até os ossos" (Provérbios 15:30). Se você estiver lendo com cuidado estas palavras, talvez seus olhos comecem a se encher de luz. A vida é diferente quando nossos olhos brilham. Os nossos olhos brilham quando o nosso coração e o nosso corpo se sentem amados e cuidados. Há boas notícias para todos, sem dúvida! Os nossos ossos podem ser fortalecidos e o nosso coração libertado! A ansiedade nos derrota porque nossa mente nos diz várias vezes que não há saída. Deus nos dá a vitória e ensina-nos a falar a nós mesmos.

Não pense que fiquei louco de repente, porque alguns dizem que os loucos são os que falam consigo mesmo. Não é verdade! Deus diz que quando estamos na prisão da ansiedade, temos que aprender a falar a nosso coração e a nossa alma; "obrigar" a nossa mente a pensar nas bênçãos. Você se lembra do Salmo 103:1?

"Bendize, ó minha alma, ao Senhor, e não te esqueças de nem um só de seus benefícios."

É Davi falando à sua própria alma! Ele exige que ela recorde tudo que Deus fez, faz e fará por ele! Não permita que a sua mente diga a você que não há saída! Fale e ensine a ela que Deus cuida e ama você, que não o deixará nunca; Ele é quem nos tira da prisão!

Se o primeiro passo é vencer algumas mentiras da nossa mente, o segundo é "lançar" sobre o Senhor toda a nossa ansiedade. Ele levou a carga do mundo sobre Seus ombros, por isso tem poder para nos carregar também. "Lançando sobre ele toda a vossa ansiedade, porque ele tem cuidado de vós" (1 Pedro 5:7) escreveu o discípulo mais preocupado, ansioso e medroso. E que foi capaz de negar ao Senhor por medo do que viria pela frente.

Mas quando Pedro entendeu que poderia lançar toda sua ansiedade sobre o Senhor, aprendeu até a dormir profundamente dentro de uma prisão. Mesmo quando suspeitava que pudessem executá-lo no dia seguinte! No livro de Atos 12:7, o original diz que o anjo teve que "golpear" Pedro para despertá-lo. Deus cuida de nós sempre, mas não só para tirar nossa ansiedade ou solucionar nossos problemas (isso é o que alguns esperam que Deus faça!), Ele faz algo muito mais importante: está sempre conosco, compreende-nos, ama-nos e cuida da nossa vida.

Não fomos feitos para sermos prisioneiros. O nosso coração não foi desenhado por Deus para estar

> **nosso coração não foi feito para viver aprisionado.**

dentro de uma prisão. Há alguém em quem podemos confiar e que não nos defraudará nunca. Aquele que pode ter tudo em Suas mãos, sob o Seu controle, porque é Todo-poderoso. Ele não se cansa jamais. Levou consigo todas as nossas enfermidades e nossas dores, portanto sabe exatamente o que sentimos e conhece nossos medos: É o Senhor Jesus.

Você se lembra da história do início, a da pomba? Deus cuida de nós e pode nos fazer voar. Ele é o que restaura as nossas forças, que renova a nossa vida, não importa se nos sentimos abandonados a nossa sorte ou pensamos que poucas coisas tem sentido. Deus cuida das aves, Ele cuidará também de você. Deixe a sua ansiedade nas mãos do Senhor. Abandone os seus medos em Seus braços. Peça ao Pai celestial que liberte seu coração da dúvida e do nervosismo.

Pare de tremer diante das circunstâncias, de outras pessoas, do futuro... ou de você mesmo e se lance nos braços de Deus para que Ele tire a sua alma da prisão. Ele o fará. É a Sua especialidade.

Oração

Pai que estás nos céus, tu sabes que, às vezes, sinto que não posso continuar. Tenho a impressão de que a qualquer momento minha vida se vai. Minha mente me diz que não posso continuar e quando estou muito cansado, todo meu corpo treme. Ensina-me a te bendizer, a louvar e saber que cada dia é uma dádiva.

Quero viver um dia de cada vez. Quero desfrutar da Tua presença e de todas as coisas que recebo de ti. Não importa o que possa acontecer amanhã. Tu estarás comigo para cuidar de mim como sempre. Não me importa o que acontecer comigo nas próximas horas. Estou em Tuas mãos e esse é o lugar mais seguro de todo o universo.

Deixo diante de ti tudo o que me atormenta e os pensamentos que me desanimam e me fazem sentir fraco. Renuncio ao direito de querer controlar tudo e simplesmente quero desfrutar de ti, estar em Tua presença e viver todas as coisas que tens preparadas para mim.

Neste momento quero entregar-te:...

Amo-te com todo o meu coração. Mesmo que minha mente não compreenda algumas coisas que estou passando, sei que tu tens o controle sobre todas as coisas.

Graças te dou porque sei que não me abandonas e que cuidas de mim!

Em nome do Senhor Jesus vou voar outra vez. Amém!

dia 28
Coração invejoso

No verão passado estávamos com toda a família aproveitando um dia de praia. Quando dizemos "um dia de praia", imediatamente vêm à nossa mente lembranças de dias em que aproveitamos muito. Se você é pequeno, a praia tem a ver com a construção de castelos, com jogar bola e ficar na água o maior tempo possível. À medida que o tempo passa, parece que o que você quer é ficar deitado descansando, entrar na água somente por alguns minutos para se refrescar e nada mais. Desta forma, quase todas as pessoas mais velhas ficam tranquilas, enquanto os mais jovens se agitam pra lá pra cá. É difícil ver uma família em que todos estejam fazendo a mesma coisa juntos.

Por isso, chamou-nos a atenção que um menino de uns sete anos estivesse construindo um castelo de areia e conchas junto com seus pais. Foi muito mais chamativo o fato de que o castelo tinha adquirido proporções importantes, a ponto de todas as pessoas que passassem por ali contemplarem sua beleza. Nós estávamos ao lado com as meninas, por isso pudemos ver de perto o processo de construção e destruição.

Eles não entravam todos de uma vez na água. Iam dois de cada vez, e o terceiro sempre ficava "cuidando" do castelo. Não deixaram que nenhuma das nossas meninas se aproximasse, nem as outras crianças que passavam e ficavam "encantadas" vendo aquela "obra de arte". O pior foi quando eles tiveram que ir almoçar. Mandaram que o filho destruísse o castelo e jogaram todas as conchas ao mar.

Ficamos petrificados. Por que não deixá-lo na praia para que outras crianças brincassem? No final do dia, eram só conchas e areia, nada mais. Não tiveram dúvidas, eles construíram e tinham o direito de destrui-lo; essa foi a lição do dia para seu filho e para todos nós que vimos.

> O coração invejoso impede que outros aproveitem do que ele mesmo não pode desfrutar.

Minha cabeça "deu voltas" por muito tempo. Mesmo sem conhecê-los, pensei que não gostaria de tê-los como vizinhos e também ter algum problema com eles. Gente que não é capaz de deixar as coisas para que outros aproveitem, (no final do dia não poderiam levar o castelo de areia com eles) não são boa gente. Seu coração invejoso lhes impede que permitam aos outros aproveitarem daquilo que não poderão desfrutar mais.

Infelizmente, às vezes, nosso comportamento é assim: algumas das escravidões mais cruéis do nosso coração aparecem nas relações com outras pessoas. Sempre que invejamos aos outros, limitamos nosso coração. "Não tenha o teu coração inveja dos pecadores; antes, no temor do SENHOR perseverarás todo dia" (Provérbios 23:17). A inveja destroça o nosso coração aos poucos, porque nos impede de desfrutar do que temos, pela angústia que sentimos ao não podermos aproveitar do que os outros tem.

Falando de maneira prática, não ganhamos nada sendo invejosos. Francisco de Quevedo disse um dia que: "A inveja é tão magra e amarela, porque morde, mas não come." Quando não gostamos que os outros desfrutem do que têm ou não queremos que cheguem a desfrutar do que era nosso, fazemos mal a nós mesmos, porque nos faz mal a felicidade de outras pessoas.

A inveja sempre nos leva a um passo além, que é pensar mal dos outros. O invejoso quase sempre enxerga mal as intenções das pessoas. Sempre acredita que estejam confabulando contra ele, porque não é capaz de admitir que outro possa viver tranquilo, enquanto ele se consome por dentro. É completamente incapaz de ver o lado bom das coisas ou de pensar que outros possam fazer bem o que fazem.

"Por que cogitais o mal em vosso coração?" (Mateus 9:4), disse Jesus, um dia aos mestres religiosos de Seu tempo, porque não admitiam que Ele pudesse curar aos outros ou que as pessoas o seguissem, por Sua maneira de viver e ensinar. A inveja limita nosso coração porque nos leva a ter sentimentos e pensamentos maus sobre os demais. Não toleramos que outros tenham mais que nós, ou que sejam mais felizes que nós.

A inveja nos escraviza porque sempre nos obriga a "consertar" as coisas que dizemos, ou as que os outros dizem ou a que pensamos, ou o que outros pensam de nós. Sempre somos escravizados pelo que os outros possam pensar ou dizer, porque nos preocupa o que dizem e fazem. Somos incapazes de viver tranquilos, felizes e sem nos preocupar com os outros! Quando o nosso coração está bloqueado pela inveja, não passa um só momento do dia em que não estejamos pensando nos outros, mas obviamente não para ajudá-los.

Muitos julgam os outros, buscam companheiros para murmurar de outras pessoas. Parece que sua vida só tem valor quando falam do que os outros fazem. Não são capazes de ganhar nada porque o único objetivo de sua vida é destruir. E não percebem que nada prende mais do que isso, pois enquanto o que critica pensa que pode fazer mal àquele a quem inveja, o "invejado" normalmente vive feliz, sem se preocupar o mínimo que seja com as críticas. Muitas vezes, nem sequer o conhece!

Não passe a vida julgando os outros. Você precisa se libertar desses pensamentos porque não lhe deixam viver. Se o que os outros fazem ou dizem tem um lugar muito importante no nosso coração, sempre seremos limitados. E o mais grave de tudo, sempre viveremos a vida de outros, não a nossa. É muito triste passar os 40 ou os 50 anos com a sensação de que se gastou todas as suas forças em criticar os outros. Não há coração que possa ser feliz dessa maneira.

O passo seguinte que o invejoso costuma dar é terrivelmente igual, o sábio Salomão deixou escrito: "Quando cair o teu inimigo, não te alegres, e não se regozije o teu coração quando ele tropeçar" (Provérbios 24:17). Alegrar-se quando as coisas vão mal para os outros é o princípio do ódio. Isso significa que o coração não só inveja o que o outro tem, mas que quer derrotá-lo como for. Quando vivemos dessa maneira, colocamos as bases para que o ódio não tenha fim.

Praticamente, o mesmo que se alegrar de que o outro vai mal é menosprezá-lo quando vão bem. Diminui-la quando está alegre, pensando que não merece sua alegria ou que é uma alegria "tola". Menosprezar o outro por estar alegre é o primeiro passo da solidão. E é engraçado porque somos tão cruéis que podemos ter essas reações até mesmo com pessoas da nossa própria família!

> Se o que os outros fazem ou dizem é muito importante para nós, sempre viveremos suas vidas e não a nossa.

"Ao entrar a arca do Senhor na Cidade de Davi, Mical, filha de Saul, estava olhando pela janela e, vendo ao rei Davi, que

ia saltando e dançando diante do Senhor, *o desprezou no seu coração" (2 Samuel 6:16).*

Um coração aprisionado pela inveja jamais pode ser feliz. Sempre está "preocupado" pelo que os outros fazem. O invejoso se preocupa pelo que os outros têm; o que critica pelo que os outros dizem ou fazem; o que aparentam, vive para que os outros vejam o que tem. Mesmo que lhe custe a vida. São três maneiras diferentes de nos enganar (Tiago 1), e três maneiras de utilizar a língua para fazer mal. Inveja, crítica, hipocrisia. Parecem ser qualidades das pessoas que nos cercam, mas temos que ter muito cuidado, porque o próprio Tiago explica na sua carta que muitas vezes são os próprios cristãos os que caem nessas "armadilhas".

> Alegrar-se quando as coisas do outro vão mal é o principio do ódio. Menosprezar a outra pessoa quando ela está alegre é o primeiro passo da solidão.

Deus, que sempre busca o melhor para nós, adverte-nos de que o que vive assim não só trabalha contra sua vontade, mas que acaba destruindo-se a si mesmo. A vida do invejoso está sempre muito longe não só da sabedoria, mas também da felicidade (Tiago 3).

Coração invejoso, coração que se limita a si mesmo por culpa do que as pessoas fazem.

Superando limites
Como se livrar de um coração invejoso

"Se, pelo contrário, tendes em vosso coração inveja amargurada e sentimento faccioso, nem vos glorieis disso, nem mintais contra a verdade. Esta não é a sabedoria que desce lá do alto; antes, é terrena, animal e demoníaca. Pois, onde há inveja e sentimento faccioso, aí há confusão e toda espécie de

coisas ruins. A sabedoria, porém, lá do alto é, primeiramente, pura; depois, pacífica, indulgente, tratável, plena de misericórdia e de bons frutos, imparcial, sem fingimento" (Tiago 3:14-17).

Ciúmes, ambição, inveja... parece que estamos falando de alguma das séries modernas de televisão, as novelas que colocam milhares de pessoas diante de uma tela para ver como outras pessoas se destroem umas as outras, com o máximo prazer de fazer aos outros infelizes. O ditado "a realidade supera a ficção" é perfeitamente aplicável aqui, pois temos visto e ouvido centenas de histórias referente a pessoas cuja maior ambição foi destruir a vida e o trabalho de outros por alguma dessas razões.

Esses sentimentos são muito conhecidos entre nós e muito perigosos, porque Deus disse que tudo isso vem de dentro de um coração escravizado. Pode ser que para alguns pareça muito sábia a maneira de atuar dos que querem alcançar o poder e a glória a qualquer preço, mas Deus diz que esse tipo de sabedoria é terrena, natural e diabólica, e nada menos!

O que Deus nos oferece é o que liberta nosso coração. O contrário é extraordinário, não poderia ser de outra maneira: paz, bondade, pureza, condescendência, misericórdia.

A sabedoria do alto é pura porque não tem más intenções, sempre busca o bem. A sabedoria de Deus é pacífica porque não quer impor-se. Cada vez que temos que "subjugar" alguém para defender o que acreditamos, o mais provável é que estejamos muito longe do que Deus quer de nós. A sabedoria do alto é bondosa porque esse é um dos frutos do Espírito: Deus, o ser mais poderoso que existe, pede-nos e nos agradece. Quando nós exigimos, talvez seja porque não o conhecemos.

A sabedoria de Deus liberta o nosso coração da inveja porque é condescendente com os outros, cheia de misericórdia com todos. Oferece bons frutos porque pensa nos outros, não tenta enganá-los, não é hipócrita. Não tem má consciência, algo no que caímos muitas vezes e que necessitamos que Deus nos purifique (Hebreus 10:22), para que nosso coração não só seja limpo, como também livre.

Precisamos entregar o nosso coração para Deus, para compreender e viver a sabedoria que vem dele, para viver sem impor nossos critérios a qualquer preço, mesmo sendo bondosos em tudo; para não ter duplas intenções com os outros, mas sermos cheios de misericórdia. Para aprender a nos colocar no lugar dos outros e não invejá-los, mas oferecer nossa ajuda como bons frutos. Tudo isso sem duvidar nem um só momento, sem vacilar. Tudo sem ter duas caras nem ser hipócritas.

> Quando entregamos tudo o que somos a Deus, encontramos a verdadeira liberdade.

Quando entregamos tudo o que somos a Deus, encontramos a verdadeira liberdade. Desde os primeiros momentos da história, no relacionamento com o Seu povo, Deus deixou escrito que a chave de tudo era amá-lo "...de todo o teu coração, de toda a tua alma e de toda a tua força" (Deuteronômio 6:5). E por alguma razão o Senhor colocou o amar com todo o coração em primeiro lugar da lista. Quando entregamos o nosso coração completamente como símbolo do nosso interior a Deus, tudo o mais será "acrescentado".

O "demais" se refere às outras pessoas também, porque Deus nos pede que amemos ao nosso próximo como a nós mesmos. Nada mais se opõe à nossa inveja do que isso. Deus quer que amemos aos que nos cercam tanto como a nós próprios, por isso chega de pensar em si mesmo em primeiro lugar. Já basta de invejar o que os outros têm. Já basta de desejar o mal de outros ou nos entristecermos quando as coisas dão certo para eles.

O caráter de Deus é muito diferente. Ele quer que amemos aos outros, que os admiremos; porque esse é um dos melhores antídotos contra a inveja. Quando admiramos o que os outros fazem, o que são, ou os animamos em seu trabalho, estamos dando o primeiro passo para amá-los e para libertar nosso coração da inveja.

Diga sinceramente: fale a alguém como ele está fazendo algo bem feito, porque quando o nosso coração pensa mais nos outros do que em si mesmo quebra as suas barreiras. Quando nos alegramos com o êxito dos outros e os abraçamos sinceramente há alegria em nosso coração.

Amamos as pessoas quando aprendemos a rir com os que riem e chorar com os que choram, assim como nos diz a Palavra de Deus. Amamos as pessoas quando nos parecemos com nosso Pai e nos emocionamos com o que cada pessoa é.

Deus nos fez diferentes e nos ama; Ele é maior do que tudo. Quando o amamos com todo o nosso coração, ele se alarga de tal maneira que quebra as barreiras. Quando aprendemos a amar aos outros como Ele faz, o nosso coração se enche da mesma presença de Deus. Ele é maior do que todas as coisas, mais do que podemos compreender ou imaginar.

Mesmo quando o nosso coração parece não ter solução. Mesmo quando acreditamos que já alcançamos o máximo ou que já vencemos todos os limites ainda há algo mais. Deus sempre nos apresenta algo mais, sempre tem algo a nos oferecer, porque Ele é Deus.

> Amamos as pessoas quando nos parecemos com o nosso Pai e nos emocionamos com suas personalidades e características.

Porque tudo inicia e termina com Ele. Trata-se dele, não de nós. Quando compreendemos, começamos a ver a eternidade.

Oração

Senhor, quero pedir-te perdão pelas vezes que pensei mal das pessoas. Preciso esquecer todo tipo de invejas, ciúmes, ambições, inimizades ou problemas com os outros. Limpa o meu coração para ser semelhante ao Teu e que eu ame os que me cercam.

Às vezes, será difícil entender a todos, como é difícil eu me entender também, mas sempre posso admirar as pessoas que tenho ao meu redor.

Muitas vezes, eu gostaria de possuir o que é dos outros, mas tu me ensinas a ser feliz com o que sou e o que recebo de ti, alegrando-me pelas conquistas dos outros.

Quero ser alguém que anime os outros e ajude a quem necessite. Quero que me ensines a amar e a servir aos outros como tu fazes. Preciso que ponhas a Tua mão sobre mim, para que eu viva de acordo com a Tua sabedoria e não como vivi outras vezes.

Quero amar-te com todo o meu coração, com toda minha mente, com todo meu corpo e com todas as minhas forças. Ensina-me por Teu Espírito a amar ao próximo como a mim mesmo.

Quero que governes minha vida, de tal maneira que o meu coração se abra cada dia mais a ti e ao próximo. Tal como viveu Jesus, assim quero viver. Em Teu nome é que peço.

dia 29
Coração sofrido, maltratado

UM DIA EU ESTAVA PREGANDO numa das igrejas da República Dominicana e notei que na primeira fila estava sentado um jovem solitário. O culto terminou e algumas pessoas vieram à frente para orar, mas o jovem permaneceu sentado em seu lugar até todos saírem. Então, se levantou e aproximou-se, dizendo que queria tomar a decisão de seguir a Cristo. Perguntei-lhe se já tinha vindo outras vezes à igreja e ele me disse que não, era a primeira vez que escutava o evangelho. Fiquei surpreso e perguntei: "Você entende o que Deus quer de você?". "Sim", disse-me sem nenhuma dúvida.

Oramos juntos e depois ele me contou sua história: seu pai era um homem que só se preocupava consigo mesmo. Embriagava-se praticamente todos os dias e todo o dinheiro que ganhava, gastava com bebidas. Naquela semana tinha chegado bêbado em casa e assassinado a própria filha e agora estava na cadeia. "Minha irmã sempre era maltratada por meu pai, verbal e às vezes fisicamente, mas ela o amava. Ela era cristã e sempre orava por ele e por mim. Hoje, eu vim à igreja porque quero conhecer ao Deus dela; mesmo em meio a tanto sofrimento, dizia-me várias vezes que eu buscasse ao Senhor. Na quarta-feira, antes de morrer, falou-me que nos encontraríamos outra vez com o Salvador no céu, e aqui estou."

Este é um dos últimos capítulos da nossa jornada ao interior do coração, e o deixo quase ao final porque quero que todos compreendam que o sofrimento em si não é uma barreira, é mais que isso, Deus o permite em nossa vida por muitas razões e algumas delas são tão importantes que, às vezes, chegamos a ser mais felizes quando sofremos. Você tem que fazer um pequeno esforço agora para acreditar em mim, porque ninguém em seu perfeito juízo pediria a Deus para fazê-lo sofrer para se sentir melhor, mas é o que acontece em muitos casos.

Às vezes, o próprio Deus permite que o nosso coração quase desfaleça pelo sofrimento: é Sua maneira de nos aproximar dele, de abraçar-nos e demonstrar as Suas bênçãos. Jó começou a viver quando disse: "Deus é quem me fez desmaiar o coração, e o Todo-Poderoso, quem me perturbou" (Jó 23:16). Mesmo sem compreensão, ter um coração

Ainda que seja muito difícil de entender, um coração que sofre pode ser parte do plano de Deus para nós.

que sofre pode ser parte do plano de Deus para a nossa vida.

Há algo que nunca devemos esquecer. Deus sabe tudo o que acontece. Nada acontece sem que Ele dê o Seu consentimento, por isso, de certa maneira, Ele mesmo permite que o nosso coração enfraqueça e que às vezes, soframos com a vida. Não é o desejo do Seu coração, mas se o permite é porque sabe que será bom para nós. Além disso, a Bíblia diz que Deus não permanece insensível ao maltrato do nosso coração, Ele sente a mesma dor que nós sentimos.

Deus conhece os momentos mais difíceis para nós, de provações e dor. Compreende e sente o que nós sentimos ao estar desiludidos por não entender o que nos acontece. Deus nunca desaprova as nossas lágrimas e nos diz que temos que suportar tudo de maneira estoica. Ele percebe a dor do nosso coração e jamais nos corrige por nos decepcionarmos na vida; pelo contrário, vem em nosso socorro para nos fortalecer e consolar. De certa forma, é como se o sofrimento fosse um dos Seus principais meios para nos aproximarmos dele, porque quando sofremos, mesmo que nos queixemos, o buscamos desesperadamente. E isso sempre vale a pena.

> O nosso Deus jamais nos repreende por nos decepcionarmos com a vida.

Um coração maltratado pelas circunstâncias da vida é um coração que Deus vai curar, que está perto do Criador, porque o próprio Deus permite. Ainda que não compreendamos e mesmo se nos rebelarmos contra tudo e todos, pois Jesus foi maltratado da mesma maneira. Você se lembra de tudo que Jesus escolheu viver em nosso lugar?

O nosso coração é muitas vezes maltratado por outras pessoas. Alguns não se importam em destroçar o coração dos outros, são pessoas más que só se preocupam com sua própria vida, capazes de fazer mal a quem quer que seja, para conseguir seus objetivos.

Outras vezes, sofremos porque alguém em quem confiávamos falha conosco. Um amigo, um familiar, talvez nosso cônjuge, alguma pessoa na igreja. Quando vemos as lágrimas de alguém que sofre, não só as distinguimos perfeitamente, como as compreendemos porque não há ninguém que não tenha sofrido. É o preço do amor, porque o que ama sofre na medida em que ama, e o sofrimento é a medida do nosso amor.

> O sofrimento é a medida do nosso amor.

Quanto mais amamos alguém, mais dispostos estamos a sofrer por essa pessoa.

Amar sempre é arriscado. Deus é, em essência, amor, e Ele se "arriscou" em nos criar, a nos dar liberdade, a prover uma forma de nos salvar. Conhecia tudo o que iria acontecer e as consequências dessa liberdade desde antes da fundação do mundo, mas decidiu nos criar livres porque nos amou. Pagou o preço do amor.

Deus sabe o que significa que lhe destrocem o coração, que não lhe façam caso. Deus sabe o que é nos amar por toda a eternidade. Deus ama e cria cada pessoa mesmo correndo o risco, não devemos esquecer que muitos também "desesperadamente" tentam enganá-lo. Você alguma vez pensou nisso? Deus poderia não ter criado Herodes, Caifás, Judas ou alguns dos responsáveis religiosos ao saber que iriam trai-lo e levá-lo à morte… mas Seu amor é superior a tudo isso. O Seu amor é infinito, e pela mesma razão, o Seu sofrimento por nós, também veio na mesma medida.

Jamais devemos esquecer que enquanto a maldade governa no Universo, Deus permite que muitas pessoas boas sejam feridas e maltratadas. Esse é um limite do nosso coração, que nos custa muito vencer, porque sempre queremos fugir de todo sofrimento. Deus é a bondade personificada, e por isso entrega a Sua vida e corre o risco de que lhe rejeitem, de que não lhe queiram e até de que possam chegar a usá-lo para o próprio proveito, enganando a muitos!

Deixe-me lembrá-lo que quando oferecemos a nossa amizade ou o nosso amor a alguém, de certa forma damos "poder" a essa pessoa: poder de nos rejeitar, nos esquecer ou até de nos fazer sofrer. Deus, que é o Amor em essência, diz-nos que vale a pena correr o risco.

Ele nos ensina a não querer controlar as pessoas, mas a oferecer a liberdade para aceitar esse amor ou rejeitá-lo. De uma maneira que não podemos entender (porque Deus tem a última palavra em tudo, não nós).

Quando somos semelhantes a Ele, deixamos de querer controlar aos outros. Os que rejeitam a Deus não podem ou não querem assumir esse "descontrole" porque o egoísmo é sempre mais forte que o amor. Mas de nenhuma maneira podemos dizer que amamos alguém quando o manipulamos, ou obrigamos fazer o que queremos para conservar sua amizade ou seu carinho. Se amarmos de verdade temos que aprender a sofrer também, mesmo agora, enquanto estamos limitados.

Enquanto não vier o que é perfeito, Deus continua nos ensinando que nada é mais importante do que amar, pois Ele é a essência do amor.

Superando limites

O sofrimento na nossa vida sempre é passageiro. A morte, as lágrimas e a dor são inimigos vencidos por Jesus para toda a eternidade. Os novos céus e a nova terra não admitem o pranto porque a Bíblia nos diz que Deus mesmo enxugará cada lágrima dos que estiverem ali por Sua graça.

Para muitos de nós, isso é mais que suficiente quanto ao futuro, mas e o agora? Enquanto esse momento não chega? Precisamos nos lembrar de algumas coisas:

Em primeiro lugar, Deus sempre está muito perto dos que sofrem:

"Porque assim diz o Alto, o Sublime, que habita a eternidade, o qual tem o nome de Santo: Habito no alto e santo lugar, mas habito também com o contrito e abatido de espírito, para vivificar o espírito dos abatidos e vivificar o coração dos contritos" (Isaías 57:15).

A Bíblia nos faz lembrar que Deus é Alto e Sublime, mas nos ensina constantemente que está perto dos que sofrem. O propósito de Deus é vivificar o coração dos contritos, por isso nada é igual quando sabemos que Deus está ao nosso lado. Não importa qual seja o motivo do nosso sofrimento, Deus está próximo. Ele jamais nos abandona.

> nada é igual quando sabemos que Deus está ao nosso lado.

Em segundo lugar, Deus sempre nos ouve. Desde as primeiras páginas da Bíblia, encontramos mulheres e homens que sofreram profundamente, tanto que a morte os cercava: "Tem compaixão de mim, SENHOR, porque eu me sinto debilitado; sara-me, SENHOR, porque os meus ossos estão abalados" (Salmo 6:2). Muitos de nós temos sentido o mesmo: Esse frio traidor que corre por nossos ossos quando estamos enfermos, quando sofremos de uma maneira intensa ou até quando temos nos sentido à beira da morte. A Bíblia afirma que Deus tem compaixão de nós e que nos ouve sempre. Deus jamais se afasta do que está no "vale da sombra da morte" por causa de seu sofrimento (Salmo 23).

Às vezes, pensamos que ninguém se preocupa com as nossas lágrimas, que ninguém sabe o que estamos passando. Acreditamos que o nosso desespero não é importante para ninguém e sentimos que de um momento para outro, a nossa vida se acabará porque ninguém nos escuta. Não é certo, Deus acaricia nosso rosto quando choramos, põe a Sua mão sobre nós quando sofremos porque sabe exatamente o que há no fundo do nosso coração. Nossas lágrimas são o melhor meio para nos aproximarmos do Criador.

Em terceiro lugar, Deus se compromete conosco. Ele prometeu curar as nossas feridas e fortalecer o nosso coração, e quando Deus promete algo, sempre cumpre: "Porque te restaurarei a saúde e curarei as tuas chagas" (Jeremias 30:17).

Às vezes, isso não implica necessariamente o fim dos nossos sofrimentos, outras vezes sim. Ele sabe exatamente o que precisamos, sabe como nos fortalecer e conhece como consolar e animar nosso coração. O limite do sofrimento não desaparece para que o nosso coração seja livre, mas é superado, ultrapassado. Podemos viver de maneira tão próxima de Deus, que até o sofrimento chega a ser uma bênção.

Em quarto lugar, Deus sabe o que é o sofrimento. Jesus levou todas as nossas dores (Isaías 53) e as nossas enfermidades.

> O limite do sofrimento não desaparece, mas é ultrapassado, superado.

Quando eu era adolescente, recebi um texto impressionante. Nunca soube quem foi o autor, mas o conservei como um tesouro. Era uma lenda em que os homens diziam a Deus que Ele era incapaz de compreender o sofrimento no mundo. Muitas pessoas chegaram à conclusão de que ninguém poderia conhecer sua dor e acusavam ao Criador de ser insensível ao sofrimento. Por isso decidiram que Deus deveria "passar" por todas as situações que os homens haviam sofrido em algum momento de sua vida. E disseram a Deus que:

- Deixasse tudo o que tinha e fosse viver num lugar desconhecido;
- Jamais poderia voltar atrás nem levar consigo nada que fizesse a sua casa mais feliz, deveria renunciar a tudo de uma forma incondicional;
- Deveria ser um filho indesejado;
- Seria pobre, imensamente pobre;
- Seria desgraçado em sua infância, desprezado por todos, amigos e inimigos. Desprezado até por sua própria família;

- Viveria num povo desconhecido;
- Faria parte de uma nação perseguida;
- Seria indigente, sem ter nada, nem sequer uma casa. Viveria sem ter o que comer em muitas ocasiões, dormindo na rua;
- Seria rejeitado, começando por usa própria família, Seu povo e Seus amigos;
- Teria uma profissão difícil e trabalhar muitos anos sem qualquer recompensa;
- Seria desprezado, despido, cuspido, ferido, espancado, insultado, torturado, carregando toda a dor em silêncio, sem reclamar;
- Deveria ser abandonado por todos até por Seus amigos;
- Morreria da forma mais cruel que se possa imaginar, pública e visivelmente, com a maior dor possível, com a maior vergonha possível;
- Seria objeto de piada de todos, sentindo dentro de si o desamparo;
- Seria identificado como mau, acusado injustamente e cravado física e espiritualmente como malfeitor.

E a condição final é que Deus deveria permanecer insensível a tudo, em silêncio. Sem aliviar em nada o sofrimento, sem se defender, sem utilizar Seu poder para aliviar a dor.

Deus respondeu: Tudo isso já aconteceu. Com tudo o que Meu filho Jesus carregou, enquanto o Meu coração foi quebrado em pedaços por Meu amor a Ele, e por Minha compaixão por todos os homens, mesmo os que cuspiram nele e o mataram. "Tudo ocorreu nos instantes eternos nos quais Eu desamparei o Meu Filho para que todas as pessoas deste mundo não tivessem motivo para se sentir desamparados" (*Compaixão* Ed. Vida, Jaime Fernández Garrido).

Em quinto lugar, Deus não só sabe o que é o sofrimento, pois o carregou em Seus ombros, na pessoa de Jesus, mas, além disso, sofre conosco nas mesmas situações que nós estamos passando. Acompanha-nos não só na solidão, mas também na dor. É muito mais que um amigo que põe a Sua mão sobre nosso ombro (Graças a Deus por amigos assim!). Ele vive a mesma situação que estamos vivendo. Essa é a fonte de bênçãos. Essa é uma das razões pelas quais o sofrimento pode ser uma bênção para nós: sabemos que Deus está ali, na mesma angústia que passamos.

> Sabemos que Deus está ali, na mesma angústia que passamos.

"Em toda a angústia deles, foi ele angustiado, e o Anjo da sua presença os salvou; pelo seu amor e pela sua compaixão, ele os remiu, os tomou e os conduziu todos os dias da antiguidade" (Isaías 63:9).

Em sexto lugar, Deus nos defende quando somos atacados. Se o nosso sofrimento é causado por outros, Ele nos mostra o Seu amor. Quando as nossas lágrimas são fruto da injustiça de outras pessoas, Deus não se esconde: Ele tem a última palavra e é justo. Jamais permite que o justo seja desamparado, nem que nossos inimigos sejam exaltados... mas sobre todas as coisas, ensina-nos que nos ama e nos considera dignos dele, quando sofremos em Seu nome: "Mostra-me um sinal do teu favor, para que o vejam e se envergonhem (Salmo 86:17).

Deus nos defende pessoalmente e envia os Seus anjos para lutar por todos nós. Da mesma maneira que um anjo desceu no momento do maior sofrimento de Jesus no Getsêmani, Deus envia anjos que nos ajudam e fortalecem. Anjos que cumprem a Sua vontade, lutando ao nosso lado. Na maioria das vezes, não podemos vê-los, mas sabemos que estão ali porque Deus os enviou para nos defender e nos fortalecer.

Como se não bastasse, Deus nos recompensa sempre de uma maneira inimaginável. Ama-nos muito para "nos deixar no caminho", quando sofremos:

> "Restituir-vos-ei os anos que foram consumidos pelo gafanhoto migrador, pelo destruidor e pelo cortador, o meu grande exército que enviei contra vós outros. Comereis abundantemente, e vos fartareis, e louvareis o nome do SENHOR, vosso Deus, que se houve maravilhosamente convosco; e o meu povo jamais será envergonhado" (Joel 2:25-26).

O texto de Joel diz que Deus restaura tudo o que o gafanhoto comeu, o que os maus fizeram. Deus restaura todas as coisas: devemos deixar o nosso passado nas mãos de Deus.

O que aconteceu em toda uma vida, Deus pode mudar em um só instante. O tempo de Deus chega sempre, Ele faz as coisas em Seu momento. Moisés se preparou durante 40 anos para liderar o povo e só recebeu desprezo. O que o fez passar outros 40 anos no deserto, pensando que era "ninguém". Justo nesse momento, Deus o chamou.

Em sétimo, quando acreditamos que não podemos fazer mais nada, pensamos que a nossa vida não tem sentido e chegamos a crer que não existe saída, Deus nos lembra de uma das Suas promessas mais grandiosas:

Compreender que Deus é maior que o nosso coração é a chave da liberdade.

> "E nisto conheceremos que somos da verdade, bem como, perante ele, tranquilizaremos o nosso coração; pois, se o nosso coração nos acusar, certamente, Deus é maior do que o nosso coração e conhece todas as coisas. Amados, se o coração não nos acusar, temos confiança diante de Deus" (1 João 3:19-21).

Podemos estar tranquilos diante de Deus, porque Ele cura o nosso coração. Deus é maior que qualquer sofrimento que ocupe a nossa vida. Deus é maior que todas as coisas, Ele é maior que o nosso coração. Não importam os limites que o nosso coração venha a ter, Deus pode retirá-los.

Quando, apesar de tudo o que podemos fazer ou sentir, reconhecemos que não somos capazes de continuar, Deus permanece conosco. Nós podemos abandonar a nós mesmos, pensar que já não temos cura, mas Deus nunca age assim. Ele continua "acreditando" em nós. Se o nosso coração nos acusar, Ele é maior do que nosso coração. Se nos sentimos culpados apesar de ter vindo ao Senhor e deixado diante dele as nossas cargas, Deus enche a nossa vida de graça. Quando nos sentimos derrotados, sabendo que talvez o tenhamos defraudado, Ele nos abraça e nos ensina que é maior do que o nosso coração, muito maior que os nossos sentimentos. Infinitamente, maior que a nossa culpa.

Por maior que seja o sofrimento do nosso coração, Deus é ainda maior. Por maiores que sejam nossas dúvidas, Deus é ainda maior. Mesmo que nosso coração nos condene e nos acuse de indignos, Deus é maior do que o nosso coração. Mesmo que o sofrimento ataque-nos de tal forma que nos sintamos tão fracos, que pensemos que vamos morrer, Deus é ainda maior. Ele é maior do que tudo.

Por isso, podemos compreender que com Ele em nossa vida, o nosso coração não vive com barreiras, mas é indestrutível.

Oração

Senhor Jesus, perdoa-se me às vezes sinto-me decepcionado. Quando o sofrimento me cerca e o meu corpo estremece, fica muito difícil pensar e muito mais confiar. Agradeço por entenderes meus sentimentos. Graças por me fazer compreender que não me desamparas jamais e que mesmo sem perceber a Tua presença, tu não me deixas.

Sei que estás ligado a mim, e compreendes o sofrer e o desesperar-se. Tu conheces o desamparo, ainda que eu realmente não compreenda.

Toca o meu coração, dá-me da Tua graça e que eu aprenda a te agradecer porque este sofrimento pode ser a maior bênção de minha vida. Não me importa o tempo que eu tiver para passar por isso, sei que tu me fortalecerás. Ninguém pode me condenar, ninguém pode me fazer mal. Nem eu mesmo posso me culpar desse sofrimento, porque tu és maior que meu coração!

Faz-me saber o caminho a seguir, e como viver a Tua transformação. Abençoa-me com a Tua presença. Liberta o meu coração para que eu louve o Teu nome.

Ajuda-me a superar o sofrimento no poder do Teu Espírito, e se preciso viver mais em meio a isso, peço-te que a minha fraqueza se aperfeiçoe em Teu poder. Ensina-me a honrar-te em todos os momentos. Amém.

dia 30
Além dos limites, aprenda a voar

CHEGAMOS AO FIM. Deus quer que vivamos além dos limites e nós estamos dispostos. Como compreendemos no decorrer do livro, não se trata de viver sem problemas, de receber todo o dinheiro do mundo, ou de ser um vencedor ao estilo "Hollywood", mas o que Deus oferece é algo muito mais importante do que tudo: Ele nos dá uma vida sem limites, plena, interminável, indestrutível. Uma vida em que não necessitamos de todo o dinheiro do mundo nem da admiração alheia (como são tristes as pessoas que precisam de alguma dessas coisas para serem felizes!), nem tampouco as circunstâncias ou o sofrimento nos preocupam; Deus está acima de tudo isso! E como o nosso Criador nos oferece uma vida constante ao Seu lado, podemos viver "Além dos limites".

"Eu os deixarei voar." Essa é a impressionante promessa de Deus no livro do profeta Ezequiel (13:20). O Senhor falava aos que seguiam cultos de idolatria e eram escravizados por crenças espirituais; e lhes disse que Ele os libertaria de todos os enganos. E não só os libertaria, mas os ensinaria a voar, em mais uma demonstração de Sua misericórdia. Quando estamos escravizados precisamos nos libertar e seguir o mais longe possível, viver o mais "alto" possível. Quando o nosso coração ultrapassa os seus limites, precisa aprender a voar para não voltar a cair nas mesmas cadeias.

As promessas de Deus são reais e específicas. Ele sempre cumpre a Sua Palavra, não tenha dúvida. Talvez você tenha colocado a sua vida nas mãos do Senhor durante os últimos dias, ao ler os textos bíblicos e orado para que Deus a restaure; agora é o momento de crer em tudo que Deus prometeu.

Creia sempre, porque o nosso maior problema é a capacidade de negarmos o que Deus diz. E isso é muito sério, pois se não crermos, para Deus é o mesmo que dizer que Ele está mentindo:

"Aquele que crê no Filho de Deus tem, em si, o testemunho.
Aquele que não dá crédito a Deus o faz mentiroso"
(1 João 5:10).

Não podemos chegar a lugar algum se não confiarmos em Deus por completo. A nossa vida não pode mudar se não crermos em Deus incondicionalmente. É impossível viver em liberdade se não descansamos no Senhor. Os limites do nosso coração se desfazem com as promessas e o poder da Palavra de Deus.

É o momento de aceitar a Palavra de Deus com tudo o que isso implica. É interessante como muitos cristãos vivem em dois extremos. Alguns creem que são quase perfeitos e outros pensam que fazem tudo errado. Os dois estão muito enganados. Deus quer que nos examinemos a nós mesmos à luz de Sua Palavra, porque não só não somos perfeitos e nunca seremos nessa terra, mas Deus quer que saibamos que Ele é maior do que o

> **não se trata de ter todo o dinheiro do mundo, nem da admiração dos outros. Como são tristes aqueles que precisam de alguma dessas coisas para serem felizes!**

nosso coração e nossas imperfeições, é o único capaz de nos compreender e consolar.

Deus quer que nos lembremos que Ele sabe de tudo e nos ama. A graça de Deus é suficiente para nos perdoar e nos dar um novo coração, ao nos colocarmos em Suas mãos.

Santificando Jesus em nosso coração

Várias vezes temos lembrado que Jesus compreende o que há em nosso coração. Ele conheceu todos os limites, mesmo que não tenha se deixado vencer por nenhum. Ele sabe o que sentimos, nos ama e restaura.

Ninguém está tão próximo que possa viver dentro de nós. O único Deus que existe é absolutamente diferente, Ele sabe o que sentimos. Deus conhece o que há dentro do nosso coração.

"Tendo, pois, irmãos, intrepidez para entrar no Santo dos Santos, pelo sangue de Jesus, pelo novo e vivo caminho que ele nos consagrou pelo véu, isto é, pela sua carne, e tendo grande sacerdote sobre a casa de Deus, aproximemo-nos, com sincero coração, em plena certeza de fé, tendo o coração purificado de má consciência e lavado o corpo com água pura" (Hebreus 10:19-22).

A vida de Jesus é a maior prova de verdade e liberdade. Ser como Cristo é o maior desejo que podemos ter. Conhecê-lo e permitir que Ele brilhe em nossa vida é o nosso desejo. Quando o vemos pela fé, o nosso coração se torna puro e nosso corpo é lavado com a Sua Palavra.

A nossa vida inteira está escondida nele. O Senhor não tem que ocupar o primeiro lugar na lista de prioridades no coração, mas Ele tem que preencher toda a lista: Estar em todas as coisas, em todo lugar, em todos os nossos pensamentos e desejos; em todas as nossas decisões e em tudo o que fizermos.

Isso é santificar a Cristo em nosso coração (1 Pedro 3:15), nos entregarmos completamente a Ele. É exatamente o que

Paulo tentou explicar ao dizer: "Para mim, o viver é Cristo" (Filipenses 1:21). Ele não estava dizendo que o mais importante em sua vida era o Senhor, nem o primeiro, nem a base de sua vida, mas dizia que a vida em si é Cristo! É impossível viver sem Ele um só momento!

Essa é a razão da nossa fé e a chave da liberdade. A maneira como o nosso coração sabe que seus limites desaparecem. Logo, compreendemos o desejo de Deus em nos abençoar, pois por Sua essência, Ele deseja que a nossa vida seja diferente.

a melhor notícia para os que amam Jesus: Ele voltará em breve!

Além disso, resta-nos pouco tempo! Sim, o Senhor vem pela segunda vez, em breve, muito breve. É uma grande notícia para todos os que o amam, a melhor notícia que poderíamos ter! Nosso coração se fortalece sabendo disso, porque deseja vê-lo. A igreja do primeiro século viveu e transformou o mundo com essa esperança e nós temos que voltar a ela: "Sede vós também pacientes e fortalecei o vosso coração, pois a vinda do Senhor está próxima." (Tiago 5:8). Não se trata de uma ilusão, é uma certeza, uma esperança inabalável, uma segurança prestes a ser cumprida. Jesus disse antes de morrer e ressuscitar: "O vosso coração se alegrará, e a vossa alegria ninguém poderá tirar" (João 16:22). E nessa alegria e esperança vivemos, confiamos, desfrutamos.

Podemos viver de maneira completamente diferente. Nosso coração pode vencer seus limites e aprender a "voar" no poder de Deus. Ele, que criou o universo por meio de Sua Palavra, derramando luz, energia e imaginação, agora, deseja fazer o mesmo em cada um de nós. Nunca se esqueça, porque Ele o faz para que todos vejam o resplendor da face de Cristo em nosso coração. E isso é o mais impressionante, pois é eterno!

"Porque Deus, que disse: Das trevas resplandecerá a luz, ele mesmo resplandeceu em nosso coração, para iluminação do conhecimento da glória de Deus, na face de Cristo"
(2 Coríntios 4:6).